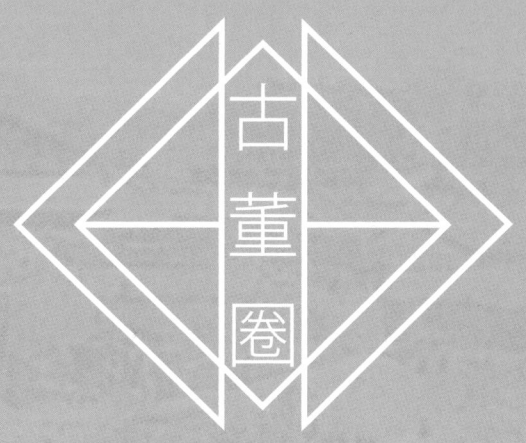

古董圈

一个京城玩主的收藏笔记

黄新嗥 著

中央编译出版社
Central Compilation & Translation Press

图书在版编目（CIP）数据

古董圈：一个京城玩主的收藏笔记 / 黄新原著 . —北京：中央编译出版社，2017.1
ISBN 978-7-5117-3193-7

Ⅰ．①古…
Ⅱ．①黄…
Ⅲ．①收藏—基本知识
Ⅳ．① G262

中国版本图书馆 CIP 数据核字（2016）第 284436 号

古董圈：一个京城玩主的收藏笔记

出 版 人：葛海彦
出版统筹：贾宇琰
策划编辑：黄海明
责任编辑：呼延华
责任印制：尹　珺
出版发行：中央编译出版社
地　　址：北京西城区车公庄大街乙 5 号鸿儒大厦 B 座（100044）
电　　话：（010）52612345（总编室）　　（010）52612313（编辑室）
　　　　　（010）52612316（发行部）　　（010）52612317（网络销售）
　　　　　（010）52612346（馆配部）　　（010）55626985（读者服务部）
传　　真：（010）66515838
经　　销：全国新华书店
印　　刷：北京市十月印刷有限公司
开　　本：650 毫米 ×970 毫米　1/16
字　　数：400 千字
印　　张：32
版　　次：2017 年 1 月第 1 版第 1 次印刷
定　　价：80.00 元

网　　址：www.cctphome.com　　　　邮　　箱：cctp@cctphome.com
新浪微博：@中央编译出版社　　　　微　　信：中央编译出版社（ID:cctphome）
淘宝店铺：中央编译出版社直销店（http://shop108367160.taobao.com）（010）55626985

本社常年法律顾问：北京嘉润律师事务所律师　李敬伟　问小牛
凡有印装质量问题，本社负责调换，电话：（010）55626985

古董圈

一个京城玩主的收藏笔记

京城古董市场的"层次"……2

漫忆北京的古董市场………6

潘家园的变迁…………12

说说"倒闭潮"…………16

古董市场面临货源危机……22

有行无市和有市无行………30

拍卖，已失去信任………34

古玩与文玩……………38

台北古董市场掠影………46

让人留恋的地方…………52

赝品的名声………………56

日本的古董市场…………62

也说"捡漏儿"……………66

洋古董来袭………………70

日本网购趣事……………77

老窑的尴尬………………80

国际化的烦恼……………86

日本的古董广告…………92

投资三戒……………………96
永远强势的是下家……………99
砍价有窍门…………………101
必备的学问——"要谎"…104
好玩又吓人的"撮堆儿"…106
精明的选择：顶着买………108
警惕开价……………………111
另一种销售方式……………113
抢货——很纠结的事………115
生意上的机灵劲儿…………118
什么叫"活拿"……………120
双赢的好办法：寄卖………122
缠人的怪圈…………………125
不该付的"表情钱"………127
收藏和赚钱，一对"双棒"…129
变现的困境…………………131
说网购古董…………………135
日本古董商的厚道…………142
古董店对话…………………144

规矩

千万不能"呛行"……… 150

"打架",但不伤和气 …… 153

三件事………………… 157

"串货"的规矩 ……… 161

一对花架的故事……… 163

小盒风波……………… 165

鉴定的"讲究"………… 168

琉璃厂卖书记………… 170

潜规则:借钱不借道……… 173

圈子

京城古董商的"成分"…… 178

别把自个儿当专家……… 181

要有一帮熟朋友……… 187

圈子里的"风尘气"…… 191

"人间百态"…………… 197

农民商人小佟………… 200

行话一品……………… 202

良子的成长…………… 204

最各色的人…………… 207

京城一帮"吃纸的"…… 210

"做局",经常发生的事 … 215

合伙生意……………… 218

就不卖给你…………… 220

目录

瓷器为什么大都成对儿…… 224

附件之美…… 228

柴木器具清洗一戒…… 232

动手的后果…… 234

老工业品的魅力…… 237

两张饭票的信息…… 242

留神"改活"…… 245

鲁班手上"金裹银"…… 248

绕着墨盒出故事…… 250

什么叫"原来当儿"…… 253

梳妆匣小考…… 257

闲话"铁将军"…… 262

日本木器是与非…… 264

杂说熨斗…… 268

假货的价值…… 272

一本新中国"职官录"…… 276

七十多年前的《毛选》…… 282

修瓷器的悲观…… 285

古董钟咏叹调…… 290

几张老照片的故事…… 298

紫檀手串的祸害…… 302

对待瓷器…… 306

要有一个参照物…… 309

几件懊悔的事 …………… 314

《五牛图》的悲剧 ………… 317

和洋妞儿抢东西 …………… 319

写字台买瞎了 …………… 323

笔筒，卖亏了 …………… 325

花盆凑对儿的懊恼 ………… 327

王世襄：采访之外 ………… 330

一首打油诗 …………… 333

这种事叫"拴驴" ………… 335

"世古之宝" …………… 338

老头儿的惨剧 …………… 340

真正的傻蛋是我 …………… 342

送礼 …………… 345

"做旧"是经常的 ………… 349

日本购物琐记 …………… 351

"雅贿" …………… 353

一把马刀的感慨 ………… 355

笑 谈

哭笑不得的"气儿" ……… 358
新词："不新" ………… 362
"该是谁的就是谁的" …… 364
"杂"的好处 …………… 367
"宁吃鲜桃一口" ………… 371
市场要常逛 …………… 374
切忌"效颦" …………… 376
一条必走的路 ………… 378
别太自恋 ……………… 382
发昏三部曲 …………… 385
谁都走过麦城 ………… 387
无聊的话题 …………… 391
"悲哀" ………………… 394
小节里的风险 ………… 399
说不清是谁更精 ……… 402
穷人：残器也好玩 …… 404
仓储的困境 …………… 409

盘 道

收藏的境界……………… 412

喜欢和需要……………… 416

"清雅"与"精严"………… 423

赏玩三要素……………… 425

古董摆置的情调…………… 432

充要条件：要有个老师…… 434

老古董商一席谈…………… 437

古董也有"气质"…………… 439

鉴定的"虚无主义"………… 442

安定是金………………… 444

鉴赏，得承认有直觉……… 446

得了强迫症……………… 448

感性与理性……………… 451

藏之道——以藏养藏……… 457

专家的"法眼"有边………… 459

红墙金瓦倍关情…………… 463

立言堆锦　学者襟怀……… 469

聚散苦匆匆……………… 476

收藏的起点……………… 479

先天不足的收藏…………… 482

警察女孩，冰雪聪明……… 486

电视节目的偏颇…………… 492

后记……………………… 497

序

虽说古董玩了近30年，但道行不深，段位不够，没什么"大话"可说。

适逢其会，倒可以说几句"小话儿"。

首先，收藏是条"贼船"，一旦上去了，再想下来，很难；说它是口"瘾"，也不为过。

其次，别把收藏看得太高雅，它罩着文化的外套，里边的"瓤"，其实就是个玩儿。

另外，收藏是种满足占有欲的活动。拥有之前火烧火燎，东西一到手，能厮守终生的物件不多，大半是聚散匆匆。

还有，玩收藏的人，并非文化层次都高，五行八作人等、引车卖浆者流，都在圈子里游走；倒是大学者、大科学家鲜顾此道。

注意，截止到目前，对古董的鉴定，极少有定量分析手段，大多是经验性评估，所以专家意见，只可参考，不可盲从。

最后，玩收藏有风险，交学费是必须的，越玩得时间长风险越大，我曾2万8买过一件"瞎活"，诉之朋友，朋友说："得，那今儿该你请客，我9万5收的那只瓶，到家越看越不对，还撂着呢。这就叫不冤不乐。"

"小话儿"说完，再说几句实话。

序

　　购入古董，你只是用钱买到一个阶段性亲近它的资格，它比你寿命长，你没了，它还在，还会被另一个想亲近它的人收藏。这是收藏与钱的本质关系。

　　收藏了，拥有了，你必须尊重它，呵护它。从岁数讲，它是你的老祖；从价值讲，它比你贵重得多。它是主，你是仆，别把关系弄颠倒了。

　　你想好，从它身上想得到点什么？一件康熙瓷器，那温润冲和、褪尽铅华的光泽，是否可以抵消一点你身上如新瓷般弥散的烟火气；一只已开胶松垮的老圈椅，仍在你家勉力"服役"，当你坐在它身上时，是否会因你的"玄孙"辈份，而多一点历史沉浮的悲怀和活在当下的朝气？

　　我要说，收藏确实是件很好玩儿的事，但怎么个玩儿法，能玩儿到什么份儿上，全凭一个字，你得"悟"。

行市

生意

规矩

圈子

物件

糗事

笑谈

盘道

行市

京城古董市场的"层次"

　　古董市场和其他市场一样,也分"层次",即如股票的"一级市场"和"二级市场"。而古董市场和服装、电器及建材等市场相比,则有同有异。同者,依据场地成本、顾客群体的差异,商品档次和价格有高有低;异者,古董市场绝无批发与零售的"价差",因为古董不可能批量生产。

　　如论当前北京的古董市场,顶级的当属古玩城、琉璃厂。之所以把它们算作"顶级",首先是"货好",这里荟萃了从全国各种渠道集中的精品,有些东西的品质绝对不逊于大型拍卖公司的拍品。二是"人杰",在这些地方经营的古董商,可以说都是"业务"上的尖子,眼力好,信息灵,经营理念与国际市场接轨快,有些甚至是几代相沿,家学深厚。其中有一批优秀的年轻古董商,自小在这一领域濡染,练就一身"童子功",货一过手,即知真伪优劣,几近直觉。三是"地灵",这些市场是国内的制高点,吸引着最有实力的收藏家和投资客,如果说其他层次的市场客户不少是"行里人",那么在这些市场里走动的,则常有背景神秘的"大买家"。四是"价高",这里的古董商几乎都有大"身家",资金雄厚,购货常斥巨资,所以十几万、几十万,甚至几百万的生意常有,非一般市场可比。当然这种市场也并非不做小生意,几百几千元的东西为数也不少,而且厕身这些市场展柜中的也并非都是真品,用高仿品"打人"的事也时有发生。

　　北京古董市场中"等而下"的，则要算燕莎附近的亮马市场、分钟寺的古玩城分店、老山的北方市场、大钟寺的国际爱家收藏品市场；再远一点的有通州的古董市场，以及以木器家具为主的高碑店市场等。这些市场从规模看并不算小，和古玩城等市场的主要区别在于，场地费用较低，一间十几平米的店每月租金仅数千至万余元，由此引带得东西价格也相对较低，一件品质、年份相同的瓷器，在古玩城如需万元，在这些店中几千元即可成交。再有，这些市场的货物质量整体比古玩城、琉璃厂要差，有些店一眼掠过，没有几件能"上眼"的东西，有的干脆以卖新品为主。这些市场最重要的特点，是顾客群多为行里人，来逛店多是为了"串货"（即买走他店里的东西，放在我店里加价再卖）。这种买主，自然对东西的价格和质量格外挑剔，所以一般卖不上大价位。如今走进这些市场，感觉十分冷清，店主普遍说买卖不好做，有的"几个月不开张"。如亮马收藏品市场，店铺都是格子间，徜徉其间，各店老板都会殷勤招呼，让你进去"看看"，相熟的一定要缠着你给他"开个张"。论起在这类市场开店的古董商，其实也有很多精英，不少都是资深的老"玩家"，他们之所以委屈在这里，多半是资金不厚，销路不广，没有几个"好下家"，而绝非眼力、智力不够。在这类市场中前些年还曾有一个很特殊的市场，即南城的吕家营市场，那里有些"仓储"的味道，是一排排大型库房，货物摆置粗放，有不少石器、门楼、牌坊、巨匾、水槽、批量木料等大型货物。这里经常汇聚来自全国各地没经过修复整理的东西，是京城古董商进货的上游源头之一。

　　古有"坐贾行商"之说。如果说以上这些市场均为"坐贾"，那么在京城还有一类"行商"市场，那就是潘家园、报国寺、大柳树、十里河、北沙滩等摊贩聚集的市场。二十多年前，北京这类市场还有象来街和后海

行市

大漆匾,尺幅不小,102cm×57cm。匾芯无伤,但框已变形,无法悬挂,挂起来恐散了。年份不错。

等大大小小多处，如今只留下了这几处。今天潘家园、报国寺的摊贩，大多来自天津、河北、河南、内蒙古和东北各省市，和多年前"找点东西到北京换俩零钱"的临时行为不同，现在一般都是"常摊儿"，如来自天津的摊贩，有不少都在天津古玩城、鼓楼市场有自己的古董店，只是借北京这块"风水宝地"把店里滞销的东西拿来"甩甩"。这里的不少摊贩是不折不扣的"行商"，他们像候鸟一样穿梭于各地古董集市，往往周一还在河北大城、雄县摆摊儿，周三就已到了上海藏宝楼，周四回到天津赶沈阳道的早集，周六到潘家园，周日就出现在太原南宫或者保定的利高市场。他们是些特别能吃苦的人，碗面、盒饭加瓶啤酒是他们的家常便饭。前些年潘家园附近一个小区里有栋塔楼的两层地下室，也曾是一个另类市场。里面空气污浊，一屋数人，但房租低廉，成了他们来京驻脚的聚集地。这些人大多是此中的行家，有着异常敏锐的嗅觉和眼力，他们是古董生意的第一关，很多好东西是他们从没有收藏常识的住家户里抠出来，再转手卖给高一层古董商的。挣的都是辛苦钱，按他们的话说："除了挑费，一年剩不下几个，不赔就不错。"如今形势变迁，这个"市场"已经没有了。

行市

漫忆北京的古董市场

中国的古董市场从新中国建立以来，就失去了大众属性。普通老百姓能够参与到古董收藏的领域，是改革开放以后的事。但这一市场的形成和发育，却经历了不少曲折磨难。北京的古董市场可说是全国市场的缩影。

北京古董市场的出现，较其他文化和民俗商品市场要晚。其雏形最早也在 20 世纪 80 年代中期才生成。在此之前，古董的买与卖，处在一种非法与合法撕扯不清的大环境中。古董生意大都在地下和半地下状态中进行。如 20 世纪 70 年代末，北京龙潭湖公园形成规模不小的鸟市，这其间除了卖鸟之外，也开始有了卖老鸟笼、老笼抓、老鸟杠等。最典型的能称之为古董的，是清代、民国的鸟食罐，其中不乏精品。一位古董商朋友说，当时一堂（四只）乾隆青花鸟食罐，他曾卖过 50 元，买主是香港人。为此他曾被公安局带走过，因"托了人"，才逃过被"严打"的厄运。由于这种买卖，龙潭湖鸟市曾被公安局和文物局多次查抄。这一时期因没有相关法律界定，所有这类活动，都被冠以"倒卖文物"之名，承受着"原罪"的惩处。

70 年代末到 80 年代初，农村经济生活开始活跃起来，出现了一个奇特现象：河北雄县等地农民，用自来水管焊成加重自行车，后架驮上两个大筐，筐里装着十里八乡收来的老瓷器，十辆八辆结队，半夜出发，骑进京城，往地安门、虎坊桥等文物商店送货。"车队"来得早，这些商店还没上班，门口已经排起长队。在这些队伍旁边，经常"傍"着一群城里人，与农民搭讪、闲聊，这都是北京玩古董的"先行者"。当时文物商店收货，出价很低，一对"三百件""清三代"瓷瓶价格在几元至十几元不等；收购条件也十分苛刻，稍有伤残，即被拒收。而门外那些"先行者"，则伺机过来谈价，把农民卖不出去的货截留下来。北京最早的一批古董商，大都记得"追大筐"时代，那应该算是北京古董市场的"史前期"。

北京的古董市场自来有一个传统，就是古董生意混杂在日用旧货买卖之中，新中国成立前的"鬼市"就是这种状况。也是在80年代初，一个旧货市场在宣武公园北门形成，逢周四开市，因为那时北京按区轮休，宣武区周四休息。整整一条街都是旧货，包括自行车零件、日用杂物。古董摊儿也混在其中。

到80年代中期，国家的经济形势进一步向好，由需求带动的古代艺术品交易量大增，北京于是出现了几个值得注意的古董市场。首先因管理者对宣武公园市场古董生意的限制和挤压，迫使古董商们向北移动，聚集到长椿街国华商场西侧，形成市场。这个市场最初和卖菜的贩子杂处，后来竟至挤走菜摊儿，有了相当规模。当时在那里摆摊儿的朋友回忆，为防止被查抄，地上铺一块布，上面摆几样东西，一有风吹草动，把布的四角一抓，提起来就跑，每逢此时，市场上就能听到一片唏里哗拉的瓷器碰撞声。当时已有些外国人闻到气味儿来逛摊儿淘货，有人专做这路生意，手拿东西凑到外国人身边悄声求售，然后一起钻进"红头黑牌"的汽车，车行不远，买卖已经成交。做过这种生意的朋友说："那时100块人民币买的货，100块外汇券就卖，攒够了钱好去买彩电。"

几乎与此同时，在东城区的鼓楼，也出现了古董市场，它与卖爆肚等小吃的摊子为邻，不久竟有了质的跨跃，市场上搭起专设的棚子，古董摊

行市

三彩玉壶春，是一个哥们儿"追大筐"从一个农民那儿 2 块钱匀过来的，几年之后他又 6 块钱匀给了我。陶胎的东西当时文物商店不收。

古董圈
一个京城玩主的收藏笔记

这只瓶瓶口有小伤,是当年潘家园"土坡时代"买的。那时这种清中期的东西满土坡都是。

儿成了最早的古董店。一位当年在那里做买卖的朋友还记得他曾一次交付租金1080元，但已记不清是几个月的房租了。有位当年在鼓楼做古币生意的朋友告诉我，警察曾一次没收了他几十枚古币，让他到公安局去领，他笑着说："上公安局领东西？我可没那个胆儿。"有朋友还记得，当时香港电影导演李翰祥经常出没在这里的摊店之间，他是造诣很深的古董收藏家，有时一天来好几趟，随身还带着一只小猴。这个市场开了几年，却始终没得到文物部门的正式许可，当时已经有了使古董买卖合法化的"京文检"手续，但这个市场却没被允许办理。此时时间已经到了90年代初。

大约就在这时，由于市场管理等方面的原因，古董商突然来了一次"十字军东征"，几乎是集体向东，迁到了朝阳区的沙板庄，这片长满杂草的地方，即今天北京古玩城的原址。有人当时开玩笑说："沙板庄，就是杀老板的地方。"不久这里也有了棚子。这前后，距沙板庄西北一箭之地的一片土坡上，也出现了一个市场，那就是今天潘家园市场的前身。外地的摊贩提着筐，背着麻袋，每逢周日到这里摆摊儿，很快市场规模就发展起来。沙板庄与潘家园的遥相呼应，标志着北京古董市场发展到了一个新阶段。这时在改革开放的大气候下，不断涌动的市场潮流冲击着当时的法律法规和决策者的观念，政府的监管方式也从一味查抄，转变到因势利导，基本上承认了市场的合法性。

那时还有一个值得注意的市场，即俗称的"朝外大棚"，开在朝阳门外大街，离使馆区不远，专做外国人的生意，商家都有经营许可证，一般商贩不准进入。我曾在这里对一堂（四把）红木玫瑰椅询价，开价4000元，这对当时的工薪阶层，是个不小的数目。

到了90年代中期，古玩城建成开业，北京的古董市场从高端到低端，层次齐全，进入巅峰阶段，并一直持续到本世纪初。那五六年时间，是古董市场的黄金时期。

在古玩城开业的前后，像后海的荷花市场、东城的皇城根、朝阳的亮马、崇文的红桥等古董市场，也随着官园、兆佳、榆树馆等市场的兴替嬗变，相继出现。北京的古董市场呈现出一片繁荣景象。

　　世易时移，从那时到今天，转眼又过去十多年。可以说，这十多年是北京古董市场由盛转衰的时期。所谓"衰"，并不是市场数量体量的萎缩，恰恰相反，这十多年所建的古董市场比此前任何时期都多，如天雅、爱家、分钟寺、高碑店、十里河等。"衰"是"衰"在古董货源的逐渐枯竭，这是这种市场的特殊属性所决定的，因为古董不像电视机和服装，可以短时间生产出来。经过这些年经济的发展，人们购买力的增强，媒体的"忽悠"，以及收藏队伍的迅速壮大，市场上的古代艺术品买卖由升温到疯狂，直至今天的难以为继。十多年前的一些市场，今天已经不再是古董收藏者淘宝的天堂，而变成了新品和赝品的集散地。

行市

潘家园的变迁

今天提起"潘家园",全国的收藏爱好者都知道它是北京一座大型艺术品市场。但不用回溯很远,只在二三十年前,它还只是个单纯的地名,不见经传。一位当地的"老人儿"回忆,20世纪70年代,这里还是菜地。因当时自行车紧俏、凭票购买,有人不得不凑零件攒整车,于是在菜地的一角,形成了一个旧自行车零件交易市场,规模不大,因为不合法。

80年代中后期,这里开始有了最初的民间古董交易,市场简陋,知道的人不多,只有一批古董收藏的先知先觉者厕身其间,那时古董交易也不合法。不久,随着改革开放,这里以极快的速度发展。记得80年代末我第一次到这里时,它已经规模不小。

那时的市场还处于自发状态,并不在今天的位置,而是还往西,在今华威南路。每逢周日(那时还是单休日),这条比今天窄一半、200米长的马路两侧,摆满了地摊儿,从凌晨直到中午。当时在马路西侧,大略今天金鸭都烤鸭店的位置,因盖楼(华威西里小区)施工,堆起一座几米高、面积很大的土坡,就在这土坡上,像猴山上的猴子,蹲满了古董摊贩。这些摊贩大都来自山西、河北、天津、陕西、内蒙古、河南等地,他们把当地"喝"到的老货用编织袋背进北京,一周一次,卖完就走。当然也有专门在胡同里"喝街"的北京人摆摊儿,但是少数。

当时土坡上下，马路两侧到处是尘土，土坡的背阴处到处是大小便，但摊儿上的东西却是货真价实，"新活"很少。南方比北方开放早，不少广客和港客经常出没在市场上，出手大方，成批购买。我曾见一个广州画商，专买老画，名头大小不论，很少砍价，拿到手里，把"天杆"和画轴一把撕掉，只要画芯，各摊儿一路横扫，一望便知，是拿回去重新装裱出卖。中国的古董什么时候都逃不脱外国人的"染指"，90年代初，古董买卖已经逐渐合法，挂着红色"使"字牌照的外国轿车开到这里，木器、瓷器成批购买，北京人骂他们"横划拉"，把价钱都"买起来了"。

　　"土坡时代"维持了几年，由于施工等原因，市场开始向东南转移，挪到今天河南大厦北边的一条半截小马路两侧（这条路今已拓宽修通，直通三环华威桥）。那时河南大厦还没建起，东头堵着一个破厕所，尿粪横流，臭气熏天，但淘宝人的热情丝毫不减。

　　到90年代中期，朝阳区开始出手整治这个市场，以半截小马路北侧的一片空场为基础，搭棚子，铺水泥地，建围墙，大门朝西开，于是有了今天潘家园市场的雏形。但市场很简陋，有相当一部分摊贩还在露天土地上摆摊儿。这一阶段市场中的东西仍不错，大多是老货，但价钱随着媒体的"忽悠"和收藏热的升温，涨幅已很可观，在这里我买过一对清代红木梳背椅，花了2000元，差不多是我当时3个月的工资。记得两位朋友在后海荷花市场合伙开店，每周到这里进货。一次他们用1500元买了一对"五百件"豆青加白的戏出大瓶，分量很重，两人用手提袋一人提一只，出门时一前一后相跟着，人多拥挤，手提袋前悠后晃，不慎两瓶相撞，百年老瓷，毁于一瞬，惨不忍睹。

　　21世纪开端，这块地方建起朝阳区妇幼保健院（华威里25号），市场又向东北方向移动，这才和今天的市场位置大体重合。几年时间，市场大兴土木，不断扩建，始有了今天的"现代化"模样。然而，资深收藏

行市

民国观音瓶，年份不行，但沾一个个儿大，有58cm高。而且一般民国"仕女"都画得很小，这个"葬花女"却画得很大很细。是潘家园"半截小马路时代"买的，很便宜，因为当时没人拿这种东西当古董。彩不错，无伤。

爱好者们却总爱追忆"昨日繁华",并感叹:今天是假货越来越多,宝贝越来越少,"学费"越交越高,收藏越来越难。老玩家们都在怀念当年的"土坡时代""半截小马路时代"和"前潘家园时代",因为那时真能淘到好东西,其中不乏旷世绝品。

说说"倒闭潮"

今年（2015年），随着中国经济下行压力的增大，有文章称"中国的古董市场惊现倒闭潮"，其一个"惊"字显得矫情，一个"潮"字显得无知。

无疑，这20年来，古董市场一直在升温，被市场炒得虚火上攻，不少人烧得五迷三道。假货横行，上当的人成筐成箩，惨剧不断，这是事实。但若说忽然在一年里倒闭成潮，并且其情让人"吃惊"，可能是眼界不宽、见识不广，反正我觉得那不是事实。

首先，"倒闭"，在古董市场是常事，经常有倒的，也经常有起的。其次，古董市场的倒闭也不是什么惨烈的事，因为这一行里基本没有贷款一说，指望谁向银行贷款几百万进货开个古董店，又因经营不善忽拉倒闭了，这种事不能说绝对没有，即使有也是极个别的。古董商开店的资金，基本都是自有资金，也许眼力一时不济某件东西买高了卖低了，或者干脆一件东西买瞎了全赔了，那也不是什么了不起的事，并不会是件件都赔，赔到"底儿掉"，最多也就是白交两年租金。古董商开了几年店，觉着不赚钱没意思了，有关张的，但走人时，手里大多都有货底子，甚至高档货都没动，虽没变现，但那也是资产，并不像一些公司倒闭，弄到资不抵债。所以在古董圈里经常有这样的现象：有人在荷花市场开了几年店不想干了，关门了；等老山市场一招商，他又开上了，再干两年，又关了；等分钟寺招商，他又开上了。在开店和关张的空档里，你能发现他要么在报国寺，要么在十里河还在摆摊儿，买卖并没停。所以，但凡是成熟的古董市场里，没见哪个店是开不下去了，合同一到期把房子空手交回市场的，都是开个价转手盘给下家，根本不可能白送。而且越是高档市场（如北京古玩城），转手费越高，动辄十几万几十万，听着都不新鲜。这能算倒闭吗？就说今年，你到各古董市场溜达一圈，空房子不能说没有，但没有一个不是贴着手机号码，注明"转让"。你如果到市场管理办公室打听"有空房吗"，人家在告诉你"没有"的同时，眼神会很诧异，暗含的意思是：这人什么都不懂。再从我开店的朋友看，今年反正没听说谁的店开不下去了，最多只是抱怨一句"货不太好走"；像潘家园、报国寺等市场那些古董常摊儿，周四、周六、周日也还在固定的位置上摆着，除了熟朋友外，差不多都是多年的半熟脸，蹲下看东西时，都热情搭讪，没发现缺了哪位。

　　要说倒闭潮有没有？还真有，但那不是古董店，而是文玩店。一些媒体记者往往并没闹明白哪是古董哪是文玩，一堆儿总算，全归于"古董店"（倒闭潮）。

　　应该说，近些年，"文玩"的虚火才是最盛。这里说的文玩，是指那些新"诞生"的东西，如新木器、新匏器、新手串、新核桃、新紫砂、新石头（河滩沙漠刚找到的和人工新制作的），等等。这些东西很适合当今中产阶级和有闲族群的胃口，不愿沾或买不起真古董而又想风雅一把的人，都愿意上手这类东西，再加上媒体的助推，专家的"解析"，价钱想压都压不住，一年涨几成或一年涨几倍都是寻常事，这让看到商机的投机者故弄玄虚，兴风作浪。追涨者不辨风向，疯狂跟进，越闹市场越离奇诡异。核桃涨到五万一对，就有人几十万元把一片核桃树全包了，赌的是等

行市

↑紫檀熊，三块料拼粘而后雕。从底下看，粘的接缝很清楚，但从上面却什么痕迹都看不见。年份不错，更可贵的是艺人既省料又出活的匠心。
↓"太白醉酒"木雕，这是我买的第一个木雕。

古董圈

一个京城玩主的收藏笔记

↑玛瑙原石，14cm×15cm，光滑如籽料。找个木托儿往里一卧，用不着雕什么，原样儿摆着就是一景。

↓两只象牙烟枪嘴子。老年间，富人用的大烟枪很豪华，每个部件用什么料都有讲究。

着秋天摘核桃剥皮找狮子头;沉香涨到一万一克,就有人把能生沉香的林子都买下,几个月跑一趟海南,看有没有新沉香结出。我一个朋友专做手串生意,他去年竟和三亚某乡镇洽谈合作,想包二百亩地种黄花梨,我问:"种这种树你什么时候能挣上钱?"他信心满满,说:"我种他几万棵,养上10年,等长到2厘米粗,我就砍了车珠子,一棵树还不得挣个万儿八千的,你算算几万棵树得挣多少钱?"这让我想到前些年风行一时的天价普洱茶,往远处又想到20世纪80年代疯狂的君子兰。中医讲话:有拱火的,就有惊风的。一旦惊风,成了瘫子,冷静了,梦醒了,就该到关张倒闭的时候了。你再看沉香,普通料几年前卖到几百块一克,现在10块钱一克都无人问津;去年的星月菩提手串,中等尺寸的三四百一条,现在100块三四条都没了人缘;由于越南、巴西、非洲的花梨和印度速生的"紫檀"以及东南亚各种所谓硬木的大量进口,木器用料昧良心地鱼目混珠,倒了多少人的胃口,失了多少人的信任,按时髦话讲,造成价格的"断崖式"下跌。至于那些经营当代书画的画廊,更是守着废纸一堆,磕头甩卖,惨不忍睹。

又把话说回来,再看看古董,有这种大幅波动吗?无论各公司的春秋大小拍卖,还是京城大型艺术品市场里专营古董的铺店,只要手里的东西是老货,老板们没有慌神的,更没有倒闭的,都稳坐钓鱼船。这两年反腐,确实少了"雅贿"这一块买卖;爱玩收藏的官员也怕露了贪污的马脚,不敢大买特买了;山西煤老板的日子这两年不好过,也少了过去一掷千金的豪气。这多多少少会影响几分市场的热度,但和各阶层千万人的收藏队伍相比,根本算不了什么,根本不会影响古董市场的稳定,尤其是高路份精品,供不应求的大形势不仅没有改变,从近期拍卖的情况看,反而是越来越热。

这一新一老,一衰一稳,究竟为什么?道理很浅显,根子就在货源。

新东西不停地生产，核桃葫芦每年都长，星月金刚每年都结，青金松石各地都产，我曾在土耳其古董市场上看到过成堆成坨的绿松石，真的假的掺和着，让人看了淹心。可以说但凡有人留上神了，这些东西会源源不断，从四面八方涌进市场。供大于求，就降价，降价再卖不动，就倒闭。

而老东西，却相反。它们没有生产基地，除了目前市场上的存量，再就是个人手里的藏品，这两路东西的流动周转构成了今天的货源，而个人藏品反流市场又极为有限和缓慢。只入不出，几乎成了今天市场流向的基本特性。想想看，这样的局面，古董市场会倒闭吗？

所以"中国古董市场惊现倒闭潮"，在我看，是伪命题。

古董市场面临货源危机

从20世纪末开始,古董市场上的买家和卖家突然有种不祥的感觉:东西难找了。

至今又过去十多年,几乎所有人都意识到:中国古董市场的货源危机已来临。这突出表现在:较90年代初、中期,今天市场上够年份、够路份(档次)的古董已难觅身影。如瓷器,明及明以前各代名窑的瓷器自不必说,十多年前尚可求到的"清三代"(康雍乾)高档瓷器也近绝迹。清中期及至民国(1949年以前)的细路和大型瓷器均告奇缺。连国际市场不屑经营的"残瓷",只要够档次,在国内也很旺销。再如木器:历来难得的明代黄花梨、清代紫檀家具,80年代时有所见,90年代前期虽稀缺,但收藏者尚可勉力"染指",但今天却再也无力结缘;十多年前市场中尚多的清代和民国硬木家具,今也难见上品。其他古董门类如字画、漆器、玉器、竹牙角器等,情况大抵相同。从近年各艺术品拍卖公司春秋大拍的形势看,拍品数量虽未减少,质量却明显降低。

今天的古董价格,也印证了危机的存在。近十几年,古董身价扶摇直上。国内顶级拍卖公司拍出惊天高价的例子时有所见,贴近普通收藏者的一般古董品种价格也以十几倍、几十倍的速度上涨。市场较多见的清嘉道青花小"喜"字将军罐,为中低档瓷器,20年前一对售价在千元左

古董圈
一个京城玩主的收藏笔记

方瓶，典型的民国器，40cm高。口上右边靠里掉了一个角。但摆在多宝格最顶层，紧挨着墙，看不到破损处。只因它的画片儿不错，又因它是方形瓷器，还因它便宜，才买了。

行市

木雕渔翁，雕工精湛，是件俊品，年份也好。买来时右手里还插着一根钓杆，不小心给弄丢了，却也无碍。钓杆是竹枝的。

右，今已涨至数万元至十几万元；旧时居家常用的掸瓶，曾是市场上最俗最多见的品种，几乎无人问津，一对只在数百元，如今路份稍高的掸瓶，竟有大几万乃至十数万的买卖；明末清初的青花莲子罐，算是普通人能收藏的高档瓷器，十多年前约在三五千元上下及至上万，今二三十万元已难买到。木器中，苏（州）作红木"拉钱"八仙桌存世量不少，可做价格尺度，20年前一张上品桌约在万元左右，今卖家喊出二三十万一张已不再"差口"。年前北京一次艺术品展销会上，一只康熙五彩花觚，已重残，开价七万元，10年前这种残器最多超不过数千元；一只清末青花卷缸，也重残，开价十万元，10年前恐不会过千。如以10年为一坐标系，除去物价平均指数变化因素，古董价格上升曲线呈愈近愈疾态势。以瓷器为例，近5年与过去10年的上涨速率相比，这一特征极为明显。

归结货源危机的原因大致有几点：

首先，1949年以来，国内一直未遇古董收藏的黄金时期，低水平生活使百姓难有余力顾盼这一领域，民间古董存量虽较多，但无人倡导保护，"文化大革命"前，一件上档次的瓷器，文物商店收购价仅在数元，"文化大革命"10年，古董大量损毁，使货源锐减。"文化大革命"后很长一段时间，民间收藏意识淡漠，至20世纪90年代初、中期，中国古董市场还只是少数人徜徉的世界。而80年代末至90年代中期，北京大规模拆迁，"打草惊蛇"，"赶"出大量藏在旧屋犄角旮旯里的古董，而那时的价格之低，形同收售废品。一批"先行者"大量收购，成批贩往境外，货源流失极为可观。

其次，90年代中期以后，社会文化生活取向日趋多元化，加之媒体启蒙助推，全民收藏意识觉醒，收藏队伍迅猛壮大，据今统计，收藏队伍人数已达数千万。古董不是工业品，存量只减不增，导致市场存货日稀。

第三，如果说截至20世纪末，古董收藏尚属文化范畴的活动，到了近年，收藏即更多地成为投资行为，拍卖市场不乏机构吸货者，百姓也因投资渠道缺乏和不畅，尝试把余资投向古董市场。这些造成市场进一步干涸。

第四，古董是一种特殊商品，收藏是其与生俱来的属性，相当一部分古董的收藏周期甚长，不少是以"代"计算。一件被主人喜爱的古董，自收入囊中始，不离不弃，可能要到主人辞世才有机会重现市场。发达国家古董收藏者一代一代延绵不断，市场上以"代"为周期的吐纳早已呈循环之势。而我国自1949年后收藏周期中断，至90年代末收藏勃兴，算来已有半个世纪至少3代人从循环"链"中脱节，至今古董收藏者还远未到一"代"的终结，只纳不吐，是造成货源危机的历史原因。

危机已出现，何以应对？

应该说，古董市场有别于其他市场，无法用加班生产或紧急调配的方法来解决货源问题，想根本改变这一状况，尚需慢功。

首先要培育健康的市场大环境，即良性的社会氛围。浮躁、投机、诚信缺失、急功近利等几乎所有当今存在的不良社会风气和行为，无不折射于古董市场。因此培养安定的社会心理，让人们有安全感、和谐感，提高幸福指数，提升文化品位，是艺术品市场健康发育的前提。

同时，媒体对古董市场应有正确的导向。古董自来有艺术欣赏和投资两种属性，今天媒体更侧重其投资属性，催生人们的投机心理，使本应宁静、儒雅、文化气蕴浓厚的古董市场成了企盼发财的物欲场。因此媒体应更多从艺术欣赏方面下功夫，把艺术品投资的风险讲深讲够，使人们更趋理性，使并不喜爱古董的投机者离开市场，并放出手中的藏品，使古董收藏更多地成为一种文化行为，让以收藏养收藏的人得以收放自如，不断送出"旧爱"，收入"新欢"，促进流动，调剂市场货源。

促进"回流"也是组织货源的重要手段。目前因市场规则的撬动，已

古 董 圈
一个京城玩主的收藏笔记

↑布鲁塞尔的古董家具店,没什么高档货。
↓日内瓦的一家古董店,杂项不少。

行市

↑阿姆斯特丹的一家大型古董店,很温馨。
↓莫斯科的古董兼书画店,东西不多。

有很多人把目光投向海外，购回不少近代流失的珍品，但珍品的国际行情和国内基本接轨，且数量有限，不能满足普通收藏者的需求，倒是中低档古董的某些品类，目前国际市场价位仍低于国内，宜于被吸纳。对此应作政策性鼓励，并以个人与机构相结合的形式，批量购进，用以满足国内市场需要。

总之，今天的货源危机，有其深刻的历史和社会原因，也会有爆发、萧条、复苏的周期运动，不可能短期恢复，应做好疗伤治病的细功，化淤活血，温补慢泻，加上社会环境和煦，人文生态优良，经一二十年调养，使收藏"高热"退潮。在迎来新时期第一个吐货高峰时，倘人心雅静，世态安祥，古董藏量丰富的中国，货会由收藏者手中涓涓回到市场，开始新的良性循环。

行市 ▶

有行无市和有市无行

要先把这句圈子里的行话"翻译"一下:"有行无市"的"行",点透了等同于"价",说"有价无市",就好理解了;同理,"有市无行"也即"有市无价"。

"有价无市",是指这件东西有这个标价,却没这个买卖,也即值这么多钱,但没人买。这个无"市"之"价",在现实中大都是特例,即通常人们能看到的相对最高价,再说具体点,通常是拍卖公司拍出的价。这个拍出的价还不是一般公司的落槌价,而是国内顶级公司或国外著名公司的落槌价(通常还是算上百分之几的手续费后的总和)。这种落槌价往往会被拿来当作标尺,回过头来衡量同类东西的身价。于是就有了有价无市的"价"。

那为什么说有价无市呢?意思是,在民间收藏市场的买卖行为中,并不会都按那个落槌价来进行,普通市场也不会承认那个落槌价,因为它太高太玄,不是眼前能操作的,也不是普通玩主能够接受的。比如在某次拍卖会上某件东西拍出了 2000 万,你也有件类似的东西,但你要想卖 2000 万,或哪怕想减半卖 1000 万,都没人要,当有人给你 200 万——少一个零时,你还别生气,别用那个远在天边的落槌价去跟人家争竞,一说那个价,人家立刻会说:"咱们别抬杠,你那是有行无市,不信你也拿去卖卖，看人家给你2000万不？"

在"鉴宝"类电视节目里，专家经常对一件东西估价，他没别的依据，只根据"某年某月某次拍卖，有件类似的东西，当时拍了多少钱，你这件东西比那件怎么怎么样（好或次），所以也大约会值多少钱"。这类"片儿汤话"，会让持宝人欢欣雀跃，而真正的玩家也就一听而已，根本不当回事。

因为在现实的古董买卖中，东西的身价，通常要比"行"出来的价格低得多。我一位朋友曾卖出一对康熙"本年份"的黄花梨南官帽椅，卖了200万，我说你卖亏了，这对椅子价格翻俩跟头都富余。相隔也就一年，有一对差不多的椅子拍卖，落槌价就上了千万。我告诉他这个消息，他很坦然，说："咱挣够了没有？挣够了就别羡慕人家，那里面还不知道是怎么回事呢！"这就是老玩主对"行"（落槌价）的普遍心理——我不在乎，不理会，爱谁谁，我挣够了我这块儿，别的事我不听，也不往心里去。

有价无市还有一种情况，即市场泡沫把一种东西价格炒得虚高，结果泡沫一破，原来的价格还在那儿，但已经没人承认了。我一位开店的朋友，在前两年红木家具旺销时30万进了一对红酸枝的顶箱柜，没想到今年（2015年）市场"塌方"，一下不行了，我说"你赔点快出了吧"，他说"赔多少啊？不能坐地赔10万吧，20万人家都嫌贵，这才几个月的工夫啊？"——这也是种有价无市。

再说"有市无价"，这话有点拐弯，意思是这东西有人买，却不知道该卖多少钱。现实中有这种事吗？有，但不多，因为不知道该卖多少钱的"稀罕物"本来就不多。

比如我一个朋友，近年爱玩赌石，赌兴很浓，几年下来赔了几十万，但有一次却让他差点晕菜，他开出一块上好的料，块头、地子、颜色、水头都太理想了。他过后说："我绝不胡说，当时我都蒙了。"立刻，在场的就有人出高价，要他这块原石。我这朋友是个玩了几十年的主儿，听那价钱，心都动了好几动，但还是没吐口，错过了几十倍赚头的机会。古董生意有时犯这病——不少买卖是乘着晕乎劲儿做成的，晕乎劲儿一过，买的不想买了，卖的也不想卖了。所以我这朋友也许是错过了今生仅有的机会。而他为什么不卖？就是因为这东西有市无价。原石拍卖很少，这块石头到底能值多少钱，谁也不知道，尽管有人当场给价，但不知道行市贸然出手，卖漏了怎么办，那不也是悔青肠子的事吗？这朋友还是老道，宁可错过赚钱的机会，也不愿卖漏了吃后悔药。

但须说明，"无价"是暂时的事，有"市"还怕无"价"吗？赌石的朋友的那块石头后来在不同方位又开了两刀，确定质量无误，也号准了行市，还是出手了。那一把就卖了7位数，把几年赔的钱都找回来了，赚头依旧是个7位数。

所以"无价"其实并不是市场概念，而是个文学概念，等同于"无价之宝"。而在真正的市场上，"无价"是不存在的或者暂时的，只要买卖做成了，价就有了。

"无价"还有另一层含义——无价即天价。东西好，卖方可以任性开价。但凡够档次的东西，都可谓"无价"。因为想要的人太多，东西太有"市"，价钱就不好估。还说那句"疯子"们喷出的狠话："瓷器就怕你不够永（乐）宣（德）。"意思是，只要你够永宣，剩下的事就是等你开价了，开多少，咱都跟进。

在拍卖会上，"无价"还表现为阶段性，即不知道这次上拍的这件东西会卖出什么新价。比如去年（2014年）上海大玩家刘益谦3.48亿港元从香港拍回了"明朝永乐御制红阎摩敌刺绣唐卡"，可谓天价。人们同样没忘，也是刘益谦，去年以2.81亿港元从香港拍回了成化斗彩鸡缸杯。而那只杯，就屡创由无价到有价的纪录，因为它参加了多次拍卖，一次比一次价格高。1980年，它拍出528万港元，1999年拍出2917万港元，到2014年，就拍出了2.81亿港元。从拍卖纪录看，次次堪称天价。多少年后的下一拍，还不知道出个什么价——那不就是"无价"吗？由此可说，越稀罕的东西越容易无价，因为你没有参照系，唯一能参照的就是它自己。

拍卖，已失去信任

多年前，曾陪着老刘去参加一场拍卖会。两人都不是为买东西，而是去"护"着老刘自己上拍的一只"百花不落地"的天球瓶。按说这种纹饰、这种器型，应是典型的乾隆货，但在他店里我过了手，觉着悬。

拍卖公司收货的老阙是行家，说这件东西我们收，收可是收，但开价不能太低，给您起拍价25万，流（拍）了就流了，能"晕"出去咱就挣点（"晕"就是"蒙"）。

这话再明白不过了——货不开门（不保真）。但拍卖公司总经理和老刘是朋友，硬要往里塞，老阙也不好不接。

那为啥不开门的货还起那么高的价？一是拍卖公司不愿意让人看出货"潮"起低价，不能让人说你明明知道东西不对还上拍；二是价起高点，万一"晕"出去，服务费当然能多收点。

现在东西少了，拍卖公司对那些在似与不似之间的东西，也照收。这是因为一方面有的鉴定专家看东西本来就似是而非；一方面虽然东西不开门但公司至少可以赚一笔图录印刷费。至于自己的声誉，那他会说："错误难免，世界顶级拍卖公司也会出错。你说是赝品，那你负责举证。"最主要的是法律没明确规定拍了假货要负什么责任，罚款罚不着，买主奈何不了，一些拍卖公司已经不是艺术品交流的大雅之堂，而成了赌场和屠宰场。物欲的社会，娼不笑盗不擒，钱才是真理。

老刘的天球瓶最后拍出去了。一个外地人和我俩摽着举牌（我们不坐在一起，各拿一张牌，遥相呼应。多人举，一是不容易让人看出是托儿，二是对真正想买的主儿造成一种紧迫感，让他来不及多思考），举到37万时，我给老刘使了个眼色，他停了。我回身看小姐拿着确认书走过来让那"傻爷们儿"签字，他悻悻然瞄了老刘一眼，潇洒而夸张地晃着手腕签了字，脸上掠过一缕得意的笑容。

这天球瓶，老刘买来的价钱不低，上拍让他没赔但也没赚多少，那位买主最后能不能挣钱就更说不准。这三头（买主、拍主、卖主）中稳赚的，是拍卖公司。

一般人看拍卖，都觉得很神圣，几百件古代艺术品荟萃一堂本身就深不可测，槌声之下，几十万几百万的东西易手，到后来，几千万上亿的东西也露面，场上的和电话那头的买家都是品位高贵、眼力卓绝又财力雄厚的神秘人物。20世纪90年代前期拍卖在中国大陆发轫，依我们这些当时刚玩过几年的"棒槌"的感觉，确实如此。但几十年过去，对如今的拍卖却已难起敬意，因为当年的好规矩都被打破，大环境的混乱，池中的凶险，大小的猫腻，让人心里阵阵寒战、股股腻歪，伤了胃口。

我有一幅刘继卣的《兔子》，未曾装裱。之所以不裱，是因为开始看不透，后来慢慢对照刘的其他作品，越看越觉着悬，于是无心伺候，用个老楸木框裸着挂在墙上。一次几个朋友带着一位拍卖公司的哥们儿来玩，说玩，其实是来寻摸拍品。这位一眼瞄上了这幅《兔子》，说："老黄，您这幅拍不拍？我给您上。""你看它对吗？"我冷眼问道，他说对。我又问，能什么价起拍？他说按名头和尺寸，30万左右。我一惊，价钱出我意料。我直接问："上拍之前我得出多少钱？"他略一沉吟，说："从起拍价算，差不多得6000到7000的各种费用，费用是按比例收取。"我说：

"知道了，考虑考虑再说。"接着我话题一转，大家一起聊别的了。他说能不能先拍张照片，我婉言拒绝了。为什么拒绝？因为我明白，这种画，也和老刘的天球瓶一样，在似与不似之间，拍卖公司并不负责一定给你拍出去，但拍前的收费如此之高，显然是没安好心，拍不出去，交出去的钱也收不回来，有的公司，就专吃这笔钱。一回有几十件这种拍品，就是都流拍，他也稳赚几十万。相反，如果前期的这些费用他不要，倒有可能这东西他是看着八九不离十的开门，那他想要的就不是前期这几千块，而是那百分之十的佣金，拍前的"零钱"反倒会"好商量"了。

有人说的可能武断：现在拍卖的画，尤其大名头的，占五成都是赝品。我跟几位拍卖公司管书画的朋友聊过，他们讳莫如深，只一句：有饭大家吃。

多年前和朋友去翰海春拍看预展，被迎进一间接待室，那是秦公总经理还在世的时代，翰海如日中天。接待室的地上铺着两张张大千的大画，两个人戴着手套拿着放大镜蹲着正在作比对。我凑过去一看，两张画中都有"高士"，其中一位戴眼镜的和我年龄相仿，自信地说：这画对，你看那小人画得一模一样。我一听，再看，那俩小人也太"一样"了，人不熟，没发言。心说，模子扣出来的怎么能不"一样"？再看款，也是"过分"的"一样"，扭头我坐下了，想着这不定是哪个作坊的货流出来了，大千是作伪高手，现在也有后辈欺负他了。那是我第一次对拍卖产生了疑问，是失去信任的开始。

一位画家，那时是中央美术学院的副教授，认识他时人很平易，还主动说要送我画。几年后再见，人仰着脸了。有朋友说他的画在市场上这些年涨了两个零。我说没看出有多大进步啊，朋友说，不用画有多大进步，拍卖"操作"几回，价钱就上去了。这又是拍卖的一大弊端：拍卖时虚高竞价，最后画还被本主买回，价码却已标在了市场上，自此画的身价就涨了。这种"人造"画家，这些年被拍卖公司真造出了不少。

还一个故事更玄（但是真事）：老方，一位不知道主营什么业务的"大老板"，经常开着路虎到老刘店里来喝茶，时间长了我好奇，问他是什么来路，老刘不屑又嫉妒地说："吃老婆，吃银行。"却原来是，老方的老婆在一家银行管贷款，老方的任务只管找东西，东西得好，够得上几百万的水平，先跟卖主谈妥价钱，再找拍卖公司谈妥佣金，接着就上拍，落槌价经过操作当然要高出卖价几倍，然后把东西抵押给银行，扣除卖价和佣金等，剩下的就是自己的了。老刘说，甭多了，一年赶上一件，几百万就到手，可有一节，得给拍卖公司高额佣金，不然人家不给你"架秧子"。

拍卖，是艺术品市场的高端和主流，但这主流中，这些年却掺进了多少污浊……

古玩与文玩

有刚入行的小兄弟说:"你玩古玩,我玩文玩,咱玩的不是一路。"

我不托大,不教训人,但这里我要回一句:你把概念弄拧了。文玩和古玩其实从逻辑上讲,是交叉关系:文玩里包括古玩,古玩里也包括文玩;文玩里既包括老文玩,也包括新文玩。有人说"不爱钱的人玩文玩,爱钱的人玩古玩",也有人说"文玩玩的是底蕴,古玩玩的是家底",话都貌似有理,但其实是把玩新文玩和玩老文玩弄对立了。

今天的市场,有人为了强调新文玩的价值,故意把文玩和古玩做切割,一说到"文玩市场",就专指卖"新活"的市场,没有"老文玩"什么事。

其实"文玩"是个老词,过去多指读书人书房、书桌、画案上由用具演化而来的玩物,一提都知道,无非笔筒、笔山、笔洗、水丞、砚匣、镇尺、印盒、印章之类。以及书房里摆的一些雅玩清供,读书读累了,站起来活动活动,看着这些玩艺儿,摆弄摆弄,摩挲摩挲,以休息脑子和眼睛。这包括的东西就多了,瓷器、玉器、盆景、赏石等等,不一而足。

再后来,文玩一不留神出了书房,扩展成凡读书人爱玩的带点书卷味带点雅气的物件,比如扇子、荷包、核桃、玉佩等等。

古人是万般皆下品,唯有读书高,只要文人一沾的东西,就被高看一

古董圈
一个京城玩主的收藏笔记

竹雕老人,年份够老,雕得够精。

行市 ▶

↑祭蓝炉,色气不错,但存世量大,有点俗。
↓象牙印盒,小巧,直径只有 4cm,红木托 5.5cm,记得是买一件瓷器时老板搭给我的,没算钱。那件瓷器后来给了谁忘记了,却留下了它,很喜欢。

眼，所以千百年留下的文玩似乎都附着灵气，在古董市场上，从价钱上就分出来了，同一时代同一路份，笔洗保证比饭碗贵，印盒保证比粉盒贵，水丞保证比酒杯贵。就更别说那些材质高贵、造型奇巧、名人用过、年代久远的文玩，那无论是收藏价值还是市场价值，都要比一般生活用品高出几个位格，一对占半间屋子的顶箱柜，未必能卖得过一架两指宽的墨床。

因此说，文玩是古已有之的品类，不是"新活"的代名词。

话说回来，现在有的圈里人专爱揶揄贬损市场上的文玩新活，这也有失偏颇。今天文玩的盛行和受大众追捧，是件好事，这说明人们崇尚文化，欲静气修心。文事盛行，自然文玩也就应运而生，根硕枝繁，才会叶茂果丰。

何况绝不能小看新文玩的价值，有的岂一个精致了得？可说是，除少了那层岁月的磨洗之外，其他的什么都不比老文玩差。尤其喜人的是，今天很多年轻人痴迷文玩，并非全为时髦，还真在修性上下功夫，或者说，玩了文玩之后，得以润化出几分斯文，蕴养下一丝雅气，让人看了舒服，愿意和他们盘桓。曾有一位年轻人和他夫人经人介绍来我家玩，穿一件粗布对襟的单褂，平平展展，手上执一枚素折扇，扇柄上是白玉扇坠一丸。人长得白净沉稳，礼数周到。送我的不是水果点心，而是一副自己写在笺纸上的对子，和一块并不张扬、无雕无钮、小而端方的寿山冻章料。这孩子一出"上场门"，我心里就是一个"碰头好"，真让人觉出几分感动。还不止此，他竟是玩菖蒲的行家。菖蒲这种植物，是典型的南方文人书房里的清供，历经久远，而且由于水土差异，在北方很难养育，所以也难见摆上北方文人的书案。这位年轻人对菖蒲嗜深，常到江南采购，尤其要到苏州采购菖蒲所用的盆石台架。讲起菖蒲逸事兴致勃勃，使我这个从未接触此道的人听得津津有味。后来他从微信上传给我几张菖蒲的照片，我大为惊异，一张大案上，一丛碧绿的菖蒲，长在一只苹果大小的紫砂盆中，底

行市

下一方砾石托垫，粗中有细，淡里加浓，大有画法上将工带写的韵致，极是可爱。由这次的缘分，我开始注意菖蒲及与之相关的玩艺儿，发现学问很深，养植技术自不必说，只看那些形状各异、小巧灵透的盆盏，就独成一系，让人目不暇接，怜爱不舍。这绝对称得上文玩新活中的俊类。

然让人遗憾的是，如菖蒲之类的文玩，虽"文"气袭人，却难被今天的市场热恋，而让万人瞩目的"主流"品种，范围竟又极其狭窄。大体只是各种手把件及相关品类，如手串、佛珠、核桃、葫芦；以及南红、蜜蜡、松石等各种小雕件和镶嵌品；再上一档无非是和田、翡翠。而手件多摆件少，大型器就更少。

如果严格抠字眼，这些东西其实并不能算"正规"的文玩，只能算半文半佛（宗教）的"跨界"品。这些东西如硬称文玩，也只是文玩的一角，但除这些门类之外，别的"正宗"文玩如文房案头的各种用具，则少有被关注，更少有产出。正因为各色人等蜂拥而来的追捧，使这些"主流文玩"不免沾上几分市井气。我曾手里盘着一串金刚菩提去买豆腐，卖豆腐的小伙子非要让我对他几千块钱买的水玉手串品评高低。我暗惜以卖豆腐的薄利去买价高质劣的手串有些不值，却也为他能自得地欣赏心仪的东西而感到宽慰。竟又想到胡同里偶见光着膀子，满胳膊满脖子都是大小珠串的大老爷们，最典型的就是网上视频盛传的"京城辉子爷"。并不是说引车卖浆者流就不配玩手串、佛珠，而是觉得"文玩"的属性到此已经被异化了。

又想到的是，今天的文玩市场，其价格被炒得越来越离谱，越来越失了理性。一对核桃动辄上万，就是再稀奇的核桃，只要不是老活，我觉得也不值这个数；一串稍大点的星月手串也能上万；一块姆指大的南红观音能卖到大几千。而且市场像炒股一样，各个品种挨个炒，今天黄玉，明天砗磲，今天珊瑚，明天虬角。裹挟着一帮没有定力的新手没半年就装满一

古 董 圈
一个京城玩主的收藏笔记

装药的老葫芦

行市

这"对儿"核桃其实是两个单只,年份够了,可惜不是"原配"。20年前,摊儿上经常有这种单只核桃,但配对儿不易。不过那时成对儿的老核桃有的是,没人有闲心去为这种"鳏寡"作"媒"。当时买它们,只是因为便宜,5块钱一只。右边那只还有俩孔,估计曾穿在烟荷包上当坠子用。

抽屉各类珠子核桃、各种弥勒观音。这种价位的市场,也已经异化了文玩的属性,没有了逸情和静气,只剩下金钱与焦躁。

  面对文玩新活市场当下蔚成的奢靡风气,苦笑里有一层却聊可自慰,我曾和朋友玩笑解嘲:今天恐怕是百年不遇的手串、核桃和葫芦出世的最盛时期,多少代留下的东西都没这几年出世的多。这也是好事,甭多了,20年后您再看,大批挂了"老相儿"的珠子就都溜达进古董店,掺杂到各代文玩的队伍里,新老难辨——本来嘛,盘了20年的核桃,他说是民国的,你能跟他抬杠吗?

  到那时,就再也不愁找不着货,价钱也就"凉快"了。

台北古董市场掠影

去台湾旅游,自然惦记这一方的古董市场,然行色匆匆,无暇做深入考察,只能是"一瞥"而已。

最先触到台湾"古董市场"的话题,是在台北"故宫博物院",与一位在陶瓷馆工作的朋友聊起市场瓷器的价格,他摇头轻叹:"今天的台湾市场,已经找不到像样的东西,除了有熟人带领到卖家看货,但那价钱也是高不可攀。"

承他热心指点,我先到了台北"大路货"集中的八德路。目之所及,这里并不能算是真正的古董市场,沿街从东向西,排列着一家家商铺,绝大多数是新品和赝品。品种以仿制的高古玉、假翠、新瓷、假画等为多,李苦禅、吴作人、傅抱石等人的造假"行活"随处可见,装裱较大陆同类"产品"要精,也并不做旧,价钱大约在2000至4000新台币(500至1000人民币)之间。大陆前几年成批仿制的漆制食盒、砚台、铜器、老窑瓷器等也摆满货架。

远远看去,整个市场,从规模、门脸到货色都很像上海"藏宝楼"外那条街上的铺面市场。但这是在平时,如果逢周六周日,这里又有些像北京当年的潘家园,沿街摆起地摊儿长龙,来自台北以外的商贩,候鸟般"飞"来,其场面也很壮观。

古董圈
一个京城玩主的收藏笔记

这种食盒登不得大雅之堂，但因体大篾细，还算精巧，完整存世的已经不多，古董店里还专门有人愿买愿卖。年份不近，也被算成古董。就像南方古董店里一些漆盘木桶，常与铜盆壶套凑在一起，卖得不错。被归入杂项一类。

在这条铺面街的尽头，我见到了一家真正的古董店，面积有七八平米的样子。里面货不多，有瓷器、玉器，兼有少量杂项，老板是一位自称有40年从业经历的老者。我见橱窗里有一只10厘米高的五彩小罐，状似康熙年的东西，拿在手里，觉得不对，询价为38000新台币（相当于近10000人民币）；一对青花观音瓶，高约20厘米，"康熙年制"四字款，瓷粗彩劣，号称是从英国进的货，要价28000新台币（约合7000人民币）。环顾之下，再无入眼之物。

这一片市场，应该算是台北的低档艺术品区。

在台北的新生南路，还有一处古董市场，叫作"三普古董商场"。整个市场都在地下，其形制颇类北京的亮马市场。按商品档次看，接近北京的爱家、分钟寺和老山市场，但规模要小得多。

走进一家店铺，柜台前摆着三把红木屏背椅，品相尚佳，我问老板卖多少钱——椅子四缺一而不成"堂"，价必受损，或他看我是"大陆客"，本无买意，便说"不卖"。但借话题聊起了家具。据他说台湾近年老硬木家具数量锐减，整个台北因场地限制而无专门古典家具市场；老家具价格奇昂，一只像样的红木几案即有数百万新台币的价数。

又到一家以玉为主的店铺，看中一只黄玉扳指，较一般尺寸小且薄，开价10000新台币（约合2500人民币），价虽靠谱，却无特色，不撩购欲。遂与老板聊起目前行情。他说："你今天到台湾来找东西算是来晚了，已经无物可买。台湾最好的光景是90年代初的几年，大陆的东西又真又好又便宜，大批流向港台，着实让人捞了一把。但从十年前，风向转了，东西又都流回大陆，在大陆做生意的台商遍地搜购，说甚些简直是搜括，只几年功夫，台湾已是价高物稀，市场不像市场了。我们都寄希望于实现'自由行'后，看能否有什么转机。"这位68岁、曾做鞋子进出口生意、20年前转行做古董的老板，沉静文雅，语气里稍带着无奈与忿然。

古 董 圈
一个京城玩主的收藏笔记

↑ 台北三普古董市场
↓ 台北大都会珠宝古董市场

行市

如果说"三普古董商场"算得上中档市场，那么位于台北民权路和松江路把角处的"大都会珠宝古董商场"，按北京的分类概念，就应该是"古玩城"了。里面老窑的瓷器、元明以降的金银铜器、书画等，品质显然高出"三普"一档；明清玉器、铜木佛像、竹木牙漆、烟酒茶具及杂项，也数量较多。市场呈"回"形排列，店面毗邻相连，灯光之下，堪称华丽。

进到一家店里，主营瓷杂，坐店的是位20多岁的小伙子。我让他拿下一块棱口青花小盘，论气象，是件清前期为欧洲西亚订烧出口的瓷器，东西虽真，但边口有残，开价22000新台币（约合5500人民币）；旁边还有一只青花花觚，高有35厘米，远看有一眼，近观就不行了，开价也是22000新台币，这是老板自知东西的底细，故意开出个"理亏"的价钱，好与买主周旋。

与小伙子搭话，他虽知我不买，但还是很热情礼貌。我问是否周六周日生意要好做些，他说也不尽然，比如他的店就是周六周日休息。问如他这样年纪做古董生意的多吗，回答说不多，他是为父亲来看店的，自己本业是做珠宝生意。我忙问台湾的翠价，他不禁大呼："太高了！"并说："过去我们去香港和缅甸进货，现在别说香港，缅甸也无货，我们只好去缅甸乡间，从人家身上'扒货'（买人家正用的首饰）。"

见一家橱窗内摆着一对珐琅彩的灯笼罐，15厘米高。进店细看，乾隆的款，绿里儿，干净利落，但并不真，要价150000新台币（相当于近40000人民币）。店家是位50岁左右的女老板，同样热情。知道是北京来的，告诉说，"大都会"有不少人是"两栖作战"，一半时间在台北，一半时间在北京天雅古玩城。她主营书画，说这对小罐是她父亲留下的。据说其父是黄埔十八期毕业，1949年从大陆来台，在机构精减中退职，由此开起古董店，桌上压着他当年开店时的照片。88岁去世，店一分为二，隔壁的店是她妹妹在开。

除了如"三普"和"大都会"这类商家聚集的市场之外，台北还有一些散在各处的小型古董店。这种零散分布的格局，在大陆很少见，倒很像日本的古董市场，疏疏朗朗，如深水之珠。这或许从另一个角度反映了这些地方古董市场的成熟——唯其零散，才显出生意人的自信和收藏队伍的宁静从容。如大陆各地近年纷纷兴建大型古玩市场，外表繁华却内容空洞，显出一种急功近利的社会心态。

概括对台湾古董市场的印象，有几点感觉：

一是东西匮乏，货源枯涸。每到一个市场，放眼望去，了无长物。这原因很好理解，台湾本地生意有限，据一位老板说，台湾的收藏队伍并不壮阔，台湾古董生意在对大陆开放前，历来是以香港为前沿，面向东南亚、日本，兼及欧美。这些年大陆一开放，冷暖自然和大陆与共，大陆今天吸货的胃口，台湾的小气候是抗拒不了的。

二是市场体量有限。上述三处市场，从绝对面积讲，都不大。就拿"大都会"来说，算是"东南亚最大的珠宝古董商场"，商家也不过五六十户，而且和"三普"一样，整个市场都在地下，虽号称是"近千坪"的"广场"，但仍感空间逼仄，无法和北京上海天津广州等城市的古董市场相比。

三是气氛祥和，少一些大陆的浮躁之气。从业者态度诚恳沉稳，谈吐儒雅，温润可亲，所表现出来的文化底蕴，与整个台湾弥漫着的浓厚的中华传统文化气韵很是相称。我走马观花，无心购物，所以没有过真刀真枪的砍价交锋，但总的感觉，东西要"谎"不大，至少比大陆某些商家靠谱，不是大陆古董商"来一个宰一个"的架势。

行市

让人留恋的地方

直到 20 世纪 80 年代中后期古董买卖真正解禁前,北京没有合法的古董交易场所。如王府井和地安门等有数的几个文物商店,也是官办,收购价商店说了算,完全是垄断价格,卖主儿没有讨价还价的份儿——你爱卖不卖。

但有一种场所却是例外,那就是北京各区为数不少的信托商店。确切地说,这"场所"并不在店内,而是在店外。玩古董和旧货,有个特点,那就是一旦粘上就下不来,一玩就上瘾。没地方玩那是要把人憋坏的。信托商店外,就是这种过瘾的"天堂"。

当年我曾注意过西单、东单、西四等地的信托商店,门外总有一撮人,商商量量,嘀嘀咕咕,要么聚头看东西,要么进店趴柜台,从商店开门到打烊,总有人聚聚散散,热热闹闹。

这其实就是玩家们在等货。每逢有卖东西的人要进门,他们就先笑脸迎上去,搭讪问想卖什么。早先的人都规矩,一看这些人先有几分警惕,但一般都会客气地据实回答,比如包里是件瓷器,会打开给你看看,然后进店验货估价。那时信托商店的店员也很矫情,一般不给卖主儿好脸,但如果真是好东西,也会低头。记得 80 年代初,一位同事要举家去香港继承遗产,常骑的一辆 40 年代的凤头车推到信托商店,当时那可是自行车中的珍品，店员的脸就有了笑模样，说："您是拿现钱呢，还是先在这儿放放？听我的，您还是先在这儿放几天吧，或许能给您多卖点。"很是殷勤。

想信托东西的人一般都等钱用，但北京市民有个特点，大都会货比三家，这个店给 5 块，他再到别的店看看，说不定有给 7 块的。门口这些等货的人一看人又拿着东西出来了，就又上前搭讪，问店里给您多少钱，然后商量着加价。不少卖主就会在这门里门外一两块钱的差价下投降，把东西卖给你。

这种交易生态在"文化大革命"中就开始出现，有不少人在天下大乱中买到精品和绝品。明清家具研究的大腕儿王世襄先生就因为挨整没工作，曾经也是这支队伍中的一员，前几年曾有一场他收藏的香炉专场拍卖，据说其中有的香炉就购自那个时期的信托商店门外。

一位朋友告诉我，当年他家生活困难，他又没有正经工作，就揣着 5 块钱整天趴信托商店，他有个平板车，专瞅大件东西，有时在西四信托两块钱买一只柴木条案，拉到西单信托卖 3 块，赚一块钱就高兴。他说像电视剧《血色浪漫》里袁军和郑桐拿件瓷器一把就卖 300 块的事儿根本就没有，都是胡编。

再说信托商店的店员，那可以说个个是火眼金睛，尤其"文化大革命"中流到信托商店的东西，实在是太多太高级又太便宜了，让他们都见了"世面"，练了眼力。一位今天在亮马开古董店的当年店员说："那时一对红木顶箱柜才卖 100 块。那都是大户人家受冲击，房子被占用，没办法才'吐'出来的。可惜咱小门小户，看着便宜也买不起（店员也不准买自己店里的东西），再说一间屋子半间炕，也没地儿搁。"

我曾亲自领教过一位店员出身的朋友老秦的眼力。他不光瓷杂精通，其他和古董挨边的东西他也不含糊。一次我和他一块下村收货，三九天的傍晚，路灯已经亮了，看到几个收破烂的河南人在村口扎堆儿聊天，我

行市

↑香薰，童子为盖，象身空膛，象鼻出烟，此类炉存世不少，牛、马及各种瑞兽的器型都有。
↓也是一只香薰，鹤翅为盖，嘴出烟，白铜镀银。

们上前打问收到什么老货没有，这时只见老秦一把抓住一个小伙子的大衣问，这大衣多少钱？那小伙子是我们认识的最精明的"破烂王"，他打个怔儿，信口说："你要，就给800块。"这一听就是张大嘴要"谎"。20年前，在村里"刮货"，一件东西撑死了也就是二三十块钱，最高也不会过百。800块无异于天文数字。老秦说："走，到屋里让我看看。"那小伙子立刻警觉起来。进了屋，脱下大衣，老秦拎着大衣领子往高处一抛，大衣软绵绵地落在床上，再拎起来又一抛，还是柔软如绵。老秦出价：给400，给500，给600。小伙子硬挺着，一嘴都不撒，就要800。最后老秦真给了800。他把略微显短的大衣穿在身上，我们骑上车子，路上我问："这是什么大衣，你疯啦？"老秦乐着说："这是整个的水獭筒子，老年间最高级的大衣也就舍得用水獭做领子，这可好，从头到梢'满彻'，而且皮子没干，油性很足，落到床上你听，一点声儿都没有。800？再多点也得给，等着挣钱吧。"

不几天，这件大衣老秦卖了一万块。前两年我还遇到过那件大衣的买主儿，这哥们儿大胖脸，秃脑袋，圆眼睛，当年穿着这件大衣，戴一顶座山雕式的高装水獭帽，提一根40厘米长的象牙杆烟袋，走动于各个古董店之间，谁见谁乐。那模样，如果再留上两撮"八撇胡儿"，不用化妆就能演袁世凯。

行市 ▸

赝品的名声

赝品,现在通常被理解成贬义,是"假货"的代名词。因此招人痛恨。

其实"赝品"的本义是个中性词,是指高级的仿制品。它至少有两个特征:一,与真品形似神似;二,工艺精湛乱真。

在收藏圈子里,其实并不排斥赝品,说得极端点:你想排斥也办不到。这是和古董不可再生的属性紧密相连的,历朝历代都有赝品出世,为什么?就是因为真品太少,而又太招人喜爱,需求就是动力,玩不成真的,我玩仿的总成吧,于是就有了高手的仿品。

有个流传多少年的例子最有代表性。说书画鉴定专家徐邦达先生早年见到两幅故宫藏的《富春山居图》,他竟辨出了乾隆御题为真的一幅为假,而御题为假的一幅为真。这佳话传了七八十年,为什么?一当然是说徐老的眼力不凡,二就要说赝品中也有神品,同样是鉴赏大家的乾隆也有眼离的时候。

再往远里说,武则天的宠臣张五郎假传圣旨要整理内府藏画,召海内画匠,精心临摹,施以旧裱,把宫中真迹偷换出来。这也是中国书画史上的"奇葩"事件。

现在想来,这批以假充真的唐代赝品,流传到今天,你能说它不是好东西？那不是精品也是精品，不是文物也是文物，毋庸置疑。

说到书画赝品，故事太多，今天越来越值钱的"苏州片""扬州片"，都是明清及至民国造假"企业"的产品，今天的收藏者要是得到，还不是如获至宝、奉如拱璧，你能说赝品不好吗？

我买的头几件瓷器里有一只青花将军罐，那差不多是清中期最流俗的瓷器，缠枝莲，发色不错，形体完整，当时花了20块钱。罐底的款识是"成化年制"，后来我关注了一下，这种将军罐，几乎没有不是成化款识的。这种罐如果成对儿完整，现在能卖到大几万甚至十几万，我揣想，清代大批仿这种瓷器时，会不会也有人像今天对待新仿品那样痛恨不齿呢？

早些年有一次在琉璃厂遇到几个江西卖瓷器的游商，拉衣角低声推销，我就买了一只口径15厘米的斗彩碗，瓷质如玉，葵口，底款是"大清光绪年制"，釉下青花釉上彩，"斗"得逼真，仿得传神。我150元拿下，买"新活"在当时这算是高价了。10年后把它当作结婚礼物送人时还真有点舍不得。今天想，这只碗流传时间不用太长，如果能传50年，贼光一去，就又是一件挺像样的"古董"，至少不会比那"嘉靖"的将军罐路份低。

话归正题，为什么今人对赝品那么痛恨呢？这不赖赝品本身，更不赖制作赝品的匠人，只赖社会的坏风气，赖那些黑心蒙人的奸商。玩高仿，对消费者来说，本来是件实惠事，用低价买到高价的感觉；而作为卖家，只要喊出良心价，就既不犯法也不悖德。就怕出那种做局拍卖，指鹿为马的事情。明明值一万的东西，偏能拍出100万，回头还说"是你没看准东西，我们不负法律责任"，"我们不退货，要退得有几个专家同时鉴定为假货"。而现在这种污浊风气下，要找几个能帮你据理力争的"良心专家"又谈何容易？

所以我们盼着快些廓清世风，澄澈人心，人们回归本分。能如此，

行市

仿明成化的"喜"字将军罐。清中期开始大批烧制,估计因它的"喜"字讨喜,后续各代不断追仿,越烧越糙,竟至俗不可耐。

古董圈
一个京城玩主的收藏笔记

一件当代仿品。这只青花天球瓶高 45cm，仿得到位，口款也是"大明成化年制"。当时卖主坦言是新活，只要 200 元，这就是"良心价"，这种性价比能让你对"赝品"二字产生反感吗？

行市

"文化大革命"前仿康熙五彩大瓶,50cm,算来"出世"才不过五六十年,今天也成了古董。这一代瓷器路份高的已经可卖到五位数或六位数。仿不可怕,只要精致到位、价不欺人就好。

则收藏者和古董商都不会排斥赝品，没有赝品不断注入市场，市场终有一天会关张。各朝各代的赝品如纺线的棉絮一样不断裹入，这线才会长而不断。

　　赝品只是赝品，不是假货，要打的是人不是货，电视节目里的锤子不要去砸那些能乱真的姣好艺术品，而要去砸那些掉到钱眼里的脑袋。

日本的古董市场

在日本，除了传统的古董店和古董摊儿及拍卖会外，还有不少中国没有的销售模式。

每年七月，悬于东京湾的东京国际展示场会有一次全国规模的大型古董展销。我先后去过两次，每次都惊异于何以有如此多的人聚集。展销分"和古董"和"洋古董"两大区。"洋古董"好理解，即西洋古董，而"和古董"，即"大和民族"古董之谓也。一眼望去，两个区怕总有上千个摊位，每个摊位前都人头攒动。人群中还有相当多的家庭妇女，这是一支不容忽视的购买队伍，她们钟情于古董首饰，并购买成套的漆器、瓷器餐具。据说日本家庭以年代久远的餐具上桌待客为荣，并不以旧货为羞。

日本古董市场秩序良好。无论大型展销会还是一般摊贩，买卖双方，举止言谈平和，绝无喧哗。每个摊位前都放一只烟灰缸，供顾客使用，但绝少有人在这种场合吸烟。场终人散时，地上清洁如洗。

在银座，我到过一个古董店，店里货不少，却并无卖家，只有一位女士看店。店内古董全部编号，买家中意哪件可以申请从柜中取出细看，价格由这位女士电话与卖家联系协商。

日本定期有行内展销，各种古董杂凑成份，以份论价，不能挑捡，古董商在此要比眼力，比速度，也比运气。新中国成立前，我国古董行里也

古 董 圈
一个京城玩主的收藏笔记

图片里的场面看上去空旷,实际上这里摩肩接踵,十分拥挤。这是一年一次的日本最大的全国古董展销大市,每次共两天。地址在悬于东京湾的日本国际展示场。那两天,来自日本全国各地的古董商贩云集,分"和古董"和"洋古董"两个区,整个市场有摊位上千个。

行市 ▶

日本木佛。莲座繁复，背光高耸，金水已经脱去。日本的佛像大多是这种形制。

流行这种方式。

经日本古董商朋友介绍，曾参加过一次形式别样的展销会，组织者为"东美（东京美术俱乐部）正札会"。这种展销每年夏、冬各举行两次，每次为周六、周日两天。参加的古董商只限于东京都、大阪府、名古屋和宫崎县地区。有120多家古董商参加，参展古董不下万件。这里的规矩是：首先，顾客都是由参展古董商介绍来的；第二，不能砍价；第三，顾客看中的东西，要经介绍人与卖主接洽，货款也要经介绍人向卖主支付，这位介绍人是要从中提成的。在会场，不断有广播找人的声音，即买主在找他的介绍人。

日本还有一种古董售卖形式：曾经去过一个展销会，大厅里展示的古董，都是一万日元起价，每件都有编号。大厅中央放着投票箱似的小木箱。买主把自己的心理价位写在专用纸条上，并注明姓名、住址和联系方式投入木箱。展销结束后，开箱验明，这件东西即归开价最高者。因销售方式独特，买主常有奇怪出价，比如10001日元或20万零500日元等等。

另有一种古董市场，即在大型百货商店中临时辟出场地，以数日为期组成市场。我曾去过的东京著名的京王百货店的"大催事场"就属这类。当时商家云集，场面富丽。古董商在这种"大雅之堂"均西装革履，古董行业特有的风尘气荡然无存。但因场地成本原因，物品价格极高。在这里可以刷卡付费，还可以商量分期付款。

行市

也说"捡漏儿"

每一位古董收藏者恐怕都会有捡着"漏儿"的欣喜体验。所谓"漏儿",是古玩行里的一句行话,就是买着了比本身应有价值便宜得多的东西。当然这有个前提,那就是这种便宜不是朋友之间的价让,而是在卖主完全不懂或无意识的情况下卖便宜了,说俗了卖主没拿它当好东西,而买主却知道它是好东西,这就形成了"漏儿"。经常听到古董商痛心疾首地回忆:"唉,那件东西卖漏了。"或欣喜地说:"嘿,今儿捡了个漏儿。"这说明"漏儿"是会经常出现的。

而明明是"漏儿",怎么会经常出现呢?这看似偶然的现象,实际有它必然的规律。首先是卖主与买主水平的差异。这水平第一是文化素养,第二是眼力。一般来说,"漏儿"在大路货中不太容易出现,因为你知道这是道光的罐,他也知道;你明白这是清末的红木太师椅,他也明白。这样的买卖除了看成色品相,就是凭"心气儿",价钱大致差不出圈儿去。而在"隔路货"也就是平时少见的东西里,在买卖双方的碰撞中,在本领高下的较量里,"漏儿"就容易出现。

曾有一篇文章,题目叫《旧货里获宝》,说的是一位收藏者在逛潘家园旧货市场时,买到一部明万历年版的《十三经注疏》,就是一个大"漏儿"。《十三经注疏》最早出现在宋代,但原版本早就不见了,现在中国国家博物馆仅存有一部宋、元、明的递修本。而文献上称为"北监本"的《十三经注疏》就是明万历年精刻的333卷本古籍善本，究竟流传于民间何处，无人知晓。而这一天赐良机就让这位收藏者给赶上了，他在一个农民的摊儿上发现了19册65卷古善本《十三经注疏》。虽为残帙，却弥足珍贵（据传宋版善本书以页论价远在民国早年就已如此）。卖主索价8000元，最后以1000元成交，文章形容，价钱谈妥时料峭的寒风中这位收藏者居然激动得全身是汗。一般来说，敢到北京潘家园来做古董生意的农民，也都是鹰鼻隼目，转轴脑袋，绝非等闲之辈，有时他们开价之"黑"胜过本地专业的古董商，因为四处收货，挑费不菲，都要打入成本。但这次却卖漏了，为什么？亏就吃在水平上。一方面卖的货是书，书不像瓷器、家具那样外形、色儿气直观，书的价值全在字里和纸上，不十分专业、只看皮毛者往往难于把握，古董商观察古书往往是外观的整齐和卷册的完整，至于是否是善本，尤其无函无帙的散本，就容易被人忽略，而"漏儿"也就蕴含其间；另一方面，这位收藏者水平确实不比寻常，对这部书的始末源流十分清楚，对书的版式特征也很熟悉，他知道"书皮上浅蓝色的版签"是明代古籍特有的标志，他看到"书口"上有醒目的"万历十四年刊"的字样，"每册第一页都钤盖着'礼部之印'的方形印记"，其中一册书的卷首，还用朱笔工整地写着"乾隆四十三年，岁在著雍阉茂六月十六日，用汲古阁本校起"的批注，他明白，"著雍阉茂"是乾隆四十三年的干支纪年，是"戊戌"的又一称法。于是他得出结论，这是清朝初期礼部的藏书，是与明代汲古阁本对照校勘的。这些比较专业的知识，普通的古董贩子当然是缺乏的，较量中买家赢了，赢得了这个大"漏儿"。顺便要说一句的是，有的"漏儿"是价格上的，是可以用钱来衡量的，而有的"漏儿"，比如这部书，那就不是8000元与1000元之比的普通"漏儿"，按照行话说，"这份东西太深了"，是无价之物。

行市

那只"捡漏儿"的玉翎管

以上是买卖双方因水平差异而产生的"漏儿"。还有一种是因为专业错位产生的"漏儿"。古董生意如果细分也能分出专业来，比如经营木器的，就很少涉足瓷器，经营字画的也很少掺和玉器，彼此虽然轩轾并非十分分明，不像大行业隔行如隔"山"，但说隔着座"丘陵土岗儿"是不过份的。我曾在一个卖老钟表的摊儿上买到一只白玉翎管，通体润泽，管筒一端有一圈均匀的暗红俏色，是典型的和田仔料所制，一望便知当年的主人品级不低。而这只翎管我却只用30元钱就买到了手，这虽是在1998年的古董市场上，也不能不说是个"漏儿"。这"漏儿"就出在卖主隔了行，虽然也把这东西摆在摊儿上，却不懂它是怎么回事，不懂那圈"俏色"的升值点。就是这只翎管，同年我在香港荷里活道古董街的一间玉器店里让老板看，他开口就给我600港币，当然我没卖。这些年我总结了一个窍门：买木器决不上木器摊儿，买瓷器决不上瓷器摊儿，看到农民摆的杂摊儿上孤零零、皱巴巴有张没裱的画，就必须看上一眼，这种经验使我多次出乎意料地买到被忽略的精品，逮着了"漏儿"。

行市

洋古董来袭

近些年，古董市场出现了一波不小的洋古董热，过去没人问也没人卖的洋货跻身古董店的柜台。古董商人没有偏好也没有框子，只要能挣钱，无论国货洋货，一视同仁。

对洋古董热衷的，首先是年轻人群，老一辈人早年总是不屑地认为"玩洋破烂没意思，那根本不是古董"。但年轻人不管这些，只要好玩，觉着美，就买。

我观察，这些玩洋古董的年轻人相当一部分是事业干得不错的小白领或小金领，而之所以能把目光投向洋古董，不少与他们的留学经历有关，再说玄点，不少人是从戴戒指开始的。这些孩子无一不对自己能拥有一款中意的戒指而上心，尤其谈婚论嫁时，买婚戒那是必须的。这些戒指款式中，中式的翠面黄金戒指看的人不多，他们却几乎无一例外都去关注白金钻戒，而这种白金钻戒又几乎无一例外都带有西方审美的元素。从戒指扩散开去，再"武装"就是女孩子垂在胸前的吊坠，我曾在朋友的店里看到过一只19世纪英国维多利亚时期的纯金心形吊坠盒，也就比杏仁大点有限，要价18000块，一个小伙子连眼都没眨就拿下了，不用说是要送给新婚的小媳妇或心仪的姑娘。

总体讲，现在流行好卖的洋古董多以小型货为主，大都是些瓷质首饰盒、水晶香水瓶、手链、袖扣、胸针；再大一点的有烛台、像框、台灯、银餐具等。

还有一个门类走量也很大，那就是成套的西洋瓷餐具、咖啡具、茶具和刻花玻璃制品。这些瓷器和玻璃器原来我看不上眼，甚至干脆都不往前凑，但把脑子里的框框删除后再看，它们确实很精美。我曾在一个朋友的店里看到一套妇女用水晶制品，包括香水瓶、皂盒、首饰盒、粉盒、糖果盒等，绿中透白，是典型的20世纪初比利时的产品，手工切出的花纹繁复而流畅，折射的光，奇异幻化，夺人双眼。这套东西朋友要价25000元，眼力好的白领拿回去往卧室梳妆台上一摆，房间里再不用别的装饰了，雅致的格调不请自现。还曾见过一只10多厘米的欧洲瓷餐铃，瓷质细腻雪白，周身浮雕花卉，花瓣细薄精致，铃柄描金，据说是19世纪英国产品，我问价，开4000元。此铃我用放大镜反复验看，由于有浮雕花卉，擦拭不如光滑物件方便，所以瓷器表面的布痕不多，但如中国瓷器一样，年代的陈迹已很明显，老货无疑。

总体印象，好卖的洋古董，大都是晶莹剔透或金光闪闪，品相要求高，要一眼看上去漂亮。大都是些能装点居室或装点服装的小物件，要能显出小资品味和文化深度，使拥有者显得与众不同。由于个儿小，大多价位也不高，四位数五位数的东西居多。年份要求也不深，小青年们很少去探究哪件是德国巴伐利亚特色，哪件是法国路易十五风格。

然而美的东西并不专属年轻人。我这个圈子里也有识货的，老边就是这方面的另类。早在10多年前，他就弄了一只90厘米长的理石狮子，见到的人虽说不出道道，但从那写实的比例、精致的雕工和光润的皮壳看，都知道是件高档洋货，而且年份很老。看着那狮子凶猛跳脱的灵透样子，我开玩笑说："有这玩艺儿摆着，狗都得夹拉尾巴。"曾经我想从他那儿匀过来，给到15000块，他就是不给。想买它，只是觉得它美，但当

行市

水壶，镀银。壶下是酒精炉，热量可调节，是二十世纪二三十年代的产品。这种洋古董在家居氛围合适时，装饰效果不错。如果厨房够大，选一角落，置一茶几上，会平添几分贵族气。

古 董 圈
一个京城玩主的收藏笔记

欧洲风情的玻璃奶杯,画片儿是中世纪人物。铝制杯盖连着扳手,很完整。玻璃和金属"说话"的器皿保存不易,是20世纪前期的物件。过去这就叫"洋破烂"。

行市 ▶

大理石但丁雕像。足够老,可惜头上的橄榄叶有几片残了。典型的洋货,从国外淘回来的。

古董圈
一个京城玩主的收藏笔记

德国作曲家门德尔松像。乍看以为是石膏制品,实际是瓷制未施釉。这尊瓷像完全写实,与欧洲雕塑同出一脉。年份不远,也就几十年"艺龄"。右手食指断了,可惜。

时并没多少震撼。

等我几年后到法国卢浮宫转一圈回来，脑子就开始犯迷糊，"宫"里那些精致的大型雕塑，色彩绚丽的绘画，把我震蒙了，一直以来那种唯我中华艺术品独尊的理念被颠覆。尤其是那些小型的理石雕像，形神毕肖。于是产生一种占有的欲望，恨不能把它们都抱回家来。从那时起，我开始注意西洋雕像，不久后托人从国外买回一尊白色理石的但丁雕像，又买了一尊无釉白瓷的门德尔松立像。这两尊像放在红木理石茶几上，放在花梨木的五斗柜上，一点都没有中西文化碰撞的"拧巴"，反而觉得那么协调曼妙，至美至善。

由此我又记起，多年前，我曾买过一对理石铜口的烛台，是买别的东西时卖主搭给我的，算700块钱，我当时是抱着不要白不要的心理拿的，回来放在仓库里多少年不动都忘了，最近拿出来细看，那是意大利20世纪初的东西，多年相弃，实在是冷落了朋友。

洋古董的来潮，为货源干涸的中国古董市场注入了新的血液，也为收藏的"多元化"增添了新的注解。艺术虽然有文化的差异，但美是相通的，只要你愿意理解并享受她，就不存在国界。

日本网购趣事

网购,说的自然是购古董。不少年头了,给我的感觉,在日本网购古董,总体讲比较安全,卖家的信誉和素质比国内要高。

有一次我6万日元(十几年前相当于4000人民币左右)购得一尊木佛,是尊很老的释迦坐佛,一手置于腿上,一手持于胸前,"菠萝头"的"浆儿"很不错。

但东西寄到后,发现胸前的手指断了三根。我立刻联系邮局和卖家。这事如果在中国,责任就很难说清,东西都到你手里了,谁能证明这手指不是你弄断的,再不就是邮局和卖家会互相推诿。而让我没想到的是,当地的邮局很快来了电话,很歉意地说,邮局可以有两种处理办法供选择,一是由邮局全额赔偿,东西由邮局收回;一是你自己去修理,修理费邮局给报销。卖家也以最快的速度来了回音:一是说可以退货,并负责往返邮费;二是问我有没有什么处理问题的建议。退货,是我不愿意的,好歹买了件可心的东西,这不是电视机,退了还可以再买台同款的,古董没有重样的,机会就一次。最后我试着问卖家,东西我不打算退,但能不能价钱再降点?很快卖家来了信,问我一根手指降一万日元怎么样?我没想到条件如此的优惠,立刻同意了;邮局也上赶着负责了我的邮费。

还有一次,是最近的事。这次是我在"捣鬼"。

行
市

那尊在日本网购的断了三根手指获赔 3 万日元的佛像。看到它,我就着急:中国的网购环境和诚信度什么时候能赶上日本!

我买了一块30年代的劳力士表，东西在网上看着保真又不贵。但收到一看，有点泄气，实物没有网上照片看到的那么"精神"，于是想到退货。可东西又没损坏，怎么退？

日本网上，每件东西都由卖家撰写卖品介绍，有的介绍对功能、尺寸说得非常详尽，这被当成买家参考的依据。这块表的尺寸标着最大宽度为34毫米（包括表把）。而我用尺子一量，恰恰少了一毫米。我来了兴致，立刻给卖家去信，说介绍与实物信息不符，少了一毫米。卖家来信说，能不能提供"少一毫米"的证据。我把尺子刻度放在表上拍了照片发给他，他认账了，问怎么办，我说退货。看得出他极不情愿，但还是答应了。

这块表退回后又重新被放到网上，但最后的成交价只是我给价的七成。

这事在中国人看来，会觉得我不太地道，但人家却能认可。这不是我太狡猾，是利用了正当程序和规则，而日本人在网上购物的安全，我觉得是建立在"疑罪从有"的原则上。

行市

老窑的尴尬

"老窑"是个什么概念，难于做权威界定，但玩瓷器的收藏圈子里确实有此称谓。我理解大致可归纳出几个特征：一宽，所谓老窑，其年份可上到唐宋，下至民国，有很宽的时间跨度；二杂，老窑包括了历代民窑、土窑的各种瓷器；三粗，即大多老窑器物都胎质粗松，色泽不透，或有简单纹饰，或只着单色釉，釉色以黑、酱、黄、绿等为多。

说来可怜，这些老窑瓷器虽也是古董，也披着历史风尘，也过眼朝代兴替，但它的身价却没有随着中国收藏热的勃兴而有太多提高。属于姥姥不疼舅舅不爱，玩的人少，价钱也上不去。那些常被揶揄"臭豆腐色儿"的瓶盘碗盏，虽经常杂置于各摊各柜之间，却很少有人问津。有人喜欢收藏各年代的油灯，蔚成规模，但那酱黑釉的油灯虽朴拙敦厚，很有古意，却怎么也入不了主流收藏圈的法眼，年代再好的油灯也难在各路拍卖中登堂入室。

总结老窑不受待见的原因，除上述特征之外，大约还有一个字，那就是"俗"。这些东西当初生产基本都是为满足普通百姓的生活需要，无须太精致，能使就行，你想贩夫走卒吃捞面的大海碗用得着精描细烧吗？且百姓用的东西需求量都大，一窑出它几百个碗几百个罐是寻常事。电视剧里土匪上阵玩命前酒罢摔碎的碗，当年一个铜板能买好几个，流传到今

古董圈
一个京城玩主的收藏笔记

↑一只铜油灯,缺盖,曾镀金。
↓一只老窑的碗,应该是辽代的。

天，自然也就贵不到哪儿去。油灯有年代很久远的，宋元明清，代不乏出，但谁家不用油灯呢，一家几个，那是海量，你收藏再成规模，也是冰山一角。

再有一些民俗用具，如瓷枕，虽有高级的，但大量是老百姓用物，存世量也不小，大都是洋蓝土绿，爆釉歪胎。至于往田间地头送饭送水的四系罐，绿的黄的，与瓦无异，就算够汉够唐，也还是"苦出身"。

所以在收藏界有一个共识，东西要买就买够路份的，也就是要买高级的；好东西，到什么时候都是好东西。无怪人都有门阀成见，得承认，在收藏玩家心里，"草根男"永远不如"世家子"。

但有一个现象让我想不通，那就是一些单色釉的正经瓷器，也卖不上价。中国人有正统思想，玩瓷器的专认景德镇，这无可厚非。但有些窑口的东西绝对是精品，而且出身"高贵"，有韵味，有年份，但仍然不受青睐。如德化窑、磁州窑、石湾窑、长沙窑、岳窑、定窑、邢窑，都是历史上著名的大窑口，可就是没人高看，价钱自然也上不去。更过分的是各代仿的哥定汝官钧五大名窑的瓷器，有的仿品十分典雅绚丽，虽不是"本年份"的东西，但也都有几百年的岁数，价钱也不高。我发现，似乎有个规律，只要是单色釉瓷器，就被歧视和低估，更有人武断地把凡单色釉瓷器都归入"老窑"范畴。我翻了前几年某公司一次大拍的图录，几百件瓷器中，除几件有官款的单色釉瓷器（当然都是景德镇窑）外，几乎都是青花、粉彩和五彩瓷器。而仅有的几件单色釉瓷器，美得甜死人，并都有暗刻，且都是明以前的东西，但标价都低得出奇，一把元代执壶才标3至5万，一只宋代影青尊瓶才标6至8万，这和永宣青花、万历五彩、"清三代"的各类瓷器相比，价格差之云泥。

我觉得，这种状况就不是东西俗而是市场俗了。很多玩瓷器的，从一开始，就只认带画片儿的瓷器，从纹饰中找美感，也从纹饰中认年代。媒

古 董 圈
一个京城玩主的收藏笔记

民国料瓶，那红颜色温润醉人。

行市 ▶

龙泉窑笔筒,15cm 的口,15cm 的高。清前期的东西。

体的展示，鉴定的例举，也多以带彩绘的器物为主。但许多老玩主，玩着玩着，才发现，真正有意思、上品位的，却是祭红、郎窑、龙泉。玩的是它们身上因时光幻化而出的特"色"，玩的是由那特"色"闪晃出的醉心沁脾的韵致。

但市场为什么不那么无保留地接受这些单色釉的瓷器呢？说了归齐，还是因为它比带纹饰的瓷器难于鉴定，难于欣赏。或许也是社会的浮躁之气渗入审美活动之中，让人无法静心吧。

主流啊主流，到什么时候，进入主流都会占便宜，但也不免沾上主流的俗气。

国际化的烦恼

十多年前,中国的古董商大多对外国市场还不熟悉,"国际化"还只是单向的,许多外国人来中国淘货,中国人却绝少出国采购。这样一些"先知先觉者"就有了机会,他们可以利用自己涉外的特有方便,轻易赚取中外市场的差价。

我并不"先知先觉",但恰巧有外国亲朋的便利,所以知道这里面的甜头。

比如20世纪中期之前,国外座钟市场有一种"革命性"的产品,叫作五音钟。这种钟结构很复杂,钟里有五只音锤击打五根音叉(有的是八只音锤,也叫八音钟,但和传统的"八音盒"不是一个概念),可以每一刻钟打一组音符,清脆悦耳。而这种钟由于当时价格不菲,我们从旧中国的民不聊生,到新中国的计划经济,都没有闲情逸致注视这种奢侈品,因此五音钟在中国的保有量极小。我从很早就喜欢玩钟,但在二十多年前却很少在国内的古董钟表市场里见过这种钟。

20世纪末,在日本,我发现了这种钟,而且存量很大,其中制钟大国德国的几乎所有名牌,都有五音钟产品在日本古董市场出现,日本自产的五音钟,量就更大。

我先买回一台,不久被朋友发现了,抱在怀里不撒手,我咬牙出价,

古董圈
一个京城玩主的收藏笔记

里斯本的一家古董店

行市 ▶

西班牙巴塞罗纳的海边,我发现了这个露天古董集市。摊位不少,货也不少,大都是餐具、徽章、唱片、油画。都说在欧洲经常能淘到中国货,其实并非易事,老祖宗的东西漂泊万里、历时百年,今天又让你给带回来,那可不是一般的缘份。

古董圈
一个京城玩主的收藏笔记

德国荣汉斯三塔座钟。20世纪初的产品,至今仍走着,很准,买它有20年了。不留心便罢,如静心端详,会生出几分感动,它至少见证了我之上三四代人的生活,今天仍为我服务,若儿女不弃,会一直服务下去。它诠释着勤奋和忠诚。

恨不得把机票钱都打进去，人家没打磕巴儿就拿走了。很快我又进了一台，又被抢走。接着有亲戚回国，有学生出国，逢机会我就让他们给我带五音钟，前后带回不下几十台，都"走"得很顺利。

五年前，突然不行了。北京市场上的五音钟开始多起来，一些"后知后觉者"也跟上来了。行情掉头向下，到今天，这种钟按俗话说——"臭街"了。我庆幸那批钟没砸在手里，但最后两台出手时，价钱已经跌得很惨。

还有一个例子也很有趣。日本是个流行插花的国家，每一件插花作品完成后，照例都要在花瓶下衬上一只瓶托，日语叫"花台"，陈列屋内。这种花台多为硬木制成，形制各异，精巧雅致。比较典型的有一种，是用一块极厚的红木料刨挖铲锯而制成一只两端内卷的花台，成品如一只中国汉代书案，上陈花瓶，看上去素静端庄。偏偏这种下卷式的案形花台，也有与日货从形制到风格完全相通的"国货"，但存量极少，当然行情也极紧俏，国内玩木器的管它叫"卷板"，是放置山子的绝配佳品。这种卷板在我初去日本时价钱极低，一只50厘米长30厘米宽的卷板，按人民币计算也就不足百元。20年前朋友给我带回一块，当即就被人以7500元"抢"走，那就是几十倍的利润。兴奋之下，我又进了几块，对"抢"货的人已经毫不客气地喊出万元一块的价钱，甚至还更高。但市场就是市场，全世界的古董商都是商人中最精的一类，日本人很快嗅出了味道，几年后我再去日本，这种卷板按人民币计算已经涨到我最初的卖价——也上万了。我当时懊悔没有多进几块。但红木终究不像五音钟能工厂生产，货源充足，卷板在日本价钱起来了，在国内价就更高。原因也简单，这种东西既高档又稀缺，中国的市场最近这些年像疯了一样，只要有东西，钱不是事儿。幸好我手里还存了几块，不然连自己想玩都没有了——现在是存货比存钱强。

直白说，普通中国玩家在国际市场上对古董的访察嗅觉不是很灵敏，视野也不够宽，但行动力却极强，一旦让他们知道了什么能赚钱，那种往上"扑"的力道是惊人的，怀里揣美元，手挥大扫帚，他们不是在淘货，完全是在扫货，哪儿也禁不住这一扫。但身经此道如我者，却常有种隐隐的烦恼——为什么当初不能更果断点，知道能挣钱的东西为什么不多进点？

行市

日本的古董广告

　　日本有很多定期举办的古董市，东京及周边，每月都有几十个。一到周六周日，七八个地方同时开市，很是繁荣。然而，这种繁荣，并不是自然形成的。它源于古董商们大量的组织运作，其中市场宣传彩页，就是运作方式之一。

　　东京略有规模的室内或露天古董市上，都会设一桌案，上面摆着各种彩页，供顾客免费自取。彩页一般是单张，彩色印刷居多，也有黑白的。尺寸大小不一，小的只有两张名片大小，大的如单张挂历，以供张贴。内容主要是近期古董开市的预告。画面上大都印上古董精品或古董市照片，色调明快，引人注目。彩页上印有古董市的名称、开市时间、地点、简易地图、乘车路线、参市的古董商数量、举办单位、联系电话等等。为照顾外国人，有的彩页上还印有英文。说是宣传品，宣传文字却很有限。除了上述必要的内容以外，对该古董市的特色也略做介绍，但字数寥寥，点到为止，并不冗赘。编辑印刷费都出自古董商的参市费用和古董市门票收入。

　　为扩大宣传效果和增加吸引力，一些古董市还推出一些服务项目。比如古董的免费鉴定，古董的现场收购，钟表、瓷器和玩具的修理，举办个人收藏展等等。这些服务信息也都印在彩页上。

与这些彩页相关的还有"古董报",铜版纸,16开16页,也免费赠送。"古董报"是由古董商自己采编印刷的,内容大多也是东京和东京附近各古董市开市的信息。和彩页不同的是,"古董报"还刊登古董店的广告、有关古董讲座的通知、介绍古董知识的文章和古董爱好者购买古董的经历和体会,内容简明充实。最让我感兴趣的是那些买古董的亲历记,看了那些早年或近期发生的在古董市上捡"漏儿"的经历,让人心如逐浪,兴奋不已。

古董市的宣传还有很多形式:无论是室内还是室外的古董市,都会在离古董市最近的大路边立起大牌子或竖起长幡,上面写着古董开市的字样,以示路人;有的古董市在入口处设一签名簿,只要你写上姓名和通信地址,古董市的组织者便会寄明信片通知你下次开市的时间。

行市

生意

规矩

圈子

物件

糗事

笑谈

盘道

投资三戒

有朋友说到曾发生在京城的趣闻：一位外地"大款"在某艺术品市场一次买下总价7位数的"清代"文房古董。几天后要求退货，卖家自知货"潮"，按规矩收了几万元"手续费"后答应货退。这位卖家和我虽不是朋友，但也是"熟脸儿"，因此可谓"发生在身边"的事情。

由此可引申一戒：戒冲动。

投资，是理性行为，是建立在对投资领域经验丰富和对投资项目充分论证基础上的。如果自己本身就是外行，又没有研究和咨询的过程，风险可想而知。艺术品投资也是同理。

而且，艺术品可以说基本上"拒绝"外行投资。如果你不真心热爱艺术品，不以孜孜以求的精神去接近它，不多年浸润其间，把辨析其艺术价值和真伪优劣变成一种近乎本能的感觉，而只以买彩票的心理想靠它一夜之间发财，那么套用一句俗话叫：没戏。

而冲动，恰来自这种无知。据说那位"大款"在从银行打款的过程中，曾有相随的朋友不止一次提醒他当心，他竟毫无所动，一直处在极度兴奋中。

艺术品投资第二戒：戒侥幸。

收藏圈子里有个人人都说的话题："捡漏儿"。所谓"漏儿"，是买卖双方心理与能力的错位造成的。而"漏儿"只可能发生在内行之间，它实质是买卖双方艺术鉴赏力和市场洞察力较量博弈的结果，而赢家一定是"道行"更深的买主。因此，在艺术品市场上，"漏儿"永远有，但却永远不属于外行，因为如果连真假高下都难以分辨，就根本不可能看出什么是"漏儿"。

一位朋友曾几次拿瓷器和书画求我"鉴定"，却都是些毫无悬念的假货，在我严词逼问下他说了实话：其实这些东西都是他岳父的。老人从退休开始，只要底款是"永乐""宣德"的瓷器，署名是"吴昌硕""张大千"的书画就买，而且只要一看完"鉴宝"节目，那种要抓"绝品"的博彩兴头谁都拦不住。至今已积下几十万的"货"。如果说大款斥巨资只是买个"窝心"，那老人用退休金打水漂儿，长此以往，后果将是什么？

在潘家园，我曾见一只10厘米高的"明罐"以2000元成交。稍有收藏阅历的人都知道：今天的潘家园已不太可能出现有年份有路份（档次）的东西，这只罐不唯色气不对，只那不上不下的开价就应引起警惕。但买货的这位先生架不住"忽悠"，在卖主"保真保老"的承诺中最终掏了钱。一位朋友带着一块"田黄石"来家，说"吃不准，你给看看"，并说："这石头有鉴定书。要价三万，交了一万定金，卖主让自己找人鉴定，不真保退。"我心里一惊："完了，这定金算收不回来了。"果然让我猜中。

于是悟出第三戒：戒轻信。

对古代艺术品的选购，"过来人"有一句箴言："谁的话也不能全信。"意思是如果你没练就一副好眼力，能对要买的东西拿七成主意，就算专家在侧，也照样会有风险。因为专家也有局限性，走眼的事时有发生。而那些卖主的话，就更要大打折扣，应遵循的原则是：只看货，不听"白话"。越是信誓旦旦的说词，越要提高警惕。

附带要说，今天有不少人对拍卖公司深信不疑，认为拍卖的东西应该没问题。可事实是,今天不少假货恰是出自拍卖槌下。我就亲闻一个拍卖公司收货的职员对一位古董店老板说:"给找点货呀,新的都没关系,只要到位。"这个"到位"当然是指仿品乱真的程度要"到位"。

艺术品市场的水很深,喜欢在这汪水里游泳的人可以从"浅水区"练起,逐渐游向"深水区",经年冲浪,乐此不疲,在艺术欣赏中受陶冶、炼悟性,在学习与研究中逐渐丰富藏品,如此十年二十年过去,就会发现,投资在不经意间就实现了,而且会回报甚丰。

永远强势的是下家

下家，做买卖的都知道，就是买你东西的人。古董生意的下家，与普通商品的下家不是一个概念，普通商品通常只有一个下家，就是商店（或网店）从厂家批出，转手卖给消费者。没听说电视机、电冰箱转好几道手的，而且价格基本恒定。

古董生意则不然，一件东西可以有若干个下家，一道一道不停地转手。只要是好东西，价格曲线也基本是一直抬头向上。

20世纪90年代，和一位朋友一起去"掏窝子"（从京郊农民家找东西），这朋友花500元买了一只宣德青花小罐，只有大苹果大小，第二天在后海荷花市场就卖了10000元，这位买货的下家是京城有名的瓷器"老炮儿"，不久这只小罐转手就卖到了六位数。这小罐的"行程"还没算完，一年后上了"大拍"，拍卖会上接货的那位下家是谁，就不知道了，听说是香港的。不知道人家拿到手是再找下家呢，还是自己收藏了。

古董生意的下家是保密的，谁也不会把自己的下家告诉别人，哪怕是很熟的朋友，道理很简单，告诉了别人，你还怎么做买卖，这叫"让价不让路"。相同道理，上家也是保密的，把进货渠道告诉了人家，你自己的货从哪儿来？

古董生意还有个很奇怪的现象，就像池溏里的鱼，青草鲢鳙，各占一层水，你本来是水皮上游的鱼，非要潜到水底，不太容易。什么意思呢？比如同一件东西，你是"练摊儿"的，你就赚你那1000块的利润；你是开店的，你再加2000块；东西到了拍卖公司，价钱又高一截，让拍卖公司再赚10000；转手到真正的收藏家手里，那又是另一个价，说不定人家的赚头能再加几个零。达观的生意人，都各守本分，心理平衡地吃自己那一截，别做非分之想——因为你没有那路子。

路子，就是钱。

砍价有窍门

砍价,是通过对卖主儿的心理影响,经一番斗智,在你的心理价位或接近它的位置买到东西的行为。

不少新玩的朋友总问:砍价有没有窍门?我说,也有,也没有。

说有,是因为卖主有一个共同点,就是想赚钱。这个共同点使他在守住自己利润底线的前提下,都想尽可能地多挣点,这就造成了他必然会"要谎",而且越好的东西"谎"越大。有了这个共同点,砍价也就有了必然性,于是会出现一些双方博弈中带规律性的特点,熟练把握这些特点,就是窍门。

说没有,是因为各式各样的卖主,性格、货价、心气儿、时间、环境等条件千差万别,条件不同,岂有一定之规?

但是总结起来,还是有些经常可以运用的砍价手段:

首先,当看到一件你喜欢的东西时,千万不要被卖主的要价吓住。他要几千几万,你有一定之规——那就是行里人常说的"你看到哪儿就给到哪儿",即你的心理价位是多少,就给多少。当然在卖主有"谎"的情况下,你也要有"谎",也就是你在给价的时候,一定不要第一口就给到位,要留有余地,以备再给第二口或第三口。

第二,为了防止卖主因你给的和他要的价格相差过远而发脾气,中断交易，你可以做一下试探，比如这件东西他要 40000 元，你怕第一口给 4000 元少个零他会生气，就可以说"要得太高"，他立刻就会问"多少不高"，这时你就可以做试探了："这东西不能过万"，接着你要看他的表情。他如果面无愠色或没有断然拒绝，那就说明这东西他的心气儿有可能在万元以内。如果真是那样，他就会说"那你给个价"。这时你要注意，千万不要因为他做出了从 40000 元到万元之内这样的重大让步而松口，没经验的人这时往往会给出 7000、8000 元这样的价，这就很容易吃亏——万一他的心气儿比这价还低怎么办？正确的方法应该是从 3000、4000 元开始起价，甚至再低些。这样你就可以一步步摸清他的底牌，不会糊里糊涂掉入他漫天要价的陷阱里。

第三，行里俗话有"褒贬是买主，喝彩是闲人"的说法。就是说，要买东西，先要褒贬他的货色，这是通例。当然这种褒贬一般应该言之有据，显示出你比卖主眼力要高。再就是抓住东西本身的缺陷不松口，比如瓷器上的冲口、掉肉、伤彩，木器上的配活、缺活、开裂。你说的越在行在理，卖主越心虚，价钱就越好砍。

第四，当你给价给到差不多卖主能够接受的时候，就千万注意不要再轻易往上添价了，因为这时如果用嘴说可以做成的交易，就尽量不要多花钱。那么怎么能看出卖主差不多快要"缴械"了呢？最基本的特征就是口气软了，他一定会说这东西多少多少钱来的，已经赔本了，您再给添点，等等。这时你可以有三种做法，一是象征性地再添点；二是就按你给的价放下钱、拿起东西就走，一般来说，只要不是第一次买他的东西，他是不会赶上前去和你纠缠而伤了和气的；三是说一声"不卖算了"，然后站起来就走——不要小看"站起来就走"这个动作，有多少卖主就是在这种功败垂成的威胁下屈服的。

第五，一件东西如果第一次价砍不下来，不妨放一放，下回再来，让卖主琢磨琢磨，如果你给的价钱差不多，他会回过味儿来的。第二次再去买，也许就比第一次一个劲儿磨嘴皮子要容易。像当年在潘家园买东西，早上6点和上午10点的价就大不一样，一个河北农民说："一到上午9点半不开张，我心里就开始发慌。"可见早上买不下来的东西，到了中午，就有可能买下来。

最后要提醒一句的是，买古董，你的心理价位应该是一道攻不破的防线，防线筑好后，任何超越这道防线的价位你都不要接受。古董不能当饭吃，细想起来，再好的东西，其本质也是可买可不买的玩物。当你想拼命去买一件东西时，往往就是你自己没有意识到的、失去理性的时候，吃亏的事往往就会在这样的情况下发生。一位前辈收藏家说得好：要学会修炼到超过这个价我就不买，而且毫不觉得可惜的境界。

到了这种境界，你就会永远立于不败之地。

必备的学问——"要谎"

"要谎",是说古董生意中卖主向买主索价时,把价码开得高于这件东西要出手的心理价位的行为。"要谎"是个中性词,这是古今通例,做买卖逐利,无可厚非,并不代表商人有多黑多坏。相反,如果不"要谎",才不正常。

但如果"谎"太大了,也不正常,它影响买卖的成交率。当年我曾看到一只清中期的缠枝莲花瓿,这种量大气俗的东西,市场当时碰巧了几百块钱就能拿下,但那位摆摊儿的山西农民却开口就喊8000元。这种"要谎"就不太贴谱了,他要么是把你当"棒槌",要么他自己是"棒槌",问价的人一听就烦了,根本不会再理他。

"谎"的产生,是因为古董交易有其迥异于其他商品交易的特殊性。虽然古董也有一个社会大致认可的价格,但却没有经济学意义上的社会平均价格。它不像家用电器那样,消费者只要留心,便可大致了解到同类品种的零售价,甚至批发价。而古董却不同,古董的进货从来都是以零散为主,很少看到古董生意有批量进货和批发销售的。因此古董生意的货源较其他生意要隐秘得多。因为是买主与卖主的单独交易,一件东西是以什么价钱卖出或买进,就只有两个人(或买卖双方很少人)知道,这就使这件东西的底价几乎不可能为对方所获悉。于是就造成了卖主可以漫天要价

（尤其是精品），行里的俗话叫"宁可要跑了，不能要少了"，哪怕是对老主顾或老朋友，只要卖主说这东西我是多少多少钱来的，那谁也不好意思出一个让卖主"赔本"的价钱，而卖主究竟是多少钱来的，那只有他自己知道。再有，卖主与买主心气儿的高低，是决定一件东西以什么价位售出的重要因素。一件精品，只要卖主的心气儿不高，也卖不到价位的峰值；同样，买主的心气儿不高，也给不到理想的价位。另外，一件旷世绝品，只要主人不愿卖，那么它就是无价的。试想如果不是当年古董商想出手，谁能说陆机的《平复帖》和展子虔的《游春图》就只值几百两黄金，你张伯驹就是出几万两黄金也拿不走，而且你还不能说这两幅画不值几万两，只能说自己买不起。

　　说到"要谎"，也很有趣，有的古董商"要谎"的高低要看买主是什么人，这里大致有三种情况：一，越有钱的买主，当然被"谎"得越大，但绝不出圈，一定是在市场价格左右。因为有钱的客人，"回头"很重要，如果他觉得你要价不靠谱，下回不来了，卖主潜在的损失可能会无法估量；二，对于既不是大款又很精明的行里人，"要谎"也不会小，因为卖主要留出充分的空间供买主砍价；三，"要谎"最小的是对那些闲逛的人：他一边溜达一边看，东西可买可不买，看着顺眼的玩艺儿搭讪问一句。遇上这种人，买卖在成与不成之间，"谎"小可能成交，"谎"大擦肩而过。古董生意人的眼力不仅要会看货，也要会看人。

生意

好玩又吓人的"撮堆儿"

"撮堆儿"是古董销售的一种传统方式，基本做法是：东西有一堆，价钱定好，好坏掺杂，不准挑拣，要就都拿，不要拉倒。老北京管这叫"搭着卖"。

其实"撮堆儿"的方式在多种生意中都存在，大多意在甩货，好坏搭配，想拔萝卜就得捎上点泥，不然泥卖给谁去？

古董"撮堆儿"也是差不多的意思，很多是古董店不想开了，留下一堆货底子，如果有人想盘店，最好论堆儿把货底子撮了，落个大家省事。但也有盘店的人"鸡贼"，或价钱不合适，说只要店不要货，这时老店主没办法，又不能全搬回家去，就把货撮成几堆，让朋友们来选。这种事我也遇上过。

但在新中国成立前的古玩行，这种"撮堆儿"却有不同，那不是剩货的处理，而是一种内部进货的方式。这里所说的"堆儿"，里面真有好货，或者一精带十糙，价值与价格大致相当，谁拿什么，凭的是进货人各自不同的经营种类、下家或偏好。这类活动据说当年大都由古玩行的商会组织进行。

今天的日本，仍然保留着这种传统的进货方式，每堆有价格标签，货杂然前陈，让你扑朔迷离，来不及仔细盘算，带点赌博的味道。但每堆都有一两件相对上档次的东西，可谓大致合理。而参加者大都是应邀而来的古董商。

我曾遇到过一次"撮堆儿"的事，让我至今后悔不已，当时没"撮"，这么多年，想起来就怨自己眼瞎。但那不是正规古董商摆的"撮堆儿"阵，而是一个收破烂农民醉酒后的即兴所为。

那是个夏天的晚上，我和一个哥们儿照例到海淀区后八家的"窝子"里转悠（"窝子"，是指来京收废品的"板车族"的住所，有点贬意），在一间破屋里发现了一麻袋带字的宣纸，床上躺着个河南汉子，满身酒气。我们没经他允许，就开始翻那麻袋，如在平时，这人脾气挺好，不会不让翻，那天可能因为喝了酒，犯了犟，就是不让动，并且大喊：别翻，不零卖，要买，60块钱都拿走。60块钱当时还真算一笔钱呢，尤其是在"窝子"里拿货，我们俩都不屑，接着翻，天黑灯暗，我们不及细看，连偷带摸，边翻边往兜里装。河南人不干了，下床大喊着赶我们。没人跟醉汉置气，我们被赶出了门。但到了第二天，昨晚一块的哥们儿来电话，说："咱们'左'了，昨晚那麻袋纸应该拿，你猜我偷揣兜里那几张纸都是谁的字，一张赵朴初的，还有一副沙千里的对联。"我心里一震，忙从我收旧货的破兜子里拿出我装的那几张，发现一张赖少其的字，一张周恩来给邹韬奋的水印题字（这当然没多大价值）。其他几张都是些小名头，但抬头无一例外都是写给50年代老电影局长王阑西"正腕"的。我暗叫"坏了！"这一定是从王阑西家里扫出来的东西。当时北京大面积拆迁，很多名人也出了平房住进新盖的部长楼，因此搬家后的"扫货"并不鲜见。下班后，我俩连饭也没吃就去找那醉汉，这天他没喝酒，笑着说纸卖了。我问卖给谁了，他说你们刚走就又来了个收货的，60块钱给人拿走了。

往回骑的路上，我俩很沉闷，想着，顺手一把就捞着赵朴初的字，如果一麻袋都拿了，还指不定会有谁的墨宝——这该着不是你的！

"撮堆儿"，有经验问题，也有运气问题。

精明的选择：顶着买

顶着买，是圈子里对古董投资的一句行话，意思是对今天的行情不要因为贵而不出手，要敢于拼实力，以时间换取空间，赢得投资回报。

在30年前，古董投资还不被认识的时候，说顶着买，很多人并不认可，因为那时真正的市场还没形成，还处于古董买卖的"蛮荒"期，到处都是"漏儿"，犄角旮旯散落的东西和大型古董市场上的东西，同一品种，价格有天壤之别。你只要勤快，有眼力，就不必顶着买，便宜的俏货多的是。今天就不同了，市场已经成熟有序，某一品种"平均价格"已经形成，以前能找"漏儿"的偏远农村县城已经被古董贩子"篦"了多少遍，根本没有漏网之鱼。这种情况下的古董，已经成了真正的商品，如果你想投资，只能是顶着买。

记得是20年前，我在一位朋友家里看到两张"苏作"的清代红木八仙桌，做工考究，品相一流。当时的开价是7500元一张，两张都要，可以降到7000元。东西虽好，但价钱也是顶到嗓子眼了，没什么赚钱的"缝儿"，再加上两张大桌子也没地方搁，就放弃了。不久前在一个朋友的店里也看到一张和当年同样的桌子，外加4把红木梳背椅，问价，说："您要，就给25万吧，如果椅子不要，您就给20万。"（估计还能砍下几千。）这朋友是局气人，这价应该"谎"不大。这几乎可以代表这一品种

古董圈
一个京城玩主的收藏笔记

这对儿红木狮子是"顶着买"的,当时真咬牙呀,价钱高得邪乎,但东西是真好,权衡再三还是下了手。今天看已打平手还富余了,估计再有几年就能赚钱了。好东西虽贵点,但终究不会赔,至少能落个养眼养手,玩了,再赚点,值。

的市场平均价，也就是说和20年前比，几乎涨了近30倍。如果当时顶着买，今天就有20多倍的钱好赚。我相信，如果今天这桌子还顶着买，20年后，还有这个赚头。

在这儿顺便扯两句"闲话"。20年前如果顶着买，今天看得清清楚楚，是挣钱了。可就像玩股票似的，今天看昨天，"马后炮"看得也清清楚楚，而昨天的大盘你的股票是买是抛，多少钱挂单，今天会不会翻红？只差十几个小时，但你绝对说不清楚。古董也一样，并没人能预测一件东西20年后的涨跌。那为什么还有人顶着买呢？原因是当初根本就没有想到今天要挣钱，只是看东西好，喜欢，想收为己有，天天看着高兴。是一种对古代艺术品的崇敬向往，和挣钱完全不搭界。回想一下，我所有的老家具，十几二十年来几乎都是顶着买的。最初工薪族每月就几十块钱，攒出一只几千块钱的字台和上万块钱的条案，那可真是从牙缝里硬抠出来的，但看准了东西上去就拿，竟能毫不犹豫。当时的心气儿，远没有现在理性，完全是一种原始的占有冲动，不吃不喝认了。时间一长，天天看天天摸，这些家具在我心中似乎都有了灵性，当房子太小装不下，不得已要出几件时，虽然挣的钱也是当初的多少倍，但送出门时，感到的却不是挣钱的欣喜，而是送亲人远行似的惆怅。多少年后再想起来还会心里念叨："……那对太师椅现在是还在北京呢还是到了外地，是还在国内呢还是出了国？何以竟音空信渺……"

话再说回来，作为投资的顶着买，要有前提：一，你是不是扪准了可以出手的价格，如果你一冲动，让人一忽悠，买高了，把今后几年的时间红利都让给了人家，你自己当然就赚得慢赚得少了。所以要认真做市场调研，不能当"大头"；二，东西一定要对，质量一定要保证，路份越高的精品绝品，风险就越小。

有了这两条，顶着买，投资不会吃亏。

警惕开价

听朋友聊天,大约是2014年4月,在日本发生了一起凶杀案,一个60多岁的老者杀了一位古董店老板。

案发后电视台采访了和凶手有过交集的另一位古董商,其中说到一个情节。凶手向被采访的古董商出让一只古陶器,据估价,至少值100万日元,可凶手却只开出50万。于是被采访的古董商因开价过低起了疑心,再仔细看,发现了破绽,凶手也就承认这东西是他自己烧制做旧的。古董商大为吃惊:有了如此高超的做旧技术,要想发大财真是易如反掌,是什么原因要去杀人呢?故事没有答案。

但由此让我想到了要说的话题:在特定的时期和地域,一件古董的开价,与东西的品质是大致相称的。上下差不出一两成,如果差得太多,本来值10万的东西,1万就卖,那就要警惕了,要么这东西可能来路不正,有销赃之嫌,要么卖主自己觉得这东西不对,心虚。

销赃很容易看出来。而后一种情况,就得费点心思了。

有次陪个朋友逛摊儿,见到一只笔筒,个儿大工细,棚子里看,质感不错,而价钱却低得出奇。这朋友是个"老炮儿",论经验用不着提醒,但有个毛病,见便宜手就哆嗦。我一看他又哆嗦了,就说"别忙,再看看,再看看"。他不,抓着不撒手,然后掏了钱。等一出棚子见了阳光,他转身就要退货，我也看出来了，是粉压的东西。摊主很客气，说退货行，但得有个退法，收一成"手续费"。朋友二话没说就答应了。

应该说，在看货上，卖主永远比买主仔细，因为货在他手里，他有的是时间琢磨；而买主则不同，看到货只是一瞬间，抓过来上手琢磨，也时间有限，要是旁边再踪着人盯着你，心一乱，那看货和思考的时间就更短。假定卖主和买主水平相当，买主在看货时间上就占着一成劣势。再有，卖主对货是什么成色已经了然于心，平静从容，而买主乍看东西，尤其是貌似高路份的东西，心旌摇曳，各种心理活动交织。买主就又加了一成劣势。好比下围棋，两成劣势不多算，就算两目，买主还是输定了。

所以，当你面对的是位成熟的古董商，你千万注意他的开价，一旦这价钱和你的心理价位差得太悬殊，你就要警惕，要么是你看货不准，要么这东西有大毛病你没看出来，要么就是新仿。

而卖主降价，一般是有原则的，真正的好东西绝不会轻易降价，缺钱宁可借债也不会拿好东西去贱卖凑数。就算降价，幅度也有讲究，绝不会做"腰斩"一类的傻事。一位朋友订了一辆车，缺8万硬凑不齐，用块11万买的50年代的"金劳力"卖了8万。这种例子就算已经降到家了。如果你再让他拦腰降价甩着卖，那他真会有刀子拉肉的疼痛，表就算让给了你，他心里的别扭劲儿也得几年过不去，今后你就甭想和他好好做买卖了。

再说买主，永远不要幻想卖主是"棒槌"，也不要想对方家里有病人用钱之类的事让你遇上（有的卖主真会拿这种故事蒙人）。所以一旦碰上一件东西开出不合情理、不上不下的价钱，那就要当心了，要仔细看——这东西降价降在哪儿了。

另一种销售方式

做古董生意，大体有几种销售方式，最常见的当然是开店和摆摊儿，现在又有了网店，再就是各种专题和档次的拍卖会。

除此之外，还有一种方式，就是在家里做买卖。我说在家里做，不是朋友来家串门，偶然买你两样东西，而是一种常态化——为卖货而备货，把买主请到家来看货。

一位朋友老孟，就是这种情况。

他20世纪90年代在后海荷花市场开店，几年后，那里变成了酒吧一条街，店被关了。后来无意中发现，请人来家里做买卖，一样走货，于是就打消了再开店的念头，就这样一干多年。他很得意地说：省了店钱，省了油钱，省了跟物管置气，有百利而无一害。

其实，在古玩行里，有种很特殊的习惯，你开店，几乎所有"照顾主儿"都是熟人和熟人的朋友。一来二去，雪球就滚起来，成了比较固定的买主群体。留心一下就会发现，如果这家店的老板是你的朋友，那么在他店里见到的，几乎都是你的熟人。你爱逛的也都是熟人的店，老板如果不认识，走到跟前也不进去。

这种习惯给在家做买卖提供了基础，人还是那些人，走动的目的地不过不是店里，而是家里。在家聊天看货，比店里还舒坦从容。

自己在家"开店"后,老孟家成了"会所",经常人来人往。但有一点,来客基本都是单人独骑,他约张三上午来,约李四下午来,不撞车不穿帮,井然有序。因为这样卖货方便,开价没有顾忌,卖价也容易保密,真正的单线联系,烟不出火不冒就把买卖做了。

自"家店"开张,老孟家的客厅就没样儿了,多宝格也讲不了品位了,本来一格摆一件,康熙乾隆,板板正正,看上去是个正经客厅摆设,现在都成了货架子,一格上摆着好几样东西,以供挑选。条案上本来山子加赏瓶一共五件东西,现在一溜排队摆着十多件。卧室里支着两台二十世纪二三十年代的德国蔡司放映机,浴室的窗台上也是瓷器。

省了每年的店钱,一般的东西他都能让点价,回头客自然是不少。另外近几年由人介绍还有了外地客人,不少是一些二三线城市的官员,有的是个人收藏爱好,有的是经人介绍来买东西去"上贡"。老孟咬牙说:"凡这种人,对不起,刀得磨快点,多加上几成价是必须的,反正他们的钱也不是好来的。"

但老孟也有烦心事,来买货的,当然都挑好东西,一来二去,剩下不少长期走不了的货堆在后凉台上,成了货底子,搓堆儿卖又舍不得,不卖又压钱占地方,很是郁闷。

抢货——很纠结的事

买古董，通常不能着急，看准了东西，掂量好价钱，一次不行，多去几次。不能像在超市抢购特价商品。

但特殊情况下，也得抢。不快下手，东西就被别人端跑了。

我记得经常一块玩的朋友老纪抢过两回东西，一次不错，一次不行，成功率50%。

那是很多年以前，我们经常下村。下村有个规矩，几个人进了人家，个人顾个人，睁大眼睛紧踅摸，东西谁先抓到是谁的。有天晚上，我们几个到清河的安宁庄，在一家院里昏暗的灯光下，看到一辆收废品的三轮车上躺着一只青花开窗山水瓶。老纪眼尖，几步抢过去，抱在手里。大家跟上去一看，不错，够年份，嘉道的，也够个儿，有40厘米高。老纪没怎么还价就掏了钱。但几天后我到他家再看那只瓶，笑得流出了眼泪。只见它吊着膀子歪着头，原来是在窑里把胎给烧歪了，摆在桌上是个罗锅儿。老纪被我笑得直摇头，说："妈的，当时应该让它'站着'看看就好了。"我说："该！让你抢，人家就是不想让你看见它'立正'了是什么样，才故意让它躺在三轮上。"

几年之后，一次在天津沈阳道，大早上六点多，已经是人头攒动。我们正逛着，突然老纪几步抢到一个摊儿前，抄起一只素三彩赏瓶问价。他

生意 ▶

这只"人头罐"就是那天晚上老纪抢那只"罗锅儿"山水瓶时旁边还躺着的"一位",老纪抢走了瓶,我抢了这只罐。它完整,发色不错,个儿还比一般的"人头罐"大不少,腹径有25cm。

的猛劲儿惊动了周围的人，眼光也聚到那只瓶子上。瓶子不小，也得有40厘米，口崩了一块，但一看就是件开门的东西，彩也没伤，够乾隆。他急着问价，卖主没反应过来，价钱要得不高，老纪又是没还价，交完钱抱着就走。我跟在身后说："着什么急呀，也不看看，别又是罗锅儿。"他说："看什么看，再晚一分钟就没了。"说着下意识地托在手里伸直胳膊单眼一瞄——这回胎很正，他放心了。

不久，这只瓶他卖给了京明，19000块，10倍的赚头。不用说，"罗锅儿"的损失早回来了，收益还翻了几个跟头。

要有人问我："抢货"行不行？我就得说，老纪可能行，但你不一定行。

他是个玩了多少年的"老炮儿"，从十几岁就趴信托商店，是整身的童子功，那还上当呢，你如果刚玩几年，就听我的，别抢。收藏，说了归齐是个"玩"，悠悠闲闲地看货，仔仔细细地琢磨，过手10件不一定买下一件。

那好东西被人抢走了怎么办？

抢走就抢走，东西多着呢，干吗非吊在那一件上。被抢走的也不一定就是好东西，没准抢到手的人也跟老纪抢"罗锅儿"似的，正后悔呢。

生意上的机灵劲儿

现在全民玩手串儿，无论什么阶层，无论五行八作，无论年轻年老，恨不得人人手腕上都套着手串儿。去年到报国寺，那里成了卖珠子和卖手串儿的海洋，象牙的、各种"籽儿"的、各种"核儿"的、各种木质的，林林总总，让人目不暇接。

一位玩硬木家具的朋友说，流行玩手串儿可糟践了不少木料，不少成"尺寸"的紫檀大料，都被切成小块车珠子了。

我对手串儿一直不感兴趣，最近一问，一串金星紫檀的手串儿都上万块了，真是让人咋舌。

朋友京明平时不做买卖，但却经济头脑发达。他看到全民玩的手串儿，大都是些"俗类"，没啥新鲜样式，于是开始每周逛潘家园。玩了多年古董收藏的人都知道，今天的潘家园，已经没有了往日的魅力，当年混迹这里的"老炮儿"，都已兴味索然，销声匿迹。而京明如今重返旧战场究竟是为啥？

后来的一次聚会上，我才知道，他每次去"老潘"，不为别的，专为淘珠子。专淘那种高古玉的单个珠子和"史前"的石头蛋子，在地摊儿的破旧小盒里扒拉着找，今天买一颗，明天买一颗，一个多月就凑出一串手串儿，这种手串儿盘出来，成色可就大不一样了，看上去古拙脱俗，带着穿越时代的气息。戴在腕上，像置身于与古人亲密接触的气场里，让人心荡神驰。京明有不少有钱的朋友，每凑成一串，朋友们就抢，价钱实在不菲，动不动就几万。我曾陪他去过一趟"老潘"，那次他买了一颗红山玉的珠子，不圆不方，四角八楞，才花了一百块钱，就按这价钱算，十八颗最多也就一千八，有的可能还不到这价儿，这样算下来，一串就有了十倍以上的利润。

我说，你可够黑的。他说，一点都不黑，这种"串儿"，戴在手上，多提气，多长脸，这才是老板"范儿"，几万块钱在那帮款爷手里算什么？那些人现在除了虚荣，已经没别的追求了。

挣钱的机会什么时候都有，就看你有没有脑子。

什么叫"活拿"

"活拿",是一种交易方式,就是甲把乙的货以暂不付钱的方式先拿到手里,去给丙或丁等过眼,如果有人感兴趣,成交了,甲再去跟乙结账。

不付钱先拿货,在古董交易中是比较特殊的情况。这需要满足几个条件才会发生。

首先当然是乙对甲的信任。当下的古董交易,还延续着原始的交易形式,没有合同文书,只有口头约定,没有法律保证,只有彼此信任——相信你不会把东西拿走而出意外,这是"活拿"的前提。

再有,不好卖的货。在手上放了很长时间没人要,很想换个途径把货出了。不用说,这时主人对此货的心气儿一定不是很高,觉得它成了姥姥不疼舅舅不爱的"剩菜",才可能允许先不要钱把货拿走。

还有一种情况是急于出手又要价太高,自己又没有好下家,想换换手撞撞运气。

一言以蔽之,是乙有求于甲。

事实证明,"活拿"这种方式经常行之有效。往往在乙手里几年出不去的东西,到了甲那儿半个月就出去了。这是古董交易的特性决定的。古董交易的管道就像蚂蚁窝,曲曲折折,一截一截。你占着上一截,他占着下一截,你走不通他却能走通。

用这种交易方式，乙得有一定的心理承受能力：一个是要对甲放心，不能整天牵肠挂肚，这种"放心"有时要经历很长时间，有时几天货就出了，有时半年也没动静；再一个是不能吃醋，货出了，约定的货款数额兑现了，你就应该高兴，至于甲究竟卖了多少钱，你不能问，也管不着。也许过多长时间以后，拐弯抹角有消息来了，说"你那件东西甲卖给丙多少多少钱"，高出给你的钱几倍——这种事情经常发生，是大概率事件，你不能有气，不能后悔，更不能"嘴不啦叽"地对甲说风凉话，要那样就没劲儿了。

当然"活拿"也可能出现意外情况。我一位开店的朋友，忠厚老实，一幅画让人"活拿"了。一年过去，没有消息，那个"甲"黑不提白不提。待问他时，他给了一半的钱，说当初记得说好的就是这个价。朋友心里不舒服，也不好争竞，只好认账。还是这个朋友，让人拿走一件瓷器，结果没卖出去，拿回来时口沿上多了一道大"冲"，也只好认倒霉。

发生这种情况就是把"活拿"的前提给忘了——拿东西的人，得是你信任的人。

双赢的好办法：寄卖

玩的时间长了，家里一些买得不如意的东西隔一段时间就想处理一下，但这并不像处理旧衣服旧电器那么方便，因为它们再不好也是古董，仨瓜俩枣给了收废品的绝对不行，因为它们的进价远远高于废品的价格。

但除此还有什么处理途径？只有两个，一是把朋友叫到家里，任他们挑选，能给个"平推"的价钱就松手，实在没"人缘"的东西，亏点也出。但这种办法往往并不尽如人意，因为同道的朋友大多也是人精，你不喜欢的他们大多也看不上眼，所以挺费劲儿。

大约十多年前，为搬家做准备，老婆吵着非让把家里一大批"文化大革命"前的老唱片和几十台收藏的旧相机处理了，说这些东西太占地方，新家也不能总闻着旧相机皮套的臭味。我没办法，就把这批东西委托一位开店的朋友，给他一个参考价，让他代为处理。这朋友很高兴，很快就回钱了。但前不久老婆从电视上看到老相机都升值了，她觉得那批东西卖亏了，又冲我嘀咕。我很烦，说："什么都是你有理，听你的不亏才怪呢！"

亏不亏的另论，可喜的是，从那次起，我找到了一个处理东西的办法，那就是把不要的东西拿到朋友店里寄卖，这比让朋友来家要主动多了。起码把朋友买东西时受人褒贬的难受劲儿躲开了，再就是只要你把关系摆正，都能做到双赢。

古董圈

一个京城玩主的收藏笔记

二十世纪二三十年代的美国唱片,在破烂市淘的。当时一大册硬皮夹里有十多张,很便宜。它的特殊之处不仅在于精致的画片儿,更在于一般的唱片是"黑胶",而它们的片基是白色透明的。音色也不错,差不多都是摇滚乐。

什么叫"关系摆正"？最重要的是一个"度"字。寄卖，通常情况下店家很欢迎，因为不用占他的资金，只要不是太大的东西占太多的地方，他摆着可以壮店，也不着急回钱，待价而沽，左右逢源。但你开价时切记不能太贪，要太高了，他一看没有了自己的想象空间，也就没兴趣了，按你对市场行情的了解，怎么也得给他留出"缝儿"来。再有就是允许"商量"，比如一件东西放在他那儿时间不短了，好容易碰上一个诚心买主，但给的价和你开的价有点距离，如果电话里跟你商量，你就随和点，差不多就松口，不能咬得太死。第三，钱回来了，你得"意思意思"，根据回钱的多少，拿出个三头五百的作为辛苦费和占店费。这费用不管人家是不是已经从你的货里挣了钱都得给，这是规矩，也是情义。还有就是人家拿你的货挣了大钱，你不能眼气，人家有人家的下家，挣钱的路子是人家多年趟出来的，这种资源也需要成本，你不能叫屈。我曾经在一个朋友的店里放了一只瘿木贴皮的小炕桌，要价8000，后来听说多卖了两万多，那也就只能听着，行话叫"人家卖的多是人家的本事"，当把8000块钱交给你时，你还得说声谢谢，给人家提500。这就叫"度"。

附带要说的是，虽然他挣钱了，你也挣了你那一块，你原本是要处理东西，非但没亏本还略有盈余，这也是你的"本事"。

缠人的怪圈

做古董买卖，有个怪圈，那就是一件东西当时出手，貌似挣钱了，而且往往是几倍的挣，但东西一旦卖出，再想把它买回来，你当初出手时的价钱就不顶用了，花的钱往往还得高出不少。

我有一尊明代的泥佛，有10厘米高，"请"回家后，正好我以前存着一只苏钟的空楼子（钟壳），老红木的，两层，完整漂亮，是"一汪水"的东西。我把楼子里衬上旧黄绫子，把那尊泥佛放进去，虽不是"原来当"，有点"混搭"的味道，但看上去却庄重肃穆，精巧古朴，气象夺人。

一个朋友见到了，说什么非要"请"走。我开了个吓人的价，他一缩脖子一吐舌头，说："你这人不地道，挣佛的钱。"我说："那没办法，佛也不能让我亏本啊。"最后他一咬牙，还是给端走了。没隔一年，这尊佛连那个楼子我却在另一个朋友家看到了，我问："我'请'，得多少钱？"他开的价让我也一缩脖子一吐舌头。不能不承认，人有贱性，有恋旧情结，看着这尊佛，我愣是走不动路了。磨来磨去价钱没砍下几大毛，我怀着又闹腾又踏实的心情，重新把佛给"请"了回来。这不是故事，是真事。

当然，这种典型的怪圈也不多见，但东西卖出去原价买不回来的事，是太多了。行里有句话，叫"高来高走"，就是说，这东西就算买高了，只要东西对，又好，一般不会原价或低价往外推，因为古董不可再生，你只要东西压得住，早晚能捞本挣钱。

所以经常听古董商叹息："买东西，卖东西，不如放着东西。你以为你当时挣钱了，但回头一算账，还不如那东西当初不卖今天卖。"

但这也属于无奈，做买卖，就得挣现钱，就得资金周转，就得有现时的花销，你不卖，就不能养家糊口，但上面说的那种后悔劲儿却是如影随形，老跟着你，谁让你做的是古董生意呢，卖家电，就没有这种精神折磨。

不该付的"表情钱"

我在《花盆凑对儿的懊恼》里说,因为给花盆配对儿,我让老板宰了一刀。那是真没办法,不把花盆拿到店里,不能比对两只盆是不是成对儿,但拿过去就有被宰的危险。错就错在我应该先跟老板讲好价——配不上拉倒,如果能配上,价钱不能变。

但是由此我又想起个话题,配对儿是千载难逢的事,挨一刀就挨一刀。但是"表情钱"却不能老掏。

所谓"表情钱",就是当你看上一件东西时,绝不能让卖主觉出你特想要,不能因为让人家看出你那份贪婪相而治得你多掏银子。逢这种时候,表情和动作得注意抻着,得装着爱搭不理地和卖主周旋,这样你才能在买卖中不被动,不至于让人牵着鼻子多花冤枉钱。

老狄就常犯这毛病,他看上的东西,不爱撒手,总是抱着看。我是抓住了他的特点,一旦他拿着我的东西看起来没完,我就试着要把那东西接回来放归原处,这时他就会有个特殊动作,死抓着东西不放说:"别着急,我再看看。"我于是就可以确认:这东西他打算要了。再往下,我喊出的价钱基本就不降了(就是降点也有限)。非得整得他多给我掏两到三成的表情钱。

不掏表情钱,得有个锻炼的过程,不是天生就具备这种素质,因为看上好东西那种诱惑有时会让你不由自主地把冲动劲儿漏出来,一旦让卖主察觉,价就不好砍了。

明子是行里的"老炮儿",不论买东西还是卖东西从来都是一脸平淡。时间长了,有时他东西卖亏点,还能从表情上多少看出点内心不平衡,但买东西却绝对是不动声色,嘴里叨咕着:"行,12000就12000。"给人的感觉厚道诚恳甚至甘愿吃亏。但圈子里公认,他的货总是买得最"凉快"(便宜),走得最快。

我曾经掏过不少表情钱,后来也练出来了。见多好的东西,我都努力让自己心不跳手不慌,哪怕旁观的人再多,东西到手,砍不下价来就敢把东西再放下。经验证明,越这样,东西越跑不了。周围看的人见你放下了,也不忙着抓,这时慌的倒是卖主。

一次在一家店里看到一只乾隆斗彩的大花盆,撇口的口径大约40厘米。虽然有几道大冲,还缺"肉"补过,但那么大的个儿也稀罕。我心说,这东西我必须拿。我"漫不经心"问价,对方开出8500。这在20年前差不多是个天价,尤其对残瓷而言。我抓住一个"残"字紧着褒贬,从1500给价,一出口老板就急了,我可不急,500、300、200一点点往上添,添到2800不添了,开门要走,老板说:"想要,5000拿走。"我说:"东西残成这德性,您不觉得嘴太壮吗?这样,给您凑个整儿,3000块,再多我出不起了。"说着又往外走。人走到外边,店门关上了,老板撵出来。他投降了。

其实这件东西如果实在砍不下来,下回再来,5000我也得拿。我太喜欢它了。

收藏和赚钱，一对"双棒"

有人很高雅，声称"收藏就是收藏，应该把收藏和投资区分开来，收藏一旦沾了投资的边，就俗了，就失去了收藏的真义"。

这话有一定的道理，是，收藏一旦和赚钱有联系，确实就带出俗气，失去了雅致。

然而事从两说，我们不能装看不见——其实收藏和投资是一对"双棒"，有着天然的血脉关系，你想把它们用"书生意气"割裂开来，恐怕无济于事。

这首先是因为收藏品（尤其古董）无论以什么形式得到手，都和钱分不开；第二，东西到手后，又无一例外都有卖钱的功能（买瞎了另论）。无论在收藏者的意识和潜意识中，这都抹不去。收藏者看到一件东西不错，很喜欢，便萌发了收藏的欲望，接着他要判断多少钱拿合适，于是就有了对这件东西时下市场行情的思考，跟着，90%以上的人还会有下一个思考：这东西将来能不能保本和升值。

当下的价钱合适，将来的前景安全，于是启动"洽谈程序"。这一思考过程，不就是完整的"投资评估"吗？

退一步说，也许有的人拿货时只想当时值不值（或是否买得起），并没想将来卖不卖。但这并不等于说他过后不去想。说绝对点，剩下的那

10%的"雅人",在他把东西带回家,仔细品味其文化、历史、审美价值的同时,马上就会补上"俗人"买货时想到的投资价值,速度之快如影随形。当然如张伯驹一样一点不考虑钱,一心只想保护祖国文物的收藏家并非没有,但我敢断言:对投资,张先生是不为也,非不懂也。

然而,收藏和投资终究有区别。本质的区别在于,你是直接为赚钱,还是先想玩,再想赚钱;你是完全不需要从收藏品中了解它们的"文化"内涵,还是先要从这些收藏品的研究中得到知识和审美享受,再顾及它的投资属性。

如果是后者,你就得到了收藏的"真义",同时,你的投资价值也会在经意与不经意之间实现。

变现的困境

"变现"是投资概念,把投资的载体最终变成现金,这是投资者的终极目的,也是一个投资周期是否成功的衡量尺度。当然用变现的钱进行扩大再投资,那又是另一个参照系。

而古董变现——推而广之到艺术品的投资,却有其区别于金融或房地产等投资领域的特殊性。其特殊,就在于它操作平台的狭窄和渠道的单一。换种说法:操作方式是原始化的和不规范的。

金融产品的投资,渠道很多,而且大都在国家保护和监控下运作;房地产更有一套投资程序并在银行参与下进行。虽然这些领域有许多投资失败的例子,但那赔本都赔在明处,让失败者在行情判断失准的现实面前,输得心服口服。

但艺术品投资却大不相同。首先它的投资方式基本上是个人对个人,最多也不过是个人对拍卖公司或机构对拍卖公司;其次,这种投资缺乏法律保护。买个人的东西,买假了肯定是责任自负。买拍卖公司上拍的东西,越大的公司按通例是保真率越高,但人家也并不保你万无一失,进场之前,拍卖图录的前几页就写明了一大套买假了退货的程序——那些程序研究半天只让人理解出一句话:"退货,几乎不可能。"

再说变现,金融投资变现最容易,在网上就解决了;房地产,有市场的需要，有人要住房就能变现，大不了降价出售；而艺术品的变现就困难得多，它的买主比买房的少得多。买房看的是地段、朝向、楼层、价格，只要不缺心眼，谁都能看出好坏优劣；而买艺术品的人，事可就多多了，且不说卖主没法为一件东西在大街上打广告，就算能打广告，普通人也不会搭理，他们既不懂也不感兴趣。能"乌龟看绿豆"对上眼的，是少之又少。当然你可以拿着东西到古董店去兜售，但那还叫"变现"吗？不成了甩货了？你也可以到拍卖公司去求拍，但你得先掂量掂量你的东西够不够档次，就算人家收了，你的心理价位是300万，人家告诉你这东西得从3万起拍，你乐意吗？万一3万5落槌了，那不还是甩货吗？

因此对古董的变现，我向来持谨慎悲观的态度。给我的感觉，古董变现，须注意几种情况。

首先不能着急。你急等交购房款，缺口有50万，你想今天把手里一幅齐白石的画拿去变现，就算这幅画值100万，你今天这50万也不一定能拿回来，能拿回30万就不错。因为画的变现没有固定场所，没有专门机构。你想押给银行，中国的银行大多不收，你给拍卖公司，有的拍卖公司可以收，但因为你不是要进入拍卖程序而是要变现，那对不起，得打折扣，这折扣决不是一成半成，至少得打出五成以上，拍卖公司会告诉你，我们用现金结算有很大风险，而这风险在拍卖过程中我们是不会发生的，所以你得给我们点"风险准备金"。其实如果你的画是真品，大的拍卖公司会一眼就会看出这画能挣钱，但这话它绝不会说。想变现，就得是打五折损失的待遇。所以想等钱救急而把古董变现，是最悲摧的事，挨宰是必然的。

第二，变现不可太贪，不能按历次拍卖的最高价来估你这件东西的值。你只能按现在市场普遍认可的平均价来评估自己这件东西。你光看到某件东西哪年哪年拍卖了多少钱，"我的东西比那件还好呢，肯定得比那件卖得高"。告诉你：那可太不一定了。而且不是能不能卖上人家那价的问题，是说不定连人家的零头都卖不上的问题。我一个朋友，有一只宣德卷缸，那是"开门"的东西，上面打着3只铁铆子。这老兄想把这缸出手，于是四处查找这类器物的价钱，他看到前些年某公司曾经拍卖过一只这种缸，也打着铆子，卖了400万，于是兴高采烈地对我说："拍卖的那只缸打了5个铆子，我的才3个，缸的尺寸也是我的大，我这缸还不得卖450到500万？"结果按他自己设定的这个心理价位，他卖了3年，找遍了北京各拍卖公司和古董店，逢人便拿出拍卖的那只缸的图录给人家看，接着再拿出自己缸的照片进行比照，然后说想卖多少钱，接待他的人大都哑然一笑，干脆不给价。最高的一位给了30万。这位哥们儿就犯这毛病，你眼睛总盯着最高价，你知道那最高价是怎么来的吗？凡天价拍出的东西，都各有其道，各有其机会、行情、人脉、运气和猫腻，你什么都不知道，只比照价格，那不是盲人骑瞎马吗？

再补充一句：古董变现从一定意义上讲也和玩股票差不多，那就是永远不要指望你出手时是最高点，挣到一个你心里理想的百分比，该出就出了，总瞄着这只股曾经的最高点想"憋宝"，那你只能是永远守着一个数字，变不成钞票。

第三，不能把手里的古董当钱。比如你200万拍到一件硬木家具。到你手后，就只能当成一件家具，而再不能当成200万现金。如果你这样想，处理事情就会主动；如果你总拿它当200万算计，那肯定会让你难受。说句不好听的，这200万除了你犯贪污受贿罪能当200万计算给你量刑之外，就连分遗产，儿女都不一定会承认这值200万，会说这家具谁爱要谁要，我只要现金。这是因为，你200万买的，你也可能有一天能再以200万或更高的价钱卖出去，但同样得有机遇，碰人缘，等行情，得有人主动上门找你求售，你才能喊出你要的高价，才能变现。不然，那就只是一件家具。

总之，古董变现并不容易，要等机会，也许对了机会，那只宣德缸能多加个零卖4000万，但得等。而矫情点说，卖4000万的变现还叫变现吗？那就不是"等钱用"的那种"变现"了。

最后再说句车轱辘话：最最重要的是，古董投资一定不能急，它无一例外都是玩长线，你打量今天买了明天卖就能挣大钱，不是绝对没有，但做梦的居多。

急，不是玩收藏的素质。

说网购古董

当下,网上古董买卖成为玩家的新路子。得承认,网上购货,确有其优越性。一是浏览量大,二是不必遛腿。但不利因素也不少。一是从国内讲,目前还没有成熟和诚信度高的网站,二是网上购古董,和买其他商品不同,须有一个积累感觉,摸索规律的过程。

所谓"感觉",是指网上资料的读识经验。

和其他商品一样,古董网也是以图片作为展示商品的手段,而古董图片较一般商品图片的质量要求要高。

这是因为,买主不仅要从图片上了解商品的形态,还要观察色气,判断质量,评估缺欠,这就要求图片色彩还原忠实,用光突出质感,方位展示周全。三者缺一,都会使判断产生偏离。

而恰是图片制作,大多质量业余,加之不少网站对上传图片的数量限制,如英国、法国、日本大都只限上传3张左右。图片质量不高,数量又少,这让买主的出手,有时无异于隔山买牛。

我曾在日本网上买过一张地桌,这张桌子竞买者寥寥,以极低的价格成交,觉得是捡"漏儿"了。但在日本帮我接货的朋友验货后告诉我,东西不好,桌子只有板芯是硬木的,四条大边和四条腿都是柴木。这印证了我最初看图时的疑虑,但图片的光线太暗,只桌面的板芯有红木纹理,四框模糊，不能判断。之所以竞价，是因为桌子款式是硬木做工无疑，不想没"偷工"却"减料"，还是买瞎了。

应该说，买木器，是古董网购较容易的一类。因为只要图片光线充足，从木纹到质感，再与做工相印，大致可做判断。而如买那张地桌，是犯了经验主义错误。

网上读图片还有一个缺陷，就是会给人以空间上的错觉。一次我在网上看到一串老珊瑚珠子，图片光线很好，珠子特写质感饱满，竞价结果也满意。但到手一看，大失所望，它比我感觉中的尺寸小得多。图片上的感觉像樱桃，而实物却比黄豆还小。虽然竞价时看到了标出的尺寸，但图片的冲击力，让你一下把印象定格了，真实的空间感就变得模糊迟钝。再如我曾买过一块20世纪初的比利时挂毯，题材是取自欧洲17世纪画家鲁本斯的作品。图片很好，细节展现清楚，老旧质感也不错。但到手一看，也有失意，也是错觉问题，对细节的感觉与那串珠子正好相反，珠子是把小的放大了，挂毯是把大的缩小了，看到人物面部虽经纬毕现，显得粗糙，但以为会有一个反向补偿——就像油画一样，特写粗糙，远观整幅或会精细些。没想到，图片比例过于忠实原物，远观也并不精细。

从经验看，网上瓷器的购买也有难度。因为在网上，对瓷器的判断首先缺失一项，即手头的感知。瓷器不过手，光凭色气、器型和画片儿，很难做到心里有底。尤其单色釉瓷器更难判断，因为单色釉对光的反射单一，从色泽上难以辨析老旧程度，断代就更不易。我买过几次单色釉瓷器，只有一件还差强人意，那也是佐以铁锔的氧化状况和搭配的原装老木托才没有犯错。

网上对铜器的选购更要注意，铜器的锈色，当下做旧几可乱真，手头判断也没有，薄厚无从感知。店里买铜器，有实物在手，尚且要反复推敲，何况仅凭几张图片。我曾买过一只铜鼎，图片看去老旧厚重，但实物

古董圈
一个京城玩主的收藏笔记

我喜欢老的木雕，收了不少，龙眼木和红木的居多。
这尊是黄洋木的，不大，25cm 高。老头雕得喜幸。

生意 ▶

比利时壁毯,题材是欧洲画家鲁本斯的作品。尺幅不小,160cm×130cm。欧洲不少博物馆能看到此类壁毯,差不多都是20世纪初的东西。网购后从比利时辗转寄过来的,到家时浑身是土。暴晒数日后用棍子敲打一顿,又用紫外线灯消毒后才挂起来。

古董圈
一个京城玩主的收藏笔记

一尊释迦坐佛，50cm 高，摆在我家客厅条案的正中。我不信佛，但喜欢佛像。细细端详，它能让你感到安详、宁静和一种莫名的悲悯。

生意

滚筒式留声机，是唱片留声机的前辈，大约产于19世纪末。爱迪生最早发明的留声机，就是用锡箔卷在滚筒上用钢针擦划转动拾音。这种留声机因年代久远，所以存世量不大，在国内古董市场偶然能见到，国外稍多。我在国外买到七八只老唱筒，音质不比老唱片差。

一来，却发现是薄铜板用模子"闷"出来的。只是口沿与三足稍厚而已。另外对佛像的金色判断也很吃力，老的金色与做旧的金色光线稍有差异，便无从辨识。

目前看，就我的体会，网上接货，除木器可做选项，老的工业品也可关注，一些20世纪初、中期的唱机、收音机、望远镜、照相机、座钟、挂钟等，图片对光线、色泽的要求不高，只要商品说明运行状况良好，在有诚信的情况下，可以考虑。而收藏腕表、怀表，则要注意：老表，尤其昂贵的名表，不可轻易出手，也不要轻信盘脸的品相，因有不少表盘多年前重新画过，今天看上去既显老旧，又完好靓丽。欧洲钟表业历史悠久，表盘修整技术高超，只有有经验的玩家才能识破。如入手一块被"化过妆"的表，那才是赔钱打脸，连戴出来显摆显摆的机会都没有了——让行家笑话。

日本古董商的厚道

在中国，古玩行有个约定俗成的规矩：东西看好了，交了钱，拿了货，就不能再"拉抽屉"（退货）；如果非退不可，在听着卖主埋怨数落的同时，你还得交一笔"手续费"，金额由卖主定，没理可讲。所以，一旦东西买瞎了，大多数买主会自嘲一句"不就交点交学费吗？没啥"。绝少人自讨没趣去退货。

而在日本，买瞎了东西能退。而且如果是卖主的责任，还可以理直气壮地退。一次，我买了一座"木"雕，颜色暗紫，质地细腻，包浆好得让你心痒，光滑透亮，都已经快找不着木头的质感了。我惊奇，木头怎么会被玩到这个份儿上？而当我确认了那"木"雕的材质其实是树脂后，找到卖主，拿出凭据时，他立刻鞠躬承认，说："是我看错了，我原价退货。"在日本，卖主不能瞎"忽悠"。如果你把古董的年代、材质甚至用途"忽悠"错了，就得负责任，这是日本古董买卖的规矩。所以，弄不明白或不愿直说的时候，卖主会变得暧昧，用"可能""大概"甚至"不知道"来支应。这样做虽能规避责任，避免买主退货，但同时也会引起买主的警惕而降低成交率。为赢得信任，古董商都会尽可能地向买主提供古董的准确信息。

即使完全是由于买主买瞎了东西，也能退。虽然有时也要做适当补偿，但买主只要有理、有情、有诚意，卖主会在很大程度上心平气和地接受退货，不会和你为难。在一次较大规模的古董市上，我看到一幅巨大的油画，一时冲动，买了。刚离开古董市，就意识到没法上飞机，回去对卖主说明了原委，说声抱歉。他很理解，把钱如数退了回来。还有一次，一只高级法国座钟，品相好，年份也好，以十五万日元（当时约合人民币一万元）的价格成了交。后来发现有时发条还没松到尽头，钟就停了。按说，这对于久不擦油的"老"钟来说，算不上大事儿。只是由于这钟价位略高，才决心退货。开始卖主不接受，因为他并没做任何不当的宣传和承诺。我的"理由"是：作为钟表专业商家，又是高价位的商品，你应该确认它可以运行一个完整周期，不该只上满弦走起来，就认为合格。最终他认可了，但希望我能负担一万日元（当时约七百元）的"手续费"，以弥补一个多月的搁置给他带来的损失。结果很圆满，后来我们成了朋友，他教给我不少钟表知识。

我还曾经历过因为退货而"赚钱"的事儿。那是早市上的一锭"乾隆古墨"，要价一万五千日元。在砍价过程中，得知卖主的进价是八千日元，最后他以一万三千日元（当时约九百元）的价格卖给了我。后经琢磨，那锭墨是"新活"。我和卖主商量，希望他能退货，我说你只要退给我进货价八千日元即可，他毫不犹豫地答应了。大概是他感觉到我的善意，不久在一次古董市上又相遇，他对我说："上次那锭墨给你添了麻烦，还赔了钱。我这儿有只红木火钵，让给你吧。"一个硕大的老红木火钵，才要了一万五千日元（约一千元）。不久，那火钵就被我一个朋友买走，给的价是买价的10倍。

古董店对话

在古董店买东西,往往是买主与卖主智力的较量,从他们的对话中,可以听到许多有趣的内容,听到这一行中做买卖的一些特点。兹撷取几则,稍事加工,开列于下:

一

买:这罐怎么卖呀?

卖:60000。

买:高点了。

卖:来的高。

买:这种年份的东西,不能要那么高。

卖:您别光听我要呀,您给个价。

买:不行,差太远,说出来不合适。

卖:没事,您给一口,给一块钱不嫌少。

买:我不少给您,8000块。

卖:不行不行,买都买不来。

买：再添 2000。

卖：不行，这东西我 30000 来的，您不让我挣钱，横是不能让我赔本儿吧。

买：那算了，我买不了。

二

卖：乾隆的（瓷器），东西不错，有心要给个价。

买：这哪够乾隆啊，看不到那儿。

卖：您是行家，您能看到哪儿了？

买：这就是民国仿。

卖：得，咱哥儿俩不抬杠。您看东西怎么样？

买：东西还行，没有那道冲就好了。

卖：那不算毛病。能给个价不？

买：您要多少？

卖：您给 15000 成吗？

买：哪有那价！

卖：没说让您给个价吗！

买：给您 3000 少吗？

卖：给的不少，就是不能卖——来不了。

买：4000。

卖：跟您说，不成，这种细路的东西您上哪儿还能见着呀——您还得往上添。

买：5000。

卖：不成。这么着吧，我看您是个买主，我给您个朋友价，您给个整数，10000。

买：得了，您也别10000，我也别5000，咱俩往中间凑凑，我最后给您一口，7000，成就成，不成就翻篇儿。

卖：您可真够狠的，一分都不让我挣。得，谁让咱们有缘分呢，掏钱！

三

买：挺好的东西，残了。

卖：残了是残的价。

买：多少钱？

卖：2000。

买：拿我打镲？

卖：哪敢拿您打镲呀，这东西值那么多。

买：都残到这份儿上了，要2000？

卖：这东西我1800来的，有"本儿"管着呢。

买：噢，您掉井里我也得跟您掉井里？

卖：那您给多少？

买：这东西，公公道道，150块钱。

卖：爷们儿，咱可不是第一回了——您也太黑了。

买：不是太黑，瓷器一缺肉我就不爱要。

卖：可那您得说这是什么路份、什么年份呀。

买：就是看东西不错我才给价，也就是买个瓷片，150不少。

卖：不行，差太远。

买：给多少差不远呀？

卖：怎么您也得过千？

买：没那价。

卖：得，那咱没法研究了。

四

买：这对椅子怎么卖呀？

卖：40000。

买：噢。

卖：您能给多少？

买：这东西动过手啦。

卖：老家具可不都得归置归置吗。

买：您少多少钱不卖吧？

卖：买卖现在不好做，您怎么也得给 30000，我这可一点"谎"都没有，也就是倒个本儿。

买：太高，这整个是"插帮车"，望板都是后配的，哪能这么要价。

卖：那您说个价我听听。

买：给您 15000。

卖：唉哟，您这哪儿是买东西呀。再怎么说这也是红木椅，您看这包浆，这寿字，雕得多细呀。

买：再添点，18000。

卖：不行，少 25000 不能卖，这就赔着呢。

买：我看这座板像草花梨的。

卖：要是草花梨的我吃了它，您找个行家来鉴定鉴定，要是草花梨我一分不要，白送。

买：这花牙子也是后配的，这动手动大了。

卖：反正就是这东西了。光修工我就搭了2000。

买：这样，再加2000，给20000，这回成吗？

卖：大哥，不是我不想卖，赔得太多，您再给添点。

买：不添了，这就不少了，怎么样？行，我就找车。

卖：不添不行，我赔得太多。您再看点别的吧。

行市

生意

规矩

圈子

物件

糗事

笑谈

盘道

规矩

千万不能"呛行"

前些时，两位朋友在一个古董店里同时看中了一只画缸，其中一位毫不犹豫开口询价，另一位慢了一步，只好旁观交涉的情况，缄口不语。最后买卖双方因为8000元的差价没有谈拢。于是两位朋友一同离开了这家古董店。有人会问：既然是两个人同时有意于这只画缸，为什么第一位没有谈成，另一位没有接着给价呢？

这其实是朋友在谨遵行规。

行里规矩是，谁第一个询价，谁就有优先权；同时朋友之间要互相维护，不能互相"呛行"。第一位询价者差8000元没成交，并不等于他最终不会再追加8000元。有时中止"谈判"是买卖双方角力的一种策略，双方在这没成交的间隙里都会各自反刍：少8000可不可以卖，多8000可不可以买。这时买方通常的说法叫："先绷绷"（给对方考虑的时间）。卖方在这"绷"的过程中说不定就会"屈就"。而如果在这"绷"的过程中，另一位朋友插一杠子，接着谈价，那就不是朋友的做法，就变成"竞买"了。按规矩，在这种情况下，两人应该私下商量，如果第一位询价者说："我想再绷绷，过两天再说。"另一位便只好等着；如果第一位询价者申明："价太高，我不拿了，你要觉得行，你拿吧。"此话一出，另一位就可以去谈了。这样做，事情就很圆满，不会伤了朋友的感情。

不光朋友之间不能"呛行",不认识的人也不能"呛行","呛行"弄不好就会掐起来。现在这种情况不多了,而在十几二十年前,这种情况在地摊儿上有时就会出现,因为那时候地摊儿上的好东西太多,而几个人同时看中同一样东西的事就相对多些,但凡有不局气的,就会发生口角。

我就有亲身的经历。

一次在潘家园的土坡上,我看中了一只清中期的三铁赏瓶,画片儿是"刀马人",个儿很大。那时真货多,也很便宜,但买家的心理价位也低。我拿着这只瓶子,给了一口价,不行,再加一口,还不行。为了绷绷卖主,我故作不屑地把瓶子放下了。但眨眼之间,旁边一位就把瓶子抄了起来,顺着我的第二口价又往上添了一口,我有点怒,说:"哎,这瓶子我还没说不买呢,你怎么就给价呀,这不是'呛行'吗?"那人很客气,说:"您没说不买,可您也没说买呀,您没说不买,干吗把瓶子放下呢,放下了,就许别人拿,谁拿了,谁就能给价,这不是规矩吗,您说呢?"我没词了,白落了个"不懂规矩"。结果瓶子被那人心平气和地拿走了。

所以说,"呛行"不"呛行",有个标志,就是看东西离不离手,离了手,人家上了手,你就失去了给价的资格。人家好好讲理,是人家有修养,人家甩你两句闲话,你也得干听着。从那以后,我就长了记性,要想绷价,先看身边有没有瞄这件东西的人,有疑似者,东西就不能离手,你不离手,别人没机会,卖主也不能说什么,就跟他耗时间。

还有一次,我看到了一只破了口的钧瓷小罐,罐的"老梆"劲儿就别提了,但东西恰恰在人家手里。他也是价钱砍不下来,在那儿跟卖主斗心眼,蹲在那儿,假装不要,但小罐却放在两腿之间,既显示这东西可要可不要,东西又让别人拿不走。当时我有点"左"——离他太近,一直死盯着,估计我的贪婪劲儿让他觉察了。等我意识到有可能把他弄"惊"了,远远离开时,已经晚了,他还是把罐买走了。

规矩

又有一次，也是我手里拿着东西正砍价，那是块紫檀桌面的大边，料大又老，就是价钱太高。卖主笑脸陪着，话很软，但口很硬，就是不降价。这时旁边一个"棒槌"喊了一句："嗨，这块料给我吧嘿，我等着修东西，你那价我给你。"我一急，心想要坏，这形势非掐架不可，我得一个人扛俩——卖主要是开口给他，我就得对付卖主，那"棒槌"要隔着我递钱，我还得对付那"棒槌"。结果卖主是个懂规矩的，笑模样地冲那边说："您先等人不要了，咱俩再研究成吗，别着急。"这一搅和，我投降了，这块料只能按卖主的价给钱。

那是个抢货的年代，没办法。而今天，情况就不同了，但凡好东西，都是天价，如果在店里，又相对隐蔽，就不必太担心别人"呛行"，东西一时拿不下来，就先撂着，让别人拿走了，那就是你没缘份，也犯不着难受。

"打架",但不伤和气

"打架",是一种做古董生意的方式,说白了,就是以物易物。这种独特的方式,和古董行业的特殊性有关。

我们都知道,交易是以等价为原则的,谁也不会买贵,谁也不会卖便宜,双方得差不多,才能成交。但古董却不同。它的等价原则是表面的,也就是说,通常买卖双方谁也不知道各自东西的进价,只知道在市场上它大概值多少钱。双方各执自己的东西,与对方相比,在双方都基本认可的价格水平上成交,最后完成"打架"。

而成交的两宗东西,很可能其中一件的进价远远低于表面的价格,我就曾用一套7000元买进的老帖,和朋友老汪换了一对光绪粥罐,很久以后,我才知道,老汪的那对粥罐其实是400元买进的。这宗交易如果按照真实的进价我不就亏了吗,但老话讲:谁让你愿意呢。其实这"愿意"并不建立在进价上,而是主要建立在东西的质量和市价上。我看那对粥罐在当时应该差不多值7000元,那我就不在乎他曾是多少钱买的,因为在我手里,我就当它是7000元的东西。事实上如果当时卖,也基本不会低于7000元。因此这笔买卖是平衡的。

"打架"的双方,通常都是熟人,不熟就没有"打架"的前提。俩人根本不认识,你提出要"打架",对方不会响应。既是熟人,吃点亏占点

规矩

光绪粥罐，和老汪"打架"打来的。

和老汪"打架"打来的那对儿观音瓶,虽然是民国货,年份差点,但毫发未伤,又沾着个儿大(50cm高),而且成对儿,也属少见。

便宜，都不会太在乎，这次你吃了亏，还有下回呢，说不定下回你就占了便宜。

就像那次老帖换粥罐之后，我又和老汪打了一回"架"，这次我觉得占便宜了。我有一尊千手观音，老汪非要要，我出价，他嫌贵，于是他提出"打架"。结果是那尊观音换来了五样东西：一对50厘米高、完好无损的民国粉彩观音瓶，一只80厘米直径的同治粉彩大卷缸（有伤），一对六方形民国五彩茶叶罐。换完不久，赶上瓷器大涨价，双方的市值（那尊观音我是按进价算）恐怕就不止差出三倍五倍。

然而"打架"还有一层很有趣，那就是各自的下家不同，谁也不知道谁最后是吃亏还是占便宜。还说第二次和老汪"打架"，那尊观音到他手里没多久，就被一位煤老板"请"走了，人家给了多少钱，只有老汪一人知道，如果和那观音"对了眼"，按一夜暴富的煤老板们的手面之猛，出的价钱就不是我们能想象的。而我那几件换来的东西至今还在我手里，将来如果出手，能不能高于老汪化的"善缘"钱，那就只有天知道了。

三件事

说不上是规矩,下面这三件事算是古玩行约定俗成的循例,在意了,大家都舒服,不容易起矛盾,彼此心里不存芥蒂,在一块玩着就高兴。

头一件,就是买东西最好别向卖家打听进货价格,当然这是买卖双方都是熟朋友的情况下,如果双方谁也不认识谁,你就更不能打听,一打听,人家肯定说你是"棒槌"。

比如有人看中一件东西,人家也开出了卖价,他非要问一句:"你这东西多少钱来的?"意思是想知道这件东西你要挣我多少钱。作为卖家,朋友一问,不好不回答,但古董进货的渠道、机遇和时间各不相同,所以进价有高有低。如进价与出价相差比较悬殊,据实相告,好像挣朋友的钱太多不好意思,所以往往不说实话,通常只报一个和卖价比较接近的"进货价",告诉买主:"这东西我只挣你个跑腿钱。"或者"这东西我是平推给你,倒个本儿,根本就没挣你的钱"。所以"懂事"的买主一般不制造这种尴尬,一是问进价等于逼着人家撒谎,二是问也白问,人家不会告诉你。我一个朋友是直性子,一次被买主问烦了,来一句:"拣来的黄金随市价,你甭管我多少钱来的,你只看这东西能值多少钱,你多少钱能要。"

我刚开始玩时也犯这毛病,一次到一个朋友家去,看中了东西就问"多少钱拿的?"开始人家还挺够意思,耐着性子"据实"相告,后来问到一架明式的柴木插屏"多少钱拿的？"却碰了个软钉子，人家嘴上挺客气，话却是这么说："这东西来得很便宜，但少了三万谁也拿不走。"

第二件，别随便给人家的东西估价。估价，市面上很常见，"寻宝"类节目里人们最关心的就是专家给一件东西出个什么价，这是节目的"眼"，"持宝人"等着听价，电视机前的观众也等着听价，于是专家对"宝物"侃几句年代档次之类的话后，都要给个"参考价"，让"持宝人"松口气，也让观众过把瘾。而在圈子里，专家挨嘲骂遭戏谑最多的，就是这估价："纯粹胡说八道！就这东西能给8万吗？怎么没给'八条'呀？你问问他自个儿，这价他要吗？"

其实这也是屈枉专家，估价本来就是件迫不得已的事，是节目必须的。之所以挨骂，是因为估价之于古董，是件很不靠谱的事，古董的价格成因太复杂，主观因素太多，揣着明白装糊涂的人也太多。

时间玩长了，朋友中也会有人让你给东西估价。凡遇这种事，都得小心应付，别信口开河。让你估价的朋友大约有两种，一种是刚玩的，真不懂，虚心向你求教；一种是买了不常见或太贵的东西心里没底，想让你给"掂量掂量"，寻个心安。我总结，第一种人以鼓励为主，基调是："行，不贵，这东西也就得这价。"第二种人以安慰为主，基调是："高点了，可没离谱。上下差不出两成，东西对了就行呗，高来高走嘛。"对话的方式一定是商量口气，只接下茬，不说"上句"。更别说狠话："这东西就值5万，多一分都不能拿。"

之所以以这样的方式应对，并不是油滑世故，而是你根本没资格给人家估价，你自己都说不准这东西究竟值多少钱，你的话并不是标准。你说"不值"，是夹杂着你的主观判断，潜台词是"这东西没啥意思，反正我不要"。可没过两天，他遇上了认为"这东西真有意思"的买主，加价求售，你估的那价还有"意思"吗？这种事很多，千人千性，什么人架什么鸟，你凭什么给人家号脉呢。尤其是爱说狠话的人，你觉得是有话直说了，透着不见外，可转眼就落不是，备不住在人家心里你就成"棒槌"了。所以有人让我估价，我的原则是，只要东西买得对，永远说值。因为谁玩都是求一乐，你给人添恶心，不想得罪人也是得罪人。再说，最重要的是，凡古董，本身就应该定义为"无价"，它的成本是历史和文化，是老祖宗的气息血脉，你用钱去衡量，能不出错吗？

第三件，尽量不说人家的不是，不背后揶揄人。这听起来像废话——这不是世人都犯的病吗，何需强调？但我要说，如果这是世人都犯的病，在古董圈里就要加一个"更"字。一个朋友总结得妙："圈子里常相聚，谁不在场单说谁。"这话有个要素，就是"常相聚"。玩古董的都有闲功夫，尤其古董商，有大块的时间，往店里一坐，来几个朋友就聊，聊天的话题依档次见识高下而各异，但说来说去，总要说到圈子里的事——最近谁买了什么谁卖了什么，听说多少钱进的多少钱出的，以及进出的东西对不对，"开门"不"开门"，尤其大价位的东西，引起的"聊兴"就更浓。接着就是一番评论，并由此及彼，渐次深入，从东西的好坏和价格，到买卖双方的人格品性，行为方式，直到家世嗜好，能把人"研究"个底儿掉。到饭口了，大家从店里"移师"饭馆接着聊。沾点酒，聊得就更私密了，能把陈年往事都勾出来：谁哪年卖了件什么东西，是做局起的价，和谁搭的伙，买主是谁，冤了人家多少万。嘴里开始没了遮拦。吃完说完，大家散去。隔几天，又相聚了，这回人员组合有了变化，上回故事里"冤"人的或者被"冤"的指不定谁来了，在场的一有人再喝高点就会开始向当事人询问往事前情，然后一团义愤，骂骂咧咧……

我常说，古董圈子里，处处是秘密，但却没有永久的秘密，天大的"案子"，用不了两年就能解密。原因就在这"相聚"上。至于说"张三的那只瓶子我看不对""李四人性差点，太黑""王胖子那天让刘瘸子给灌高了，迷里马糊把他那山子'端'了，卖了3万，那岫岩的东西，店里搁5年都没人问，这回总算'晕'出去了"，诸如此类的"闲盘儿"，原本都是下酒的佐料，说者无心，但保不齐哪天就传到当事人耳朵里，成了致乱之由。这个"乱"不是明面上的打架骂街，是心里系疙瘩。系了疙瘩的人再上了饭桌，再沾上点酒，佐料可就比原来的"辣"多了，那一定是把"这回没来"的"那人"也说个底儿掉。想想这还能玩得好吗，玩不好，最后就都会落到买卖上。所以在古玩行，圈子多，圈子套圈子，松散，不抱团，大抵都是买卖形成的关系，在这种生态下，在心里掐架的不少。

但也有"参"得透的聪明人，一心想的是买卖，不随流不掺和，洁身自好。我认识的军子，就是这种人，人不算好人，吃喝嫖赌都不掉队，但就是把握一条，从不背后议论人。他是行里的老人，肚子里的掌故最多，恨不能整个北京的玩家他拐弯抹角都认识，但你想从他那儿掏出谁的故事来那没门儿，相反嘴里总是挂着人家的"好儿"。就因为这一条，在他身上总是有股和谐之气，谁都跟他不设防，也没人背后念叨他，往他店里一坐，心情舒畅，只研究东西不研究人，价钱又好商量，买卖能做不好吗？

想想，做到军子这份上不容易，这种事在古玩行里是种积弊，是三件事中最难消除的。

"串货"的规矩

古董生意和其他生意比,似乎"同行是冤家"的事较少。电器、汽车可以打"价格战",古玩行因为商品都是古董,你有我无,我有你无,谈不上竞争。倒是"同行是朋友""互通有无"是常事。张老板买李老板一件瓷器,王老板卖吴老板一件玉器,几乎每天都会发生。行里人管这叫"串货",或"串行"。

这种同行之间的买卖,有很多约定俗成的规矩,须共同遵守,如此才能保持一团和气,来往才能长久,规矩遵守得好,行内的口碑就好,信用度高,买卖才能越做越活。

串货第一要遵守的规矩,是买了东西一般不能退货。看中一件东西,你"研究"多少天都没关系,但只要一交钱,拿出人家的店门,就不能再"拉抽屉"(退货)。以前我不明白这其中的道理,后来一位开店的朋友告诉我:"货退回来,就像让人家休了的媳妇,根本瞒不住,圈子里的人知道了,不说退货的人不地道,倒对货的品质和真伪产生怀疑,这东西就再也不好卖了。"当然有些关系很要好的朋友之间偶然也有退货的,但按规矩,"退要有个退法"——卖方要收一定比例的"手续费"。

附带还要说,不光是串货,就是换货,成交后也不能随便"拉抽屉",就像我在《绕着墨盒出故事》里写的,人家把墨盒都拿走了,你再去换回来，那也是不"局气"，不合规矩。

再有一点也是规矩，那就是同行串货，卖主要心里有数，价格不能开得太黑，因为下家拿了你的货也是去卖，得给人家留出"缝儿"来，都是做买卖，你让人家没了赚头，人家还跟你"串"吗？买主也不能太黑，得让卖主有钱挣，你就咬定一口价，人家本来就是朋友价，你再砍得太深，人家给也不是，不给也不是，心里不舒坦。看着当时是一回买卖，实际还连着后来的口碑呢。所以双方都宽宽绰绰的，以后还能接着"串"。

第三，如果说古董买卖价钱保密是行规，那串货的价钱就更得嘴严。因为串货的买主肯定也是卖主，他的下家很可能也是圈子里的人，这位下家如果嘴不严，那第一位卖主就很可能隔着自己的下家知道自己卖出去的货到第二位下家那儿卖了多少钱，如果价差太大，心里就会别扭，而同行之间最忌讳这种说不出道不出的别扭。有一次在报国寺，一个开店卖石头的小伙子在自己店前的散摊儿上买了一块带老托的灵璧石，花了1200块。当时我差一步没赶上，心里懊悔，就留神看着。不一会，一位朋友从小伙子店里举着那块灵璧石出来了，正好让那摆摊儿的看见，摆摊儿的问一句："多少钱拿的？"几个人都认识，这位朋友没在意就随口说："4800。"这两笔买卖相隔也就20分钟，成交地点也就是店里店外，一进一出整整差了3倍，摆摊儿的那位你说心里能舒服吗？这件事两个人都没留神圈里的规矩：摆摊儿的不该问，后一位买主不该说。当然这么巧合的事也少，但圈子里串货经常是一连串的成交，下家的下家还有下家，最好都彼此不知道进价和出价，知道了免不了心里落病。

一对花架的故事

大约是十多年前，在报国寺的地摊儿上，我看到一对花架子，300厘米×300厘米的面儿，900厘米的高。都快散架了，用几根布绳绑着，一共八条"束腰"缺了三条，其他都完整。有意思的是，这虽是花梨的料，却髹着黑色大漆，是民国货，看着很上眼。

几经砍价，5000元拿下。一摸兜，糟糕，装钱包的上衣落车里了，裤子里只有200元。我掏出来说："先给你200下定，朋友一会儿就到，再补齐。"

正这时，一个常在报国寺转悠的哥们儿拉了一下我的衣服，悄声说："给你加点儿，6000匀我得了。"但这话已经让摊主听到了。我立刻大声说："我自己留了，不卖！"本来我打算交了定钱，把东西暂存在摊主那儿接着逛，这下不行了，我守着花架子半步不离，直到朋友来了，补交了钱，才搬东西走人。

这是件小事，却牵涉到行里的规矩。

先是加价的那个哥们儿，他不懂规矩。按说东西买了，转手加价卖出是常有的事，但他看着我们的买卖成交却还没付全款，就不该慌着加价，这让卖主很难受，连窝儿都没挪，瞪眼就少卖1000，这买卖双方，朋友就难做了。

再就是，逢这时，我得坚决声称不卖。这就减弱了卖主的难受劲儿，觉得我不为挣钱，是留着自用，这桩买卖没瑕疵，他心里就平衡些。

第三，有人中间插这一杠子，我就不能走了，因为没交全款，买卖还没算完，你一走，如果加价的人和摊主一捏咕，把我甩了，人家交6000，把东西一拿走，你就是骂卖主一顿，也是把到手的东西丢了。

第四，摊主很懂规矩。他如果犯浑，见有人给高价，谁不想多挣钱呢？更何况你还没把钱交齐，他完全可以毁约，把定金硬退给你，或者说几句道歉的话，不行多退你200块，那他还多挣800呢，你能把他怎样？但他没那样做，是个局气人。

这让我想起一个朋友的一次遭遇。也是十多年前，他在摊儿上买了一大块老湘绣，有800厘米×600厘米，绣的是一只下山虎，非常有气势，一看就是民国的老货。他交了钱（全款），叠好，很放心地寄存在摊主那儿。可等逛了一圈回来拿东西时，那摊主说有人加了3000元，给转卖了。气得他暴跳如雷，却又无可奈何。不想半年后他又在一个店里看到了那只"下山虎"，因为太喜欢，又加了2000给买了回来，至今还挂在客厅的墙上。

今天的市场，为钱而不顾规矩的越来越多了。

小盒风波

在车上,哥们儿开着车,讲了这么个故事。

一个我们俩都认识的朋友"老驴",请我们都认识的另外两个朋友老陈和老桑去他家喝酒。酒酣之际,"老驴"拿出两个紫檀小盒,"一木连做"(一块整料抠出来的),15厘米×12厘米×6厘米,俩盒一模一样,是一对。两位朋友于是问价,"老驴"做不好意思状,开价是6000一个。可能是酒后看东西眼离,俩人谁也没好意思还价,谁也没争,一人拿了一个,到门口ATM机上取钱。

等回到家,其中老陈最先看到,盒底有小字:"昭和十五年",是日本货。但木质没看错,确是紫檀。日本就日本吧,值!

但不多天后,又一位共同认识的朋友老刀去老桑家看到了小盒,老刀问,是"老驴"给你的?老桑说,是。老刀又问,多少钱给的?老桑回说,6000。老刀迟疑一下说,高点了,2000合适。老桑一看这里面"有事",于是逼问。老刀说,是我给他的。老桑问,多少钱给的?老刀回答,700一个。

就老刀这一句话,老陈老桑一年没理"老驴"。

那么这种友谊的受损到底怨谁呢?

都有责任。

规矩 ▶

"老驴"买高了的那种紫檀小盒

首先，老刀不该多嘴，这是行里的大忌，这等于从中挑事儿。一个圈子不大，抬头不见低头见，互相串货是常事，你这儿出是多少钱，再从人家那儿出是多少钱，各是各的路子，谁也不碍谁，你老刀卖700一个，不挣钱你也不卖，"老驴"拿你这盒再挣多少，是人家的事，与你何干？这是偏巧你遇上了，你遇不上的这种事多了，你不能桩桩都去"揭发"吧。你钱挣到手，你的事就完了，其他的事你就别多嘴。

"老驴"这事也办得不太地道。虽说做买卖要争取利益最大化，但也得分人、分行当，古玩行里朋友之间，还是讲一个义字，不能太黑，聪明的人都做"长线"，有了人缘，细水长流，不愁没买卖，你弄这种一锤子的事，就算没遇上老刀这道槛，你又于心何安呢？老刀我了解，平时挺守规矩，如若不是听你赚得太黑，他何至于妒火中烧，说走了嘴呢？

老桑老陈也不太局气。做买卖你情我愿，你瞅着东西值，就掏钱，你6000买，备不住从下家那儿你挣得更多，干吗生那么大的气啊？如果能聪明达观做人，当初老刀套话时就不该接下茬儿，反正买卖已经做了，又没法反悔，就该学阿Q，落个心安。焉知这"冷战"的一年里，从"老驴"那儿你接不着俏货？没准还能挣更大的钱呢。白弄个心里不平衡不痛快，什么用也不顶。

规矩

鉴定的"讲究"

鉴定是个比较"玄"的活儿。找上你的有各种人,有一窍不通的,有半瓶醋的,有完全听话的,有将信将疑的,还有不服气的。

所以,不少圈子里的人,尽管是高手,也不轻易"冒充"专家给人鉴定,更不干收钱鉴定的事,因为惹不起那个麻烦。

玩古董"资深"了就知道,这里面有不少讲究。

首先,不认识或不熟悉的人,不能多说话,更不能轻易说东西"不对"。尤其拿的是似是而非的东西,你说"不对",再换个人说"对";你说是民国的,有人非说是嘉道的,回头把"物主"弄晕了,以为出嘉道的价钱买了民国的东西,你说掺乎这事多没意思。

第二,给熟人鉴定,要讲究方式,尤其要注意语气和遣词用字,千万不能把话说绝了。这是因为你不见得有百分百把握看得准,人家也不一定那么信服你。所以说话一定要把"我说的不一定对"或"我个人认为"放在嘴边上,用虚心的姿态跟人家"商量""讨论"。人家听就听,不听你也别着急生气。比如一件瓷器拿在手里,你先问东西的主人:"这东西您看到哪儿?"如果他说:"我看够乾隆。"你就得这么回答:"我看靠谱,从色气看像,但从胎质看是不是差点?"这么说,既是实话,不违背良心,又不得罪人,让人顺气。

不把话说绝,这是鉴定人必备的素养。一次我在一家大型拍卖会的预展上见到故宫一位专家在给人鉴定一只15厘米高的单色釉梅瓶,说得有水平,最后一句总结的话我记得清楚:"从底、款、釉、胎看,说它够康熙,应该差不多。"前半句人家说了全方位的感觉,后半句是讨论的语气,留有余地,听着让人舒服加信服。

但如果真是你的好朋友,东西又绝对假,你虽然也用商量的口气,但说话就不要再拐弯抹角了,要告诉他,这东西是新的,你这回买瞎了,从哪儿看它是新的,并告诫他今后要注意些什么。

最后,也是最重要的:看不明白的,千万别充"大个儿"。不知为不知,是最讲良心的行为,有些人明明看不好,却偏要插一嘴,搅得人家犯糊涂,弄不好还把人带到沟里去。有的"专家"就这么干,那就缺德了。

说实话,是本分;讲方式,是规则。

琉璃厂卖书记

20世纪80年代中期，中国人的收藏意识还处在启蒙阶段，所有东西都那么便宜，让人想起来，真是神往加怀念。

那时的一个下午，我在一个收破烂的农民家收了几套线装书，其中有一部光绪十四年绣像本《水浒传》、一部光绪十五年同样是绣像本的《西游记》，加上一套三函装的《芥子园画传》，上下夹着楠木书板，光绪十三年印。真巧，这三套书分别是1887、1888、1889年的版本，紧挨着。

这三套书，加上其他一些零散的方志、年谱，我一共花了100块钱。

买完心里打鼓，当时在破烂市，花100块买书，虽算不得"惊世骇俗"，也得算"壮举"了，我嘀咕：买亏了没有——一堆破纸片子？

正好过了不久，父亲逛琉璃厂让我陪着，我就把那部《水浒传》揣上，想到旧书店探探行市：假如给我个仨瓜俩枣，就说明我买"左"了。

进了西街路南一家旧书铺（忘了店名），把书拿出来说要卖，一位中年女店员很不屑地翻看，我从表情看觉得形势不妙，却不想她开口说："能给你200"，我松了口气，说能不能再添点，我指着第一册背后一个中国书店的长方形营业章给她看，那章的空格里填着3块钱，时间填的是1955年，不知是卖价还是买价，我说早年间这书就不便宜。她坚持说，就这价，不能再多了。

古董圈
一个京城玩主的收藏笔记

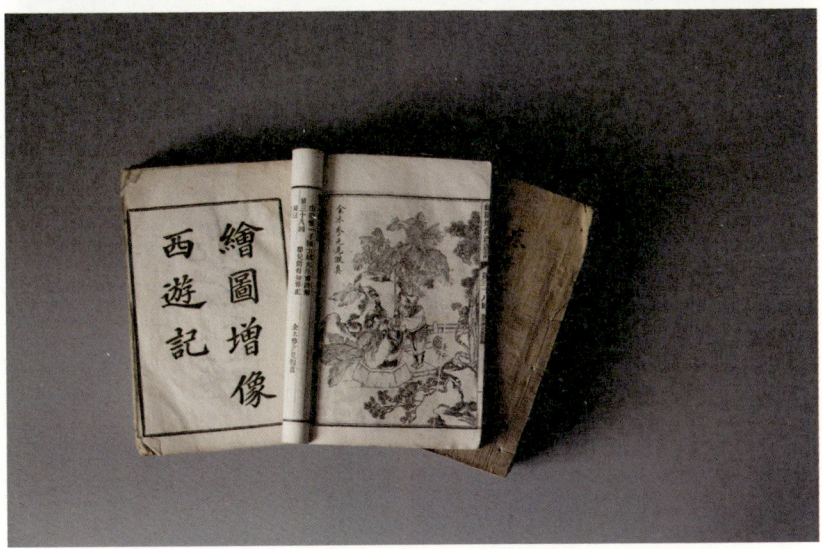

当初花 100 元买的一堆书里的两种。里面的插图精美,光绪版,年份嫩点,至今还在我手里。书,我从来不出手。上图《水浒传》,下图《西游记》。

"试探"完成，心里有了底，我顺嘴客气了一句："谢了您，那我再到别处问问。"撤身想走。

不料这句话引起了她的激烈反应，她拉着脸说："您出了这门，再回来，就给不了这价了，您可想好了。"我本无卖心，并没理会这话的"威胁"作用，却在琢磨这话是啥意思。

不久，已经是冬天，我拿着一只不想要的瓶子到后海想处理了。那是只20厘米高、光绪的青花小梅瓶，瓷质色气都不好，买得也高，看着它不舒服，想卖了就消停了。那时后海还是一溜铁棚子，一位老者看了说给20块，我没卖，不想转了一圈出的价都比这第一家低，我臊着脸又回到老者摊儿上，说："那就20块给您吧。"没想到，他反应激烈，大声说："转了一圈啦？20块钱这儿不给啦！"脸露愠色。

我一下联想起琉璃厂女店员那句话："出了这门，再回来，就给不了这价了！"意识到，这应该是行里的一种规矩。

但这规矩意味着什么呢，至今也没想太明白，大概有以下几层意思：

第一，人家都觉得不值钱的"女人"，你偏"娶"，显着你眼力比别人差，眼眶没别人高，脸上挂不住。

第二，转一圈再回来，同行都过了眼，行里没法再"串货"了——货源无密可保，你接谁的东西大伙都知道，卖着没意思了。

第三，你给了价，可别人没给，或给得比你低，"集体"验证了这东西不值这么多钱，他还能再给你吗？

潜规则：借钱不借道

一次和几位朋友在一家店里聊天，老板老刘问在座的老夏："我见到一块书房匾，乾隆的，要五万，品相好，字也好，款也好，你好这口儿，有意没有？"老夏说："那么大的价钱，我不能隔山买牛，东西在哪儿呢，你领我去看看。"老刘说："你甭问东西在哪儿，你要有意，可以给你看照片，货如果不对，管退。"——这几句对话里包含着一个职业规矩：货源保密。

古董的进货，不像服装批发，只要在北京做服装生意，没有不知道"动批"和大红门的。而一件古董，却指不定藏在谁家的哪个旮旯里，知道货在哪儿，并且知道多少钱能拿到手，就等于掌握了挣钱的机会，这种信息绝不会轻易示人，意是要从中挣这笔一进一出的差价。古玩行里有句俗话，叫作"借钱不借道"，如果"道"让你知道了，自己应得的那份收益就有可能失去。所以那块匾老夏坚持要看货是合理的，但问"东西在哪儿呢，你领我去看看"，话就有点"左"了。

你看老刘在这块匾上不借道，可他也冒过老夏同样的傻气。有一次也是我们几个在场，但是在另一间店里，开店的老余走货特别快，尤其家具，年份好，品相伺候得也好。几个朋友当场就有交钱定货的。老刘看着眼热，半开玩笑地问："你这货是从一家来的吧？"老余敷衍说"差不多

规矩

在亮马古董市场买的一副木联。现在的住房,不论大小都有客厅和书房,都需要装饰而求风雅,所以这类匾联卖得特好,价钱的涨速不亚于瓷器,因为这种东西比瓷器少得多,都是文人喜爱的"门面"。此联的原刻在晋祠,是清代包世臣的书法:"开卷群言择其雅,援琴六气为之清。"

吧"——问这话老刘就有点犯忌了,接着还问:"大城的?""不是。""高碑店的?""是。""哪家的?"这一连三问,就太不知趣了。老余没给面子,说:"喝茶喝茶,老刘,这堂凳子三万四,给别人四万,可给你留着大缝儿呢,要不要?"把话岔开,干脆就不搭老刘的茬儿——老余这面子实在是没法给老刘,给了就借道了。

还有一种情况,可另当别论。那就是当一件东西卖家索价过高,知道信息的人"拿不动"时,他也不会"墨守成规",而是物色一位有实力的买家,这时他可以借道,领你去看东西。买家看了东西,觉得对路,成交了,借道者照例要收取佣金,俗称"跑腿钱",佣金有一定的比例,一般是成交额的10—20%。可有一样,这位买家,东西买不买都可以,但不能当面说不买,过后瞒着借道的人再来买,或者再找个第三者来买,那就不局气了,卖家一般也不会答应,怕露了风得罪借道者。

我多年前就遇上一件事,邻居一位老先生,"文化大革命"中被斗残疾了,走路不方便,不爱说话。有次遇上他,犹豫了一下他说:"小黄,听说你喜欢老物件,你也看看我这件东西你喜不喜欢,我等钱用。"我一听就不舒服,倒不是这位老先生人不好,是话茬儿不对,但凡"等钱用"的,都是懂行要正经卖东西,而不是外行处理"破烂",那价钱肯定低不了,货不便宜还有什么意思?等到他家一看就是一惊,要卖的是只硬木连三(也叫闷户橱),再看,黄花梨无误。我忙问:"您想要多少钱?"他口气没商量:"20万。"老爷子是里手,他说的价钱不屈心,虽然那年头不像今天对黄花梨奉若拱璧,动辄天价,但那么大件的东西,品相也不错,20万值。但我却没表现出热情,因为一是我不太喜欢连三这种东西,觉着它外型太张扬,带着俗气,少点"知性";二是关键,我没那么多闲钱。我对老人说:"我自己不要,因为它太大,我没地儿搁。要不您等等,我给您找个下家,你们商量?"老人答应了,事情也就撂下了。隔了几个月，有一天我忽然看到俩人从老人家里出来，一个小声说"不是满彻……"我立刻警觉，"满彻"是说一件木器通身没有杂料，而连三这种东西不容易满彻，它太大，如果连后背板、抽屉搪板都用黄花梨，那得费多少料，也没那个必要。"满彻"这个词不是行里人说不出来，我知道几个月没理老人，他是在另找买主。我想，这是挣钱的事，不能便宜了旁人，没几天就找了个下家，把道"借"出去了。买卖做成了，买主是个懂规矩的，给我提了成，没想到的是，老人也给我送了点钱，我说不要他还不干，于是我也就"财黑"了。"两头拿"在大额买卖中原本也是规矩，是一手托两家的辛苦费，但老人那份钱我还是觉着拿得有点"残忍"。

多年过去，说起这事有点遗憾，一件大型黄花梨家具与我擦肩而过，失之交臂。如果放到今天，卖几百万都不答应。要有那远见，借钱都拿。

行市

生意

规矩

圈子

物件

糗事

笑谈

盘道

圈子

京城古董商的"成分"

说到古董商的"成分",无疑应该是"商人"。但北京(乃至全国),过去十几年或二十几年至今一直在做古董生意的人,恐怕少之又少。也就是说,他们中的很多人都是从别的"成分"嬗变而来的。

从我接触的古董商看,他们大约是从几种渠道"转业"而来:

首先是知识分子。这批人普遍年龄偏小,30—40岁左右者居多。他们多受"家学"或专业影响,先有"前辈"领着玩,由玩到酷爱,由爱而看到商机,而尝到甜头,于是放弃原来的工作,铤而下海。这些人受过系统良好的教育,有较好的悟性和商业头脑,有老一辈古董商所不具备的现代化"感觉",应该是未来这一行的中坚。我认识一位名牌大学学数学的青年古董商,专营字画,据他说,对名人款识他曾像背外语单词一样刻苦背记,然后依脑中的印象寻找实物验证,为过这一关,他竟常登陌生人之门拜访,不怕遭物主的拒绝和白眼。他对草书、篆书、金文的识别能力甚至比一些书法家还过硬,据说也是下过一番苦功的。所以年仅30多岁,就已敢下大本钱购进别人"含糊"的书画,不为同行前辈们的质疑所动。还有一位年轻朋友,也只三十几岁,大学毕业后从外地来京,专做老家具生意,不仅开店,还在网上售货。他网页上介绍的物品信息客观明晰,以现代理念进行售后服务,信誉度很高,货也走得很好。

再就是干部。之所以不把他们归入"知识分子"范畴，是因为他们大多没有太高的学历。这些人年龄较大，不少已经接近或到了退休年龄，多为前些年机构精减、企业改制后按政策"内退"或提前退休的管理人员，其中还包括中小学教师、演员等社会属性类似的人。这些人普遍都是老"玩家"。从年轻时就把业余时间都用在淘换老货上，先是收藏，东西买多了，开始汰粗留精，在此过程中，逐渐结识"上下家"，有着丰富的"人脉"，在退下来之前，他们其实早就已经成了业余古董商。在我认识的人里，有一位曾是某国营大企业后勤部门的科长，他从十几岁就逛信托商店，二十世纪六七十年代，乱世中的北京，他讲话："好东西太多了。"他曾见东单信托商店一只红木大柜只要40元，但那时40元是青年工人一个月的工资，普通老百姓房子又小，所以看着眼热就是买不了。我认识的一位某小学的副校长，现在开着一间很有规模的古董店。他从70年代末就玩瓷器和玉器，"严打"时差点以倒卖文物罪被判刑。曾请假到外地"抓货"，在内蒙古赤峰的农村遇大雪封路险些被冻死。这批人在这一领域浸淫多年，都是老谋深算，做买卖讲究稳准狠；但讲义气，懂规矩，朋友多。

还有第三种人，是一些工厂、商店等单位下岗或辞职的职工。我曾遇到一位曾在过去信托商店当收货员的老人，讲起当年，一只"五百件"康熙大瓶，收购价2元，但本店不准出售，要上交到文物商店。还有一些五行八作的基层人员，如修鞋的、照相的、炊事员等。这一人群身世背景复杂，数量很大。他们大都没上过多少学，出身底层，本钱很小。很多是从摆地摊儿干起，有的以前只是手拿一两样东西，在市场游走叫卖。这其中也有不少人从前混迹于老北京的"鬼市"，或在北京的胡同里"喝街"，以博取小利。这些人虽然文化水平不高，但因爱好，肯钻研，能吃苦，没架子，经多年磨练，有不少成了名气不小的古董商。我十分尊敬的一位朋友

圈子

就是这样的人,他家原住象来街,据说那时古董市场的地摊儿就摆在他家的墙边,所以从小喜欢古董,初中毕业后当了工人,人家都不爱上夜班,他却偏爱上夜班,白天好去淘弄东西。很早就辞职开店。由于眼力好,人性好,有诚信,而且不"黑",所以朋友极多。他在不少古董市场干过,走到哪儿都会引来一大批做买卖的朋友。

以上三种成分基本都是土生土长的北京人。值得注意的还有第四种,即外地农民。改革开放后,外地农民大量涌入北京,其中有一支收废品的大军,很快,从中脱颖出一批头脑清晰、专收"老货"的"破烂王"。这些人利用当时北京人收藏意识薄弱和连年大规模拆迁的机遇,以废品价收入被弃于屋角厨下的"破瓶烂罐",然后把它们转手卖给起步最早的京城古董商。这种买卖做过几年,他们经历了一个从混沌到清醒的过程,这其间他们卖"漏"的东西不计其数。悟性好的农民,从懊悔中也学到了鉴定值钱"破烂"的本领,不再懵懵懂懂、仨瓜俩枣地卖东西了,于是就出现了最早的农民古董商。在十多年前,海淀区的前后八家、树村、朝阳区的龙王堂、机场路的芳草地、清河的安宁庄、小汤山的阿苏卫等地就聚集着一批这种农民古董商,走进他们租用当地农民的破屋,你可以看到杂陈的老家具和家具上零乱摆放的瓷器杂项等,都是积年污垢,不擦不拭,凭你挑选,开价"本份",给买家留够充足的获利空间。他们把从下面收来的货囤积起来(主要是木器),批量卖给上一层的古董商。如今这批人中的佼佼者已经出现在十里河和高碑店等正式古董市场,堂而皇之地开起店,做起了老板,而且有不少人已经发了大财。

别把自个儿当专家

老林,我认识他时他是一个街边开饭馆的,开的是那种进京农民才进的饭馆。进屋有一个民国的铜盆,供顾客洗手,里面的水永远是又黑又酱,泛着肥皂沫。一次我拿块印章给他看,他顺手在铜盆的脏水里一涮,在油污黑亮的胸襟上一抹,这块印石上隐隐现出一绺红色,他立刻兴奋异常,说:你逮着了,是块鸡血(石)!我暗笑:这要是鸡血,我那儿有一大盒。

就这位老林,前段时间忽然听说当了某拍卖公司瓷器部的首席鉴定师。

再有一位老赵,是我一个朋友的徒弟。那正经是带着"八彩礼",给我那朋友跪地磕头拜师,入门要学古董鉴定。不客气地说,那就是个街头混混,几乎是一毛钱文化都没有。有个笑话:他曾给他师傅去电话,问国子监是不是批发"果子"的地方,还问"门彩"是什么彩,我那朋友琢磨半天才醒悟,原来是问"斗彩",却不认识那繁体的"鬥"字。

前些时我这朋友对我说,你还记得3年前我收的那徒弟吗?现在是某博物馆特聘的鉴定委员,能给人"看东西"收钱了。

还有一位"老瞪",更离奇。你听这绰号,就知道他眼睛有毛病,像得了甲亢,两只鱼眼总往外努着。他是喝街的。

圈子

老北京喝街的，大凡有两种，一种专"喝"大宅门，档次高，价也高，无非收三类货：首饰、衣裳加古董；再有一种，"喝"杂院，一天下来几个铜子儿的赚头，恨不能连女人几成新的裹脚条子都要，属于"下三路"。当然这都是新中国成立前的事。但二十几年前，这两种人又都在北京城冒出来了，"老瞪"就属于后一种。只要能挣钱，他什么都要，旧鞋帽、旧衣裳，各种洋破烂——半瓶香水、一对网球拍、几根高尔夫球杆，甚至还有特便宜不知真假的伟哥。他家就是一个破烂市，又酸又臭，绝大多数东西都与古董无缘。但我有几位朋友还专爱上他家串，一年兴许能在那儿花上几块钱。我记得在他那儿买过几张60年代初北京人艺的工资单，其中还有老演员讲课费的明细账，给了他2块钱；还买过几张"文化大革命"前荣宝斋水印的齐白石小画，大约是3块钱一张。

就是这位"老瞪"，有一天在我家附近一家高档宾馆的大堂遇上了，他要不打招呼，我根本认不出来：笔挺的西装（他在家，只要天稍一热，就光着膀子），红领带，黑脖子让硬领的白衬衣裹着，我都替他憋得慌。我说"你怎么变成这样啦？刚从安定医院跑出来吧？"他知道是调侃，乐着掏出一张名片，上面的头衔是某某艺术品有限责任公司鉴定顾问，这种公司这些年出了不少，你只要看公司名字里没有"拍卖"二字，就是干着拍卖的事儿，却没有拍卖公司的资质，都是打擦边球。他指指大堂门外悬挂的大横幅说，我就在这儿上班，离你家近了，有事你找我。嗓音还是那个嗓音，看着他，我就像看见一只穿上行头的猴。他单掌在嘴边一立，小声说，有什么不要的货，给我，我给你拍个好价钱。聊天中几次有人咨询预展的物品，他便一副专家模样跟人家解说一番。我早知道这家宾馆里驻了一家艺术品公司，大堂一角的玻璃柜里总摆着征集来的玉件、珠串、老戏单、老唱片、55式黄呢子军装等，在射灯映照下，闪闪发光。一到周日有不少知性小白领来参加他们组织的拍卖，所有玉件都标着"和田玉"，起拍价都标着"无底价"。我还曾参加过一次，流拍的东西不多，落槌价比我心里想的高得多。没想到这竟是"老瞪"一帮草台班子在码戏。

——以上的可不是胡扯讲故事，都是真事。

我不是说开饭馆的、街头混混和喝破烂的就"进化"不成古董鉴定专家，而且古话中"英雄不问出处""士别三日，当刮目相看"的事也不都是传说，但我认识的这三位兄弟，我却敢说，那水平还真够不上专家，连边都不挨。

由此，可窥当前专家队伍的鱼龙混杂，"充大个儿"的不少。

又由此，我想到一个问题。其实专家也好当。古董圈子里，在行家面前是"力巴儿"，在"力巴儿"面前是行家，说深很深，说浅也浅，大路货只要玩上两三年，都能认得，缠枝莲、凤穿花、柳树黄莺、富贵白头、青花加紫、豆青加白……，时间稍长，多看多记，康乾嘉道、光绪民国的古董，一些基本特征一眼就能辨别出来，这就像地板黄刷清漆开窗衬绿布的双开门大衣柜，和红色人造革面的电镀折叠椅，老百姓一看就知道是二十世纪六七十年代北京凭票供应的东西，用不着文绉绉地讲什么"时代特征"，没文化的人也绝对认不错。

当然也不能对专家采取虚无主义的态度，真正的专家，潜心钻研，阐幽发微，讲学著述，惜时如金，没功夫总在电视里露面，更没功夫面对排大队的"持宝人"侃侃而谈。

有人说现在有四种专家在古董市场上"裹乱"，一种是有理论没眼力，拿着"阿物"当蛋挞，而且还时不时指鹿为马；一种是甘草式，跟谁都能搭兑，什么东西让他看都是"对对对，好好好"，从不说"不"；第三种是让阴谋论弄怕了，看什么都邪着眼，什么东西都"不对"；第四种最坏，就是见钱说话，只要有钱，让说什么说什么，没底线没节操，鬼子来了绝对是汉奸。除这四种，我还要补上一种，那就是草根混混里冒出来的猴子

圈子 ▶

一块最俗的民国盘子,行话叫"富贵白头"。完整,个儿大,直径 40cm。曾想装盒送给一个朋友的儿子当结婚礼物,又怕他不识货给糟蹋了,还是自己留了。

古董圈
一个京城玩主的收藏笔记

我在《送礼》里说的给某房管干部送的那种清道光豆青加白的瓷器,不同的是送出去的是只双耳瓶,图上的是只冬瓜罐。

扮的孙悟空。如果说前面那四种专家各有各的问题，却还不失专家资质，那我认识的那三位，就根本和"专家"二字没关系，只是一台戏里匪兵甲临时串演刁小三，赶着开锣硬充角儿。但不管怎么说，一身西服一张名片一张嘴，还真能"白话"蒙人。古董市场有多乱，由此可见一斑吧！

要有一帮熟朋友

玩收藏，必备的条件之一，就是要有一帮同道的熟朋友。这不奇怪，玩什么，有朋友都比没朋友强。

收藏，当然有私密的成分。一个"藏"字，就有不足为外人道和不愿为外人知的意思。买东西和卖东西，也大多是单线联系，第三者很难知情。

然而收藏又是很专业的事情，没有三五好友研究商量，很难做到心里托底。

平时和朋友一起坐坐，是件很惬意的事，聊聊圈子里的八卦，嘲笑一下傻人傻事，吃吃喝喝，尽兴而散。说笑中，或有人从兜里拿出件玉佩、烟壶、扳指，传着看看，品评一番。东西的主人，自信的，是拿出来显摆显摆；不自信的，有让人鉴定鉴定的意思，但嘴里不明说。这时，能"过得着"的哥们儿就会直言不讳，说你这东西不错或不对。

能给你说出个"不对"，就够交情。在这行里，生人或不够熟的人，轻易是不说话的，有怕得罪人的成分，也有"我凭什么给你免费鉴定"的意思。尤其"高人"对"雏儿"，往往有种幸灾乐祸的轻视。如果他能到家里来看看你的东西（这首先你得愿意请他来），而且说说好坏，你听出他是诚恳进言，不存杂念，那种感激自不必说。一起出去逛，你看中的东

圈子

这只鼻烟壶残了,加了个铜口,也没勺了。这种玛瑙的东西不值钱,只是个标本。

古董圈
一个京城玩主的收藏笔记

光绪五彩瓶。五彩瓷是瓷器收藏者的最爱,虽历代都仿,但数量仍比粉彩瓷少得多,工艺难度比粉彩要大。市场的共识:价最高的是明万历五彩,其次是康熙五彩,最次是光绪五彩(解放后的五彩不论)。但我的感觉,从审美角度讲,最漂亮的应该是康熙五彩,其次是万历,最次是光绪。从瓷质、彩头、造型,都应该是这种次序。这只瓶就是典型的瓷质松,彩头淡,显得"穷气"。但在今天的市场上,这东西也已经难找了。

圈子

西,他能帮你掌一眼,托一把,或者两人都想要,他能不跟你抢,你绷着卖主时,他能不急着出价,和你一起慎着,这种朋友你就"交得过儿"。

2000年左右,我曾在一个人家里买过一只光绪五彩的小瓶,20多厘米高,和一位朋友一起去的,我砍价,卖主极难缠。我看出那朋友也想要,但就是闭嘴不言语。到最后还是急了,小声说:"这价就行了,你多砍那几块钱有什么用!"但终究他忍着没和我抢,被我拿下了。那瓶一直摆在卧室里,看着它,我就想到那位朋友,真义气。

当然,朋友也是"打架"(串货)的主要参与者。这种时候,也很客气,这件东西你让点,那件东西他让点,打个平手大家都高兴。有时一方觉得不合适了,那就再给添个小件找补找补。过后发觉还不合适,也不会再找后账。

一次一位朋友买了我一批老画,年份好,画得也不错,可能是挣了钱了。再来我家发现又进了一批,索性连看都不看了,只要画轴老、外皮老就要。这第二批画我打包买进来时间不长,也没仔细看,就被他又打包"撮"走了,等有一天我逛到他店里,看到画还没出手,便一幅幅挨个儿打开细看,自己都觉得不好意思——太不像样了。我说退给他点钱,他死活都不要。这既是遵守行里的规矩,又是全朋友的情义,我很佩服。

圈子里的"风尘气"

这些年接触过不少古董商,相处久了,不是我嘴上无德,总觉得他们身上带着股共同的味道:有那么点"风尘气",北京也叫"痞气"。

这"风尘气",按我说,是个中性词,单指一种"行业气质",是这个行当与生俱来的特有属性。

产生这种风尘气,大略有几个原因。

一是古董商有闲。他们大多数时间都处在散漫状态,"三年不开张"是夸张,但个把月不开张是常有的事。有人说,干上几年古董商,给个局长都不当。倒不是对局长的位子不眼馋,是受不了那个拘束。

二是古董商有钱。不管是兜里揣的现金还是店里的货,总归都是银子。

有钱加有闲,又在北京,又泡在一堆"古物"里,就免不了染上些遗老遗少的"范儿"。爱好也不少是老北京的遗风:鱼虫花鸟,烟酒茶牌,留大胡子的,穿对襟褂子的,趿拉鞋的,套扳指的,抽烟袋杆的……在这个圈里,多"葛"都没人觉着奇怪。

他们平时往店里一坐,嘴上扯着唐风宋韵、永宣康乾,没有体制内的虚头巴脑,也没有现代商人的洋式派头。

然而做买卖也不能光闲着,得上货。古董上货犹如打猎,四处转悠,

圈子

↑博古片儿的蛐蛐罐。这种画片在清中后期的瓷器上用得很普遍。
↓茶叶末香炉

鳝鱼黄三足炉

圈子 ▶

铜香炉。夹板,曾鎏金,都脱落了。盖上狮钮有一眼。

提着鼻子,竖着耳朵,五行八作都周旋,三教九流都交往。只有这样,才能消息灵通,把好货从犄角旮旯抠出来,手段可谓是无所不用其极。

卖货也一样,嘴上得有功夫,戏要演得足,既搪得住人家的褒贬,又能扣住人家的"痒痒筋",瞎话和实话掺和着说,看人下菜碟,吃奉承的客人得说人家眼力高,抠门的主儿价钱砍到你脚面上也不能急,得赞许地说"哥哥,您够狠",有时得梗着脖子吹吹牛,卖弄一把专业知识,有时还得装可怜央咯两句,买卖不成怎么也得把仁义留下。这种一对一的买卖,拿一件说一件的生意,没有左右逢源的机巧,没有察言观色的敏锐,那就不是个"得道"的古董商。

凡此种种,人们常感觉这类人有几分油滑,看着不大靠谱,深不可测。其实混长了,你会发现,其中有奸的,但大多数还是循着行里的规矩行事,买卖双方"斗法"是免不了的,但太坑人的事也不是常有。什么市场都有它特有的法则,你要老犯规,肯定就长不了。

说"风尘气",还有一解,那就是圈子里什么出身什么来历的都有,有些人和事,在政府部门、科研单位和大专院校你绝对看不到。这里随手举几个亲见的例子。

当年有一回我和老洪逛亮马市场,老洪认识的人多,在一个店里见到一只大器小作的乾隆梅瓶,只有六七厘米高,东西漂亮。老板有40岁上下,看着是老实人。老洪问价,老板一句话让我记忆深刻:"您是老师,您看着赏。"这"看着赏"三个字语气谄媚卑下,让人听着不带劲儿。东西按老洪给的价人家连二话都没说。过后我问,这人怎么这样?老洪说,戏子家的孩子都这样,见人矮三分,他姥爷是唱红净的,专演关公。他也上过戏校,不好好唱改行干这个了。

在红桥市场,有一次我们在一个店里玩,老板得有快80了,人很随和风趣。聊着聊着,进来一个年轻人,也就30多点。老板一看来人,立刻走上两步，一条腿一弯，头一低，一只胳膊往下一垂，喊了声："舅舅！"语气郑重里透着真诚。在场的人一看这么大岁数给年轻人打千儿，都乐了，那年轻人却没乐，语气里有长辈的尊严，说："够热闹的呀。"老板说："是几个朋友来看东西舅舅，舅舅您坐。"大伙更乐了，老板郑重地跟大伙解释："这是我妈娘家的表弟，还没出五服呢，这是舅舅错不了呀。"过后有人告诉，老爷子是在旗的，浑身都是老礼儿。

还有一天下午，在一个店里，几个朋友也是聊天，其中两位同时看上一只同治的小脸盆，瓷质画片儿都不错。一个壮汉拿起来问价，一个瘦子说："你别看了，这盆我早就要了，不信你问军子（老板）。"这壮汉中午喝了点酒，借着酒劲儿说："你要了？怎么不往家拿啊，不是还没给钱呢吗？"说着就有火药味了。壮汉接着耍疯："这盆我要定了，有本事你撂我个个子（就是摔他个跟头），这东西就归你。"大伙都知道他跟天桥的把式学过摔跤。知道这小子不讲理了，那瘦子气得脸发青，说："撂跤我撂不过你，我让你见点血成吗？"壮汉一听更来劲儿了，说："成啊，只要你让我见着血，这东西就归你，我倒看看你扎我哪儿。"军子不干了，大叫："要打架都他妈给我出去，我这是做买卖的地儿，见不得血！"瘦子也不言语，从兜里拿出把小水果刀，把自己的裤腿一撩，照腿肚子上就是一刀，扎进有一厘米。血顿时就流出来了。瘦子扶着刀瞅着壮汉问："这行不行？不行再往里点？"壮汉见这架势酒也吓醒了，说："兄弟，得了得了，我服了，别再扎了，这东西归你了。"

这壮汉和瘦子都是开店的老板，你说这"风尘气"足不足？

"人间百态"

说"人间百态",是把我交往的古董商捡几位说上几句,由此勾勒出这圈子里的生态剪影。

一位拍卖公司的瓷杂鉴定师,70多岁了,没成家,干巴精神,眼球浑浊却目光如隼,说话慢条斯理,过手东西时,双手就像作揖似地捧着,有些恭敬如仪的样子。眼力就不必说了,无论看瓷器、铜器、玉器,行里人都信服。他有一个爱好让我印象深刻。按说这么大岁数,又是玩古董的,应该从里到外都是中国"范儿",那都得是"寸排骨头钮儿"的对襟大褂子,"圆口全皮兜跟"的双杠撒鞋才对。他不,他最爱的却是外国军品,尤其喜欢外军的棉猴。他能把二战及战后的"美国猴儿""英国猴儿"和"意大利猴儿"各自的特点说得头头是道,而且一到冬天,总穿着件并不合体也很旧的外国军用棉猴。腕上是一块硕大的加拿大军用潜水表,头上戴的帽子是那种小沿的毛线帽,帽顶安着一副二十世纪三四十年代流行的四楞风镜。搭着脸也黑点,看上去像个老雇佣兵。

我认识一位1988年后授衔的解放军大校,他毕业于北外,曾是驻欧洲某国的外交官。长得高挑如鹤,敦厚温和。20年前他爱收主席像章,经常转悠到海淀区卧虎桥的旧家具市场,背着一个"军挎",我们经常见面。后来他竟开起了古董店,经常到潘家园、十里河等地进货,因为他的

圈子

店开在使馆区附近,外语又好,所以货走得不错。过了几年,我们偶然去他店里逛,得知他夫人也在附近开了一间古董店,真是让人称奇。人常见"开夫妻店",他们却是夫开夫店,妻开妻店,打对台。如果说别人是为生计开店,他们俩却"票戏"的味道更浓。但多少年了,两口子踏踏实实,在此中奔走,乐此不疲。

曾认识一个小孩,20不到的年纪,面白手细,大长指甲,一身另类妆扮,看上去有些男身女态。但脾气极大,曾经是戏校的学生,据说因一怒之下打了老师而退学。闲时让他唱两口,字正腔圆,谭味的《空城计》绝对的专业"范儿"。他当初开的店在报国寺,卖些老首饰,基本不开张,他也不在乎,依旧笑闹如常。我有时看着他发愁,心想,这孩子的爹妈不定多闹心呢。

还有个哥们儿,开了个店,说不上专营什么,基本是主打"纸片",整个店里,加一块也没几样东西。我估摸一下,这种店就是天天开张,也糊不了口,而他却一干多少年,不知道拿什么补衬生活。他原来是个医生,医大毕业,最后下海下到这一行。一天要抽几盒烟,我说你是学医的,不懂得这么抽烟是玩命啊。他满不在乎,说不让抽烟要命干吗。前不久听说,他果然命没了,是急性心梗,还不到60岁。

有个很熟的朋友,今年小七十了,退休前是某部委的一位处长,北京"老插"(插队知青),写一手好文章,人随和,甘于吃亏,经常有人"活拿"他的东西最后不还。他开了一个很大的店,店里东西不少,但走得很慢。有买主进店,介绍货时,经常该说的不说,不该说的走嘴,往往买主不是看不上他的货,而是被他"如实介绍"得心里发毛,不敢买了。在一起玩的另一位朋友感叹:"他是个谦谦君子,但不是做买卖的料。"他的店里人气特旺,经常聚着一帮朋友,在那儿吃喝抽,满屋子烟气沼沼,这可能也是买卖不好的原因,客满人不留,逛的人都不愿进这嘴多的地方。

北京古董商的成分千奇百怪,但有一个共同特点,那就是一旦沾上这一行,就撤不出来了,也不知是什么感觉吸引着他们,都说挣不挣钱是次要的,只要玩得高兴。

圈子

农民商人小佟

小佟是个地道的河南农民，小个儿，脸从来没有笑模样。是我多年前认识的朋友。这小子聪明绝顶，从骑三轮收废品到成为小有业绩的古董商，其中的艰辛自不必说，其中的故事也不老少。

他是京城最早意识到倒腾大杂院里的破板柜、破条案比收旧报纸、破电器来钱快的"板车族"之一。晚上，我们经常到他的住处串串。他那间租住京郊农民的小屋里充满诱惑，经常能翻出些老瓷器、老杂项。有时还会有硬木小件。最开始他不懂这种买卖怎么做，总是我们问："这东西多少钱？"他迟疑一下开个价，我们再砍一刀，就成交。时间长了，他发觉自己要的价都太低，不少好东西都仨瓜俩枣就卖了，后悔不已，对我们是一肚子气。于是改变了策略，你再问价，他不开口了，反问："你给多少？"这下我们就被动了，给少了肯定没戏，给多了又怕把他"捅惊了"，就一点一点试着往上添。再后来，他更乖了：从你嘴里套出了价钱，他先不卖，再向其他人询价，价比三家后，心里有了底，再捡给价最高的出。对他来讲，这是个事业上的飞跃。

虽然精明，但有时他还是吃我们的亏，这源于他的眼界还是太窄。有一次他一个破柜子里放着个青花小罐，罐底是双蓝圈，六字楷书款"大明宣德年制"。那时大量的仿瓷已经出现，我们拿起来看，是绝对"开门"

的货色，但嘴里却嘟囔说是"新活"。顺手又放回柜子。小佟从床上爬起来，眼里一丝游移，问："给多少钱？"我们说："不要，新的。"他说："肯定不新，要就给1000块。"我们砍来砍去，知道便宜了也拿不走，再绷，怕让别人抢了，乘他还没缓过神来，故作扭捏给了500块成交。后来这只小罐转手卖了一万块，那个买主更是高人，又一转手，卖了30万。这消息不久就传到小佟耳朵里，卖漏的痛悔让他那段时间干脆不和我们打交道了，连房门都不许我们进。

　　多年之后，一次我在高碑店遇到他，他正从自己的店里出门，咯吱窝下夹着个皮包，已经有了老板的"范儿"。一见我，他很亲热，说请我吃饭。他开了个很大的家具店，我看到一只民国的老红木炕桌，问，这小桌要多少钱？他说："黄老师，给别人要15万，给你要8万。"我骂他疯了，他装可怜："我7万2进的，骗你是小狗。"

　　据说他的发迹，是在北京老住家里淘到一只散了架的紫檀大柜，一把就挣了300万。

圈子

行话一品

古董玩长了，能听到不少圈子里的行话。这些话有的普通人很好理解，比如"瞎活"，就是买错的东西；"新活"，就是新"出锅"的货。

再如"打眼了""捅炸了""吃饼了"、让人"拴驴"了……这些行话，虽然有的开始只在各个小圈子里使用，但因为形象上口，扩散的速度很快，在吃饭聊天时就传播开了。

一位朋友，有浓重的河北口音。一起逛市场，经常忍不住对某件东西做出评判："这瓶，是新捏"（他想说"新的"，但"的"总说成"捏"）。于是"新捏"成了我们的口头禅，又把它简化成一个"捏"字，成了暗语。一件东西拿起来看，同伴轻轻说声"捏"，就明白了。如果直接说"这是新活"，让卖主听见不高兴。

京城有句用得很广的行话，叫"一汪水"，流传已久。意思是这东西不仅是老的，而且干净漂亮。很早以前，我曾经为一块浪琴古董表去洗油，一边等着一边闲聊，就问，这表机器还行吗？那是位卖古董钟表兼营修理的老头，回答就是这三个字："一汪水"。

曾买过一只红木镜支，包浆好，白铜饰件是"原来当"，并且完整。砍价时费了老劲儿，千把块钱的分歧就是凑不到一块，我给8000，人家要10000，最后给到9500都不行，500块钱就是不让，一堆人围观。这时有人悄悄拉了拉我的衣服，一看是熟人，他低声说："一汪水的东西，你差那500块吗，再不接我可接了。"

大约是20世纪90年代后期，京城古董圈开始流行起一个词，叫作"开门"。

"开门"是句肯定语，常听到的话比如："这东西不用研究，开门老"或"这货还用看吗，开门！"总的意思是对某件东西给予极为肯定的评价——保证没问题。

至于"开门"一词是怎么演变来的，不得而知。有一次北京电视台经济频道的艺术品鉴定节目里，一位专家也称一件器物"开门"，然后补充了一句："开门见山"。但我觉得说"开门"是由"开门见山"而来，似乎有点牵强，当然"开门见山"有显而易见、无遮无挡的意思，形容"这东西不用再细看了，已是一览无遗"，这也有一定道理。但北京俚语里喜欢说吉祥话的习惯是不是也会掺在这"开门"里呢，比如说"这东西没问题，是难得的好物件，你算买着了，'开门见喜'！"

多年来，还有一个字用得很多，那就是"盘"。经常有人讲"这东西不错，就是缺'盘'"；或者"这东西我'盘'了5年了，瞧，浆儿出来了。""盘"，是动词，基本上是经常维护，经常擦拭，经常把玩，经常摩挲的意思。一只手把件，经历常年手揉脸搓，手汗脸油浸润研磨，把老的包浆"逗"出来，把风干土咬的皴劲儿收拾肉透了，这就是"盘"。但"盘"字的来源却不得其解。

咱们不是研究语言学和民俗学的，不能像赵元任先生能把每句俗话的来龙去脉都讲出来，但古董圈里的行话，一会儿冒出一句，一会儿冒出一句，简洁形象，无可替代，确实挺有意思。

圈子

良子的成长

之所以说到良子,一是因为他是个成功的古董商;二是他从起步到发达的足迹,基本和改革开放后中国古董市场的成长发展历程相契合。

他是个河北农民,当过兵,属于那种能吃苦,胆子大,精明强干,除了挣钱不太讲"底线"的人。唯其如此,才在过去二三十年古董行业"由乱到治"的过程中,踩着风浪,一步一步成长成今天京城"有一号"的古董商。

他拿手的是木器。90年代初,他开始从河北农村收硬木瓶托和炉托,用编织袋扛到北京来卖,挣点小钱。因为那些圆木托长得都像烧饼,所以那时人们管他叫"卖烧饼的"。不久,他娶了个北京朝阳区农民的女儿,"倒插门"到了北京。卖"烧饼"认识的一些玩家也接着充当他的下家,他开始倒腾家具。我认识他时,他刚走上轨道,从上海、江浙城乡收家具,运到北京出售。当时南边的硬木家具并不便宜,但架不住他批量收购,好坏不论,只要是老东西,就论堆撮。当时还没听说有私人用集装箱运货的,他就已经成了物流专家。他媳妇的家给他提供了绝好的仓储条件,有一所很大的院子和不少空房,运来一集装箱货,虽然车进不了院门,但在门外卸货非常方便。这占尽了玩家具的地利人和。

当时他没有店,买主都是分头上门,算下来,光我和我的朋友,从他那里拿货就不下百万元（当时这个数目可不小）。这些下家主要是开店的古董商，还有使馆的、机关的、大学的，各色人等，各取所需，都不少买。

我认识他是个偶然，那天我骑车瞎逛，忽然看见一辆车正在卸货，我一眼就盯上了。他笑迎我进院，里面的货着实让我吃了一惊，几间屋子堆得满坑满谷。当即我就订了一只花梨木架几案。他见我不光参观还真买东西，来了精神，话也多起来。他有商人的素质，几分钟就可以拉近彼此的距离，他并不避讳进货来源，知道这种进货方式就算你知道了也学不来。由此我才知道货还能到南方采购。

他的货是好坏搭配而来，路份高的，真让人咋舌，记得曾见过一套16扇2米6高的红木屏风，典型的苏作木器，高浮雕的戏出人物，真是美轮美奂，在那时一只清末的红木"裙裤"写字台才几千块钱时，这套屏风开价就到了16万（一扇一万）。当时苏作家具的中心苏州，已经出现了仿制家具的作坊，出的家具货真料实，仿的形制也地道，这种新家具他也要，混在老家具里，懂行的不买，刚玩的却都喜欢，货走得也不慢。

这一时期，良子完成了他的原始积累，接着在今天沿林萃路一线买了不少套楼房。不久老丈人的院子拆迁了，他开始开店。在北京某古玩城，他盘下了面积很大的一个店，还接着弄家具。这时的他，出来进去就已经不是过去上海"小开"的模样，开始皮衣皮帽、宝马奥迪了。下家也从我这一流的爱好者变成了社会名流、业界精英。他曾当面调侃我们几个过去的买主，说我们都是穷鬼。

而这时的老家具，也已经枯竭得不像过去能够成集装箱地购买，而是要一件一件地进货。从别人手里接货，他出手大方，动辄几十万一件，敢进货也敢压货，待价而沽。有时也买瞎，但敢输敢赢，一副草莽枭雄的豪横气质。近年他还到国外进货，见着精品，不惜几个人合股接货，有时一

圈子

件东西出价就达数百万。

他没多少文化,充其量就是个初中生。但悟性好,杀伐决断,有独到之处,可谓此道上的先知先觉者。他也钻了古董收藏"蛮荒"期原罪不究的空子,比如他还曾倒腾过田野文物,院子里堆满不知从哪来的各种大型石雕,有的非常精美,一眨眼东西就被买走了。我们这些住楼房的人反正没地方搁这种东西,买家一定是有来历有实力才能拿得动、摆得开。

总之,良子是个符号式的人物,在他身上,能看到"文化大革命"以后,古董市场从"宇宙洪荒"到"收藏觉醒",再到勃兴发展的轨迹。类似这样的人,在北京绝不止他一个,这群人虽然差不多与我同龄,但却被我视为"先哲"。

最各色的人

有人问,京城古董商有啥特点?我说不清,但有一点恐怕只要是圈子里的人,都会有共识,那就是起眼的和不起眼的,正常的和奇怪的,"琳琅满目""美不胜收"。在这座文化古城和古董名城里,古董商是各种社会人群中最各色的一帮人,你不能拿普通意义上的"商人"感觉来想象和界定,他们的外表和行为方式是五花八门。

下面我说的这两位朋友,你来看看——

一位朋友,经常能在京城各个早市遇上他,他摆摊儿。

一看他的摊儿,你就没啥胃口。铺块破布,上面有几个铜钱,几块瓷片碗底儿,几张地契,外加几根硬木散料。

有时搭讪问一句:"哥们儿开张没有?"他总是自得地说:"开张,不开张干吗来呀。"可我心里嘀咕:就算开张,你能挣上"嚼裹儿"吗?我知道他没职业,医保都没有,一辈子了,就这么混过来的。北京底层有不少这种人。

把人形容得那么惨,下面你到底想说什么呢?

我想说,就这人,是绝不能小看的古董专家。大本钱没有,却有大眼力。别说别的,就冲他的"侃"劲儿,你就不能不服。我曾见有人问起他那两块碗底儿,他立时就像上满弦的铁皮蛤蟆,指手画脚,从碗底的"兔

圈子

款"说开去,完了说"叶款",完了说"记款""堂款",从明朝天启一直说到20世纪60年代,从拉坯、支钉说到圈足里的"奶头"。最后那块碗底儿让人家30块钱买走了,他那"蛤蟆弦"也放完没劲儿了。要强调的是,他的"侃"劲儿绝不是背书,他能讲出特征,用自己的语言。

一次我看他摊儿上冒出一只老漆皮的长条盒子,里面孤零零躺着一根文明棍,就问多少钱。他开口二万八千块!我戏谑地摸摸他前额说:"你是不是病了?"他一拨浪脑袋说:"我不跟你打镲,有这价。"接着他从文明棍的起源,说到欧洲贵族时尚穿戴"三大件",又指着棍的银头上镌的"家徽"说:"瞧,和这盒盖上压印的徽一样,这是典型的英国货,原装原套。别瞧不是硬木的,人家外国人不讲究硬木。英国人当年能夹着文明棍到中国来,最晚也得是清末的事,以后这东西在欧洲就不时兴了,也不可能在中国成批生产。"说着仍意犹未尽,进一步补充:"尤其法国男人,一天也离不了手杖,法国大革命以后,所有人不准再佩剑,这下崴了,手里空着多难受,就改拿手杖了,一直到(20世纪)20年代,手杖在法国还风靡呢。"接着又说:"这可不是民国时中国人充大尾巴狼拄的文明棍,人家的棍是圆头的和平头的,咱那是'伞把儿'带拐弯儿的,整个两码事。"

我被他侃得都晕了,虽然听着似乎前后矛盾,不很服气,但绝对无力反驳,于是又仔细看了看那根棍,说了句:"得!长学问。"然后躲了。

还一位,算不得朋友,有时候见我还瞧不起地来一句:"黄老师,呵呵……"那意思还指不定谁是谁的老师呢。他的邋遢是圈子里闻名的,打皱的破中山装上衣口袋里永远装着一块金怀表,金表链在胸前晃荡。衣服前襟上总是锃亮泛白,说不清是饭嘎粑还是鼻涕嘎粑,这一行里的人嘴都损,于是他有了个雅号:刘大鼻涕。别看他外形很"底层",可没人敢瞧不起他,我更是恭谨有加,因为我刚玩时,他就已经是师傅级的了。他专门摆摊儿，报国寺每周都去，摊儿上什么都有，从饭票、小人书、《语录》，到瓷器、木器、玉器、老衣裳、老缎绸、老皮货，只有你想不到的，没有他整不来的，当然破烂居多，但偶然冒出一两件要命的东西，就让你心能惶惶半个月。我说过曾有几件至今懊悔的事，其中一件就和他有关，就是那只六方的老红木香几，应该说他给我留着面子，要价才18000，缺失的几个配件都可以在香几身上找到比照（比如缺一条束腰，但身上还有几条束腰可以用来做样子，以供制配），很便于修理。可惜我没带够钱。当时我跟他商量，我先交500定钱，能当天借到我立马补齐，如果当天借不到，香几我先不拿，或到他家或下礼拜我再拿，当时我那下作劲儿近乎哀求。但他一听说我没钱，冷笑一声说："黄老师，咱没这交情，再说你不要，你看着，5分钟之内有没有人要。"那不用说，还没等我闭嘴，东西已经让人交钱拿走了。这刘大鼻涕后来我才知道，三代喝街打鼓，京城最傲气的玩家都让他三分，因为他比谁见过的东西都多。前年我曾问他："老刘，东西越来越难买，这市场是不是有一天就得断货啊？"他瞥我一眼，对我的问题很不屑，说："您甭操那八辈子的闲心，断货？玩破烂（他有个口头禅，管什么都叫破烂）没有断货的时候，没有明的玩清的，没有民国玩'文革'，'毛瓷'你有吗？我有个小碗，你给8万就给你，还有个筷子架，8000，不高吧？切！断货……"

以上两位，您敢说他们不算京城古董商？

圈子 ▸

京城一帮"吃纸的"

在京城的收藏圈里,有这样一个看上去很奇怪的人群。他们不收古董,只收纸。人们送他们一个不很"雅"的称谓,叫作"吃纸的",他们自己似乎也并不认为这称谓有多难听,索性顺水推舟,若有人问:"你收什么?"回答是:"我吃纸。"

那么,什么叫"吃纸"呢?简单说,就是搜求有收藏价值的纸制品,这包括印刷的纸和手写的纸。但是这"纸"的外延究竟涵盖到哪儿,恐怕连他们自己也说不清楚。

不过说包括以下几大类,大概他们是会首肯的:第一,名人手稿;第二,珍善本图书;第三,字画;第四,有纪念意义的票证、照片;第五,其他他们认为有意思的纸头。

需要说明的是,这些人的"吃纸",不是逛琉璃厂的古书铺,也不是进书画专场拍卖会,更不是收藏家之间名帖名画的相互价让,而是探访破烂市、刨挖故纸堆,寻珠拭垢,沙里淘金。

绝对不能小看这些人"吃纸"的能力,他们对纸的敏感,对纸的识别,对纸的价值估量,一点也不比收藏家差。收藏家所过目的都是几经"淘洗""过筛过箩"的货色,那一定是精而又精或假可乱真的东西,而这些"吃纸的"过手之物,则是掩埋在废品中的精品。他们什么都可能碰到，因此对什么都要有鉴别的能力，稍有不慎，一旦漏掉，这东西就将被送进造纸厂，永远从世上消失。

同时，绝对不能小看"吃纸"的成绩。从他们手中淘出的宝贝能让人心惊肉跳，瞠目结舌。毫不夸张地说，出诸烂纸堆经他们发现的古代和现当代名人手迹能以"成百上千"形容；够得上博物馆收藏级别的书画、大型图书馆查不到的书籍资料层出不穷；一块纸片动辄以千以万论价，对行里人来说已经不是什么有刺激性的传闻。

那么，这些出宝贝的"宝山"都在哪儿呢？二十多年前，它们离城区很近，海淀、朝阳两区最集中，海淀区大部分集中在北京林业大学往西、清华大学往北的"前后八家"和北京科技大学往东的二里庄及河沟的两岸，朝阳区则集中在靠德清公路（今京藏高速）不远的"龙王堂""洼里"等处。这些村子把土地出租给河北、河南等地来京收废纸的农民企业家，这些人则向各地来京以收废品为生的三轮"板车族"收购废纸，再转运到外地的大小造纸厂去做原料。就是这些蹬三轮收废品、无孔不入的"板车族"，每天从党中央、国务院各大机关、驻京的部队大院、报社、出版社、各种文化团体、大专院校，到九城平头百姓的大杂院，通过各种渠道收购废纸，再运到上述这些地方集散。如果每天下午你到这些地方去，就会发现，有一群衣着邋遢但目光锐利的人上下于如山的纸垛之间，翻腾着成捆成摞的故纸，他们就是"吃纸的"。他们严密注意着纸的颜色、款式，公文用纸的抬头，尤其那些从大机关及档案馆处理出来的公文袋和卷宗袋、老式样的笔记本、废旧信封和信瓤……这些"吃纸的"当然不是学者，但是他们称得上杂家，他们脑子里有一本古今中外的人名簿，但凡各领域有点名气的今人和古人，他们都略知一二，对书画款识、解放区票证、有价值的邮品等都有特殊的"嗅觉"。因此只要进入他们视线的好东西，都不会被轻易放过。

圈子

那些年，我偶尔也"混迹"于这些"吃纸的"中间，学着他们去废纸垛上刨挖几下，不料次次都有收获，而且有几次的经历让我至今难忘。有一次在二里庄附近一个叫"鸭场"的地方，在一个河南人开的废品收购站，我忽然在纸垛里发现一个黑色画轴，再挖，发现竟是一幅残破的老画插在纸垛深处，把画刨出来打开一看，我立刻又卷起来，不动声色地找到老板，11块钱买下了这幅画（给10块老板不卖，又给他加了一块，于是成交）。原来这是一幅南明权臣马士英的花卉。马士英，万历进士，明亡，拥朱由崧建南明朝廷，排挤史可法抗清，与左良玉争权，竟至南明倾覆。他虽为奸臣，却有画名，此画据款识知为崇贞癸酉（崇祯六年，1633年）所作。他的画流于世间，藏者爱其画却恶其名，据说往往改款为"马玉英"或"冯玉英"。此画幅为二尺，画芯基本无损，信为罕物。

又有一次，在后八家一个收购站，正赶上一辆三轮在卸车，老板过完磅正往纸垛上扔，似乎是一种本能使我扑向一捆精装外文书，打开绳子，中间夹着的竟是一套字帖。字帖品相极佳，打开一看，就是一喜，这是赫赫有名的清永瑆的《诒晋斋帖》。永瑆，乾隆第十一子，封成亲王。自幼工书法，因其得西晋陆机《平复帖》，故将其斋号为"诒晋斋"。嘉庆朝钦命刊刻其字为帖，"行诸海内"。从这套帖的印迹爽洁、装裱精致看，极可能就是那时的原版。这次我几乎是以废纸价把帖买到了手。

最让我不能忘怀的是有一次在朝阳区的龙王堂。一位收购站的老板极神密地把我叫进他住的房子，说："这东西你要吗？"我从他手里接过一个档案袋，打开的瞬间就是一惊，接着心脏一阵狂跳。袋里装的竟是一部吴玉章的手稿和一批革命家为吴老庆寿的贺诗贺词，作者有邓小平、刘伯承、郭沫若、廖沫沙，以及这一"级别"的、我现在已经记不清的十多人。诗词完全是手稿，用纸款式和大小不等，字迹清淅，时间大致为抗战期间。我手心出汗，开口给了30元。这位老板一脸的冷笑，说："300

古董圈

一个京城玩主的收藏笔记

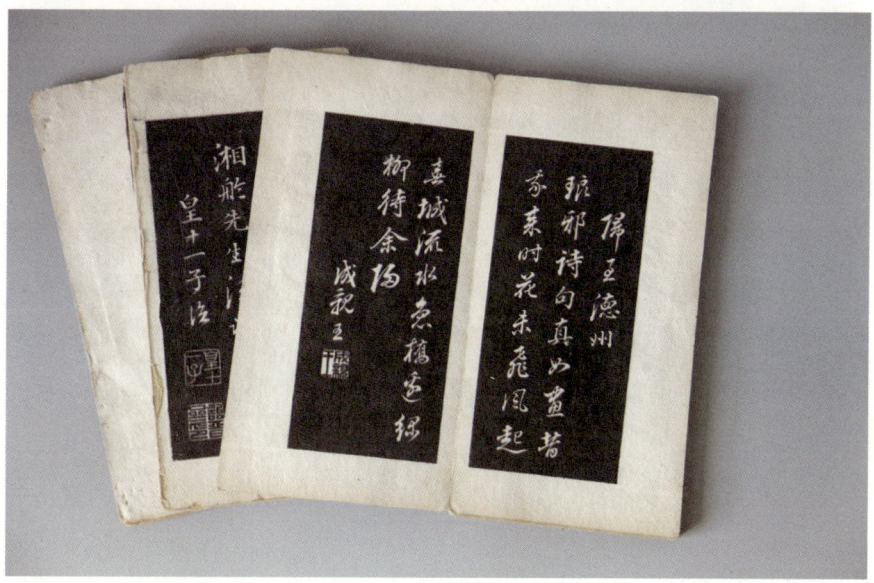

↑ 10cm×10cm民国版的"洋装"《四书》，袖珍精致。革面，封面文字及三面书口均烫金，分上下册。是典型的现代"巾箱本"。

↓ 成亲王的《诒晋斋帖》

你也拿不走,有人已经给了一万了。"我心里一凉,意识到不知是哪个傻瓜沉不住气,一张口给得太多了,引起了老板的警觉,一旦他们知道东西值钱了,就只有硬拼、多出血才能拿到。平心而论,这种极具文物价值的东西就算老板要价没"谎",一万块钱也并不算贵,但在当时的破纸堆里这就可谓天价了,工薪阶层的我当时自然无力企及,后来听说被人以五千元买走,自此便不知下落了。我真后悔当时就算买不起,也应把内容大致抄记下来,可惜当时只想如何与老板斗智买东西,紧张之中把这一念头给忽略了。

当然,我除了偶然到纸垛上"客串"一把外,主要还是与"吃纸的"打交道。回想这些年,我买到的,或亲见而未买成的,就有如臧克家、叶群健、邵燕祥、李希凡、高占祥、唐达成、韶华、张抗抗等现当代名人的手迹,有赵朴初的中堂,刘继卣的兔子,沙千里的长联,有舒同、赖少其、李铎、苏适等人酬酢赠友的作品。

那么"吃纸的"把淘换来的东西往哪儿送呢?自然是分类整理,货卖识家。北京收藏圈子里专门有一批"玩纸"的,他们不惜巨资,收购这些有价值的纸。我就知道有一位"包工头",把挣下的钱几乎都花在了收购名人书札手稿上,据说他那里收藏着花数百万元买来的"纸"。

我实在打心眼儿里尊敬和感谢这些"吃纸的",是他们把愚昧者或粗心者"弄丢"的东西又找回来,减少了文化资产的流失与毁坏。

"做局",经常发生的事

"做局",是古玩行里经常发生的事。所谓"局",地球人都知道,就是设套蒙人。

我曾参与过一个"局",当了回托儿。

一个店老板,有个大款朋友,老板想让大款买他一只红木圆桌。平心论,那桌子不错,首先是老的,年份有争议,有的说够清中期,有的说是建国之初的东西。苏作,配着4只凳子。而从桌面那块"百花不露地"的瓷板看,我觉得至少够得上清末。

那是15年前,老板的心理价是80万,那大款有心要,但嫌贵,只给55万。55万按说价钱给得已经不错了,因为桌子不大,总直径也就80厘米。但老板逮住蛤蟆攥尿,非绷着不卖。

那天我没事,正好逛到他店里,他一脸诚恳,说黄老师您得帮我个忙,托我一把。他把来龙去脉一说,告诉我那大款马上就来:"您别的甭干,就当着他的面问两回那桌子的价钱,拿出个'研究'(想买)的架势。"

一会儿果然大款驾到。托儿我没做过,但拿出个想买的架势问价还能胜任,而且那桌子也确实让我动心。进入聊天后,我问了几口价钱,和老板、大款一起评论了桌子优劣,我不能说桌子好,那显着没有买的意愿,只是不断挑毛病。大款不是生手,看着我的"表现",他有点晃悠,显出一丝有了竞争对手的急切。

几天后,那老板电话邀我吃饭,告诉我桌子"走了",72万成的交,说还是觉得卖低了。

我还参加过一次"做局",也是一次心理战,我虽然做了,但并不觉得亏心。那也是一位开店的朋友,我们叫他老庆。那天他给我打电话,事儿是这样:老庆卖了一张清中期的红木架子床,当时卖了45万,这床在他店里我见过,东西不错,买主大杨我也熟。结果东西搬走了,钱也到位了,大杨再细看,发现架子床后身的一块栏杆是后配的,他不干了,说老庆不局气,说好的是"全套原来当",结果出了"配活"。大杨"将"老庆:"你看怎么办吧?"如果按行里的规矩,是大杨有点不局气,不管有没有配料,你验好货,都搬回家了,再找后账就没意思了,谁让你眼不全,没照到呢。但俩人太熟了,大杨想耍赖,老庆也没办法,也怪自己把话说得太满,不好回头。于是就想到了我。我问:"你想让我干吗吧?"老庆说,您给大杨打个电话,就说:"听说你对那床不满意,你要不想要,匀我得了。"我立刻说:"你别给我码瞎棋,他要说真给我,我怎么办,我可没钱要那床。"老庆乐了,说:"您真想要他也得给呀?他不是想退那床,是想让我找他俩钱,您听明白了吗——他要我退他5万。您要能给我托一把,不就省点吗?"我笑了说:"你干吗非找我呀?"老庆说:"您是老师啊,您的话他信。"于是我又当了回托儿,假惺惺打了个电话,还真的给老庆省了5万。实话说,那床如果我有地方有钱,我并不在乎那块配活,那张床几乎是"一汪水"的货。

其实,平常的古董买卖活动中,真正"做局"骗人的情况并不太多,最多就是个心理战,如那桌子,价钱上多挣点,促使买主快下决心,再有就是几个人一起哄,让某件东西引起买主的关注,等等。真正像电视剧里刨坑埋新铜器骗人的故事，不能说是瞎编，也是百年不遇。你想，平时一起玩的朋友，哪有"做局"互相坑的，再说也没人会轻易上当。给外人"挽套儿"，一般的朋友又达不成那种"默契"（那叫合伙诈骗，性质就变了）。二十多年里，做得太过分的"局"，反正我没遇见过。

圈子

合伙生意

　　古董生意通常是独来独往,单独进货,也单独走货。一注生意除买卖双方,不相干的人很难知道内情。
　　而凡有人的地方,就会有合作。古玩行也不例外。独来独往是通例,特例也有,但概率很低,且基本都发生在好友之间。
　　二十几年前,合伙的情况通常发生在到外地抓货。能搭伙外出的,当然是志同道合的哥们儿,玩的也是一路东西,彼此眼力相近或能互补。到了外地,尤其到了农村,抓货是件危险事。要处事果断,看货精准,掏钱利索,拿了就走。不然起了纠纷,就干等着吃亏。我就遇到过半路出岔子的事:在太原郊区一个村里,看到一只鳝鱼黄的大碗,尺寸有30厘米,个儿大得出奇,发色也正,那根本不是吃饭的家什,碗口略收,从器型看,像炉又像钵,有点辽金的味道。当时这农民半懂不懂,就看着个儿大,要价8000块。我没犹豫,交钱就抄东西,结果他看出似乎价要低了,随即反悔,我不答应,结果他把当地警察叫来了,争吵一回,自然是地头蛇厉害,我气得不行,但还是放弃了。所以当年去外地抓货犹如探险,出去一般要几个人同行。这有几个好处,一是人多能壮胆;二是各带各的钱,安全;三是能提高研究决断的能力,遇事也好有个商量照应。这种合伙出门,不能搞单打独斗,要事先说好,遇上东西,各出一股,谁也别"鸡贼",风险共担,利益均沾。并说好,将来谁的下家,出了手,多提两成。也是在山西,看到一只苏作的红木罗汉床,一等品相,床围子老埋石,灵芝头搭手,屉是三拼的大板。砍到16万。我们4个人一人4万。用农民的拖拉机拉到太原,再装卡车运回北京,运费2000,一人500。回来后这床卖了30万,一人挣了3万。

今天这种"探险"已经没有了,因为农村的东西基本都被买光了,现在的农民都开始来北京"探险"了。但近年去国外淘货,仍有合伙拿货的。前两年就有一堆朋友专门组团到日本,日本同行拿出一只剔犀的小案,够明代早期,漆皮完好。开价合400万人民币,应该算个大漏儿。当时也是8个人合着拿下。最后卖了多少不知道,但这件事在圈子里嚷嚷了很久。

其实合伙做古董生意,并非今天才有,老年间比今天普遍。旧时古玩行比今天祥和牢靠,彼此之间信任度也高,讲究个义字。那时的合伙,多是一件好东西价钱太高,一个人拿不动,就约几个同道朋友合着拿,出手后再分账。今天这种事情少多了,因为东西太难找,好歹看到件东西都想着独占,遇上拿不动的时候,宁可向外人高息借钱,也不愿合伙。

古玩行还有个不成文的规矩,就是在城里一块逛时彼此不相互借钱。某人看上件东西,钱没带够,只能说命不该得,不能说向一块逛的人借了钱吃独的。我就曾经在摊儿上看到一套老字帖,一共四函,要价18000块,当时没带那么多钱,想找一块来的老方借,这小子毫不客气,就是不借。他也看上了这套字帖,说:"咱们一块拿,算我加磅,出了手我拿三成就行。"东西不拿,转瞬即失,我只能订城下之盟。这也是一种合伙。

圈子

就不卖给你

15年前,我和朋友老牛在一个外地农民家里看见两只豆青大缸,其中一只腹径60厘米左右,敛口,沙底,下半身呈锥形,浑身布满浮雕突起的八宝云纹,除了缸底有一道不长的断纹,其他没毛病。应该是乾隆往上的东西。从器型看,这与其说是缸,倒不如说是只巨形的"尊",要价15000元。另一只缸,口沿55厘米,个儿不小,但绕着身子有小半圈冲裂,要价8000元。是典型的清中期卷缸。

最后老牛要了那只贵的,我拿了那只便宜的。因为是他带我去的,所以得先尽着他挑。

两年后,我不知道为什么总惦记老牛那只缸,想要匀过来。商量了几次,这小子就是不吐口,他总说:"不能匀你,你给不上价去,你让我卖个好价钱,别捣乱。"我说:"你怎么知道我给不上价去,你没开价,我知道你要多少?"最后逼得他没办法,说:"我不说价,你给吧,我看着合适,你就拿走。"于是我从3万起,一直给到8万、9万。他仍说"差得远",最后我给到了15万。

我知道如果从东西看,这价钱确实差得远,但我没法再往上给了,谁知他心理价位是多少,给冒了犯不上。

不料没多久这小子竟把这缸15万元卖给了老董。我大骂他不局气,他说:"谁让你不再往上添点呢?"

老牛跟我太熟了,在一起玩了很多年,他比我岁数大,就像我的半个师傅。有时他抓了东西,我经常仨瓜俩枣匀过来,当然也得让他赚点。时间长了,他不匀我东西了,因为卖给别人赚得更多。我有时候犯这毛病——买东西时,往往起价太低,一开口就惹得卖家不高兴。他看在眼时,就形成印象,觉得我这人花不起大价钱。这也难怪,工薪阶层,玩古董本来就侈奢,再不勒着点,胡买,还吃不吃饭了。

我讲这件事,是想说,在古董买卖中,因为很多生意都是在朋友之间做,你买我的,我买他的,彼此对对方的"手面"都了解,知道谁有钱,谁不吝,东西就都爱卖给谁。相反,你要是手面紧,或者"鸡贼",人家就不爱跟你做买卖。那缸就是个例子,同样都出了15万,还是我先开的价,但老董给到15万不给了,他也宁肯卖给他,这是他觉得这东西的价钱大概到头了。卖给他一可以混个人缘,将来再卖东西时,老董能让一步;二是我给15万,他再回头卖给我,要让我知道了老董也给15万(老董跟我也很熟),我也不高兴——人家给不上价了再回头找我,这买卖做得勉强,不会落好儿。

古董圈里,这样的事很多,不少人做买卖分人,跟你做,要得就低,跟他做要得就高,时间长了彼此知底,谁是什么脾性,谁对什么有兴趣,都是一对一地斗智。因为一件古董,本来就没有固定的价钱,卖家有随意性,买家也有随意性。当然在圈里"转悠"的货,给我和给他相差也不会太悬殊,因为有市场行市和对货的感觉管着,大方的也多给不了多少,小气的也少给不了多少,大致有个平衡价。但如果是不错的东西,"差一点"也能差出不少,就如那只缸,如果老牛跟我说"老董也给15万了,你还得添",那没准我还能多给他添个两万三万的。

行市

生意

规矩

圈子

物件

糗事

笑谈

盘道

物件

瓷器为什么大都成对儿

中国的老瓷器，尤其到清代以后，很多品种生产时都成对儿，最常见的如掸瓶、将军罐、粥罐、壮罐、冬瓜罐，甚至花盆、扎斗等。当然由于年代久远，很多当年成对儿的瓷器，只剩了单只，鸳鸯失偶，让人遗憾。所以古董店的瓷器，如果单只卖10000元，成对儿的价钱就不是乘以二，要你30000元也不新鲜。

那么，为什么瓷器要成对儿生产呢，深刻的原因我说不准，但概括起来，跑不出传统文化和哲学影响。

中国的文化讲究中庸，中庸最平和，而成对儿最不偏不倚，给人以稳定感。有人说"三"最稳定，比如三个人是最稳定的结构，但事有两说，三个和尚也容易没水吃，两个和尚却可能一人吃半桶。

再有，成对儿是种呼应关系，成犄角之势，看着安全、完整，四平八稳。

第三，旧时不少瓷器是作为陪嫁从女家带来，新婚之物，自然要成双成对儿，单只招人忌讳。

第四，和居家陈设有关。旧时讲究堂屋必有条案，案上必有左右对称的瓷器等物件；里外屋之间隔断用的"栏杆罩"两侧必有一对方形茶几，各摆一只天球瓶之类观赏瓷器。若是单只，怎么个摆法？

古董圈
一个京城玩主的收藏笔记

↑一对清末矾红渣斗。中国的瓷器尤其清代以来,大多成对儿。
↓一对民国粉彩小碗

物件

↑一对清同治茶叶罐
↓一对民国景泰蓝瓶

第五，中国传统文化很重视主位的重要性。比如条案两侧的瓷器等成对儿的摆件，必定"拱卫"着最中间的一件重要摆设，如一架大插屏、一架玉山子、一尊佛等等；里间屋靠山墙摆一只条桌，两侧是两盆带罩的玻璃花，中间"守护"着一座西洋座钟，如此等等。就像京剧里面的龙套，无论是兵卒还是婢女，一字排开，必须两两对称，中间才是主角。《空城记》里诸葛亮坐城楼，就是一边站着一个小童。没有"对儿"，就显不出"主"。

中国的老物件，不仅瓷器，很多品种都成对儿，或是双数。比如椅子——太师椅、圈椅、屏背椅、官帽椅，无一不是成双成对。我曾有一只非常漂亮的单只太师椅，红木广作，放在写字台后面，宽大稳重，靠背是一只寿桃框镶着山水理石，往书房一摆，赏心悦目。有一天一个朋友串门，把我好损一顿，说我没文化，单只不伦不类，怎么能放书房呢？我一晕，很便宜给了他，事后后悔不及。

究竟为什么成对儿，道理肯定远不止这些，也肯定远不是这么浅表，或待方家赐教。

物件

附件之美

我一次在吕家营的地摊儿上发现一个捆着的编织袋,打开一看,是一堆散乱的老玻璃罩子的硬木边框,当然玻璃已经没有了,另外还有几个罩子的底托。眼一搭,我本能地觉得有用,就买下了,很便宜。

回家把这堆木棍整理出来,幸好基本不缺,找了几块2厘玻璃裁了裁(这些老边框的卡槽当年用的都是2厘玻璃,市面上没有,我是从单位仓库里的老文件柜上拆下来的),就攒出三只玻璃罩。它们"老态龙钟",把一尊金箔斑驳的老药师佛放进其中一只,把一只战国青铜舟放进另一只,内外映衬,其气象之美实在是难以语言形容。

这玻璃罩,就是附件。

附件还包括底托、盘架、璧架、镜框、箱盒、扇套等等。即附属于一件古董的陈列、美化、存贮用具。

历史题材电视剧中经常有客厅摆放瓷器的,但粗心或没有专业知识的导演大都忽略了这些瓷器都应该有一个底托,这底托不是可有可无,而是必须有。从审美的角度讲,有了底托,这件瓷器会顿时生色,如果没有,不太恰当地讲,就像人没穿裤子,怎么看怎么羞得慌。今天有些朋友的多宝格里,瓷器路份不错,可惜大都没有底托,这就欠讲究。当然今天瓷器没有底托有它的无奈,因为"原来当"的底托大都丢失了,今天又不

古董圈
一个京城玩主的收藏笔记

玻璃罩子足够老,罩里是一尊金箔斑驳的立佛,再把它们放到一只老红木高装茶几上,然后置于书房一角,里外上下呼应,有种让"历史"伴你读书的意境。

物件 ▶

又一只老红木罩子,里面是一只战国的青铜舟。

好配。但最不好配的还不是各种直径的圆底瓷器托，而是那些三条腿的炉托。因为炉托有三个足窝，炉足对不准就不是原装。王世襄先生前些年曾搞过一场拍卖，其中有不少铜炉精品，过后他遗憾地说，那些香炉过去都有托，后来都失散了。

附件的作用不仅在于它陈列时的烘托功能，同时还能为古董的鉴定提供佐证。一件精美的老附件，也恰如一件古董，它能给自己的"主人"作证，它的制作工艺和风格可以为鉴定古董的年代提供很重要的参考。所以在市场上，如果一件瓷器或铜器，有一只老托，卖起来就能加价三成。一个半熟的朋友，曾于80年代把自己一只老紫檀画盒送给了故宫，盒盖上刻有此盒的原装画名（这里不便说画名，因为它的名头太大了）。据说故宫还颁发了捐赠证书。后来他后悔了，说："要是现在卖，有宫里那幅画镇着，得弄个好价钱。"故宫之所以为一只画盒给他颁发证书，极见那幅画装回多年离散的这只盒，该有多么安稳妥贴。

过去的古董市场上，曾经有很多硬木散料，夹杂在其中有不少老的硬木镜框，有的有背板，有的就是四根棍。那时手痒痒，出去逛不买点东西觉得走空，曾买过不少老镜框，今天再把它们找出来，粘一粘，加块玻璃，装一幅老画，不管画的名头怎样，挂在墙上就是一景。前些时我去一个朋友店里，看见墙上挂着个800厘米×1000厘米的老红木镜框，我问价，老板告诉要20000块，我没吃惊，却想起我仓库里还有一个差不多的镜框，当时买时才50块，这才几年呢，就涨成这样。

物件

柴木器具清洗一戒

老东西一买回家，第一件事就是清洗。不然心里膈应。

凡玩收藏的人，清洗刚买回的东西，是件乐事。一件瓷器，不定在杂院厨房里腻了多少年头，油烟恨不能把原色都糊得看不出来了。可当你沏点碱水一泡一洗，再看这件东西，鲜艳润泽，让人心里痛快。

我曾有过这种经历。多年前一个冬天，在一个从陕西向北京贩老木器的农民手里几十块钱买了一架小插屏，是当草花梨买的，那实在是脏得连木纹都看不见了，凭着手掂份量蒙着买。可到家一洗，那手感的温润、"鬼脸儿"的俏丽，一望而知是件黄花梨作品。

可是，清洗有清洗的规矩，不能乱来。不是什么东西拿过来都能上碱水上刷子。尤其是柴木器物。

柴木器物，除各具风格外，有个共同的工艺就是髹漆，年份老点的还讲究"披麻"。这些柴木器物经过长年使用揩抹，表面氧化结膜，多闪焕着特有的光泽，质感敦厚，观赏自有一趣。

然而比起硬木来，柴木器物最致命的弱点，也正是器物藉以增色的那层漆膜如保护不当，极易脱落。而一件古董木器如果一旦变得麻麻拉拉，谁还愿收。

因此应该注意的是，当你收到一件柴木器物，尤其那种多年搁置，被尘封油裹看不出本来面目的东西，在清洗时一定不可大意，千万不能用刷洗瓷器的作法，不能用浓度太高的碱水。在这方面我有沉痛教训。一次我买到一张榆木小炕桌，造型别致，虎头虎脑，且极便宜。兴奋之余，沏上热碱水，开始下手刷洗，正当我急不可待地用清水冲去污沫，想一览小桌"出浴"后的"芳容"时，眼前却是一幅惨不忍睹的景象：原先油泥下面大部分保存完好的漆皮全被刷掉，小桌像扒光了衣裳，白茬毕现，直把我悔得一夜无眠。

从那以后，我得出了经验：东西到手后，要沉住气，先不忙清洗，一定要先仔细观察，因为有些器物，使用时主人的爱惜程度不同，搁置的环境不同，所以要先设法搞清楚漆膜的完好程度和附着强度。一般来说，柴木器物因年代久远，漆皮往往变得酥脆，有的还会起一层烧伤似的疙瘩。有这两种情况，只要一上水，尤其一上碱水，表面就会变成粥样，使你一时辨不清是油泥还是脱落的老漆，就算是漆的附着力再强，也架不住碱水泡，刷子刷。

那么如何弄清漆皮的完好程度和附着强度呢？最好的办法是，在器物上找一处不显眼的地方，比如抽屉边上、腿的内侧，先用清水或最淡的碱性水轻轻洗出一小块观察，洗时能用清水绝不用碱水，能用淡绝不用浓。还要注意无论用什么水，洗后马上擦干，千万不能沤着。另外要注意清洗工具只可用布，不可用刷子，更不能用钢丝球之类。洗完一小块后，一般就会找到感觉，然后推而广之，要注意通常与外界暴露最直接的部位如桌面、柜门、盒盖等处最脆弱，最应该小心。再有，擦洗时一定不要心急，不要想快点弄利落了好快点欣赏，而是要把它当一件文物来侍弄。

有人总觉得东西弄干净彻底，在家摆着舒服，其实这是一种误区，想想哪件古董不是身世沉浮，社会动荡时身处污浊，太平兴盛时供诸高阁。因此先弄个大体干净，今后再慢慢收拾。再说居室的清洁须时时维护，如果人懒，新买的器具也会很快变脏，人如果爱干净，一件古董经常擦拭把玩，置于明窗粉壁、雅气清氛之间，又岂有脏的道理？

物件

动手的后果

一位朋友爱玩硬木家具，东西买回家，无一例外要上火碱清洗一遍。因为自己干过木匠活儿，所以又无一例外要把不平的地方用刨子刨刨，不光的地方用砂纸打打。有时还把家具腿上糟朽的部分锯掉一块，再找一块好料镶上，他说老家具不拾掇干净了心里别扭，得让它们见见"新茬儿"。

而等他把一件家具修整完毕，认为不"别扭"了，新的问题又来了，他开始报怨：这家具怎么打多少遍蜡也不透亮，明明是老红木的东西，怎么离远一看跟"铁糙"（铁力木的俗称）似的？

不用说，他犯了玩家的大忌——把老东西给"整旧如新"了。

古董各种门类中，最容易整旧如新的，当属竹木制品；而最容易引起人"拾掇"欲望的，当属家具。因为家具经过常年使用，又经过社会动荡，最容易表面风蚀、骨架变型、零件丢失。拿回家如果不修不整，根本无法使用，有的甚至连站都站不起来。

但是怎么修，却大有讲究。所谓修，我认为应该只限于粘和擦。

粘，就是用胶把要散架的东西粘牢。附带要说的是，有人主张沾老家具只能用鳔胶，我认为如果有鳔胶，又有内行的师傅，当然最好，但如果一时没有专门伺候老家具的人，那现在的乳胶也不是不能用，因为乳胶性平和，干湿之间膨胀系数不大，因此榫入卯中，无崩胀之虞。而乳胶最大的优点是见水即融，拆装随意，在没有遇到专业师傅之前，先把东西立起来玩着，将来一旦得遇高手再拆开按经典方法重装，也于东西无损。但切忌用"502"和环氧树脂之类的胶。这类胶会增加木质的脆性，容易损坏木料，尤其是环氧树脂，极易在卯眼中膨胀，造成崩裂。而最大的问题还在于这两种胶的不可逆性，一旦用上，便再也无法洗净还原。因此有人对这种不负责任的方法叱为"下绝户手"。按我的体会，粘是为了立，东西一立起来，就有了玩头，不然就是一捆"柴禾"，塞在床底下，东西再好也活不起来。东西立起来了，有了使用价值，就附上了"人气儿"，有了"灵性"，它的美会很快显现出来。

再说擦。家具一投入使用，当然就要擦拭。家具，尤其是硬木家具，是越使越润，越擦越亮。我有亲身体会：一件快散架的家具，在当院日晒雨淋多少年，买回家粘好了就使，也用不着老打蜡，只用抹布每天擦擦，不出半年，原来白生生的颜色就会变深，原来干沙沙的表面就会现出包浆来，再也看不到原来的模样。

再说我那位朋友，买家具必上火碱清洗，他就是个"棒槌"——凡老家具，因其年代久远，室内温度、湿度不断变化，四季粉尘循环吸附，使用者的长期揩抹，久而久之，家具的表面就会形成一层坚韧的包浆。这包浆实际上是粉尘中的矿物质或其他微量物质与家庭生活中必不会少的各种催化物经过长期化学反应生成的，使家具通体滑润，有种特殊光泽。这层包浆不是十年八载能够形成的，也不是轻易可以毁掉的，别看"文化大革命"中许多老家具被从四合院中抄走，有的堆在仓库，有的干脆就放在露天里，经过风风雨雨多少年。但是归还本主后，只要稍一打蜡养护，那层包浆就会很快出现。但话说回来，什么东西也架不住用火碱"搓澡"。有时想想，真是可惜——冬烘夏燠，春雨秋风，墨痕酒迹，粉渍脂斑，经几代主人无数遍擦抹而形成的这层凝结着历史风尘的包浆，就在倾刻间被无情地洗去,而要想再在短时间内"造"出这样一层包浆来,那可真要有"夺天地造化之功"才行。所以有人说,这件东西我可能一时分不清是紫檀还是老红木,但我宁可出高价冒风险当紫檀买,也不能为了辨别是红是紫而损坏了那层包浆——这实在是有见地的卓识。

老工业品的魅力

其实，玩收藏还真能从一个"杂"字中得到乐趣和知识，我的"杂"，因为"开蒙"在破烂市，就更是没边，除了传统的收藏品种外，我还喜欢老的工业品，当然大都是日用品。这些东西附着特定时代的工业印迹，反映特定时代人们的生活状况，比康熙瓷器更能亲近地勾起前辈人甚至我们这辈人衣食住行的有趣回忆。

我曾买过一只玻璃瓶，趴卧的姿势，粗胖，大口，口冲前，有铁皮圆盖。当拿到手里时，觉得眼熟，马上想起来，这不就是直到二十世纪五六十年代还能在城里小杂货铺见到的装糖块的瓶子吗？小时候常拿着一分钱钢蹦儿，踮着脚尖在小铺里买糖块，售货员叔叔就是从这种瓶子里伸手掏出一块包糖纸的水果糖，或者两块没糖纸的桔瓣糖递给你。

大约是20年前了，我曾买过一只二十世纪三四十年代美国产的小吸尘器。通体黑色，铜制的铭牌，铝制的吸尘头，带着两排毛刷，一只双层的布袋是装尘土的，胶皮的把手，橡胶已经有些老化，但仍能看出当年的精致。一通电，那布袋立刻被吸入的风鼓起，像只鼓肚的大青蛙。我惊叹当时的工艺水平竟如此之高，布袋上的钢箍那么严丝合缝，精巧俏皮。它全长不过30厘米，工作起来功率极大，声音却又那么柔和。今天看来，那简直就是一件工艺品。我一直收着它，但很多年不见了，放在仓库，不

物件

半导体收音机,是件日本货。里面是 6V 基层电池,看不到是几管机,现在还能收听节目。二十世纪四五十年代,日本的晶体管技术已经很发达,尤其是收音机的制造更是精巧。买到它之后我才知道,收音机原来还可以制成这样。

古董圈
一个京城玩主的收藏笔记

↑一架袖珍手摇缝纫机,只有20cm长,装上线仍能用。应该是二十世纪二三十年代的工业品。
↓一只二十世纪三十年代的电话机

物件

两件烟具。上图是西洋烟斗,斗为瓷质,画片儿很精美清晰,烟杆是一截桃木树枝,树皮完整。欧洲老烟具在中国很有人缘,一些年轻人近些年开始青睐烟斗,尤其是带"原皮"的作品更是抢手。下图是牛角烟膏盒,直径 5cm。

知它躲在哪个角落里。

多年里，我收的旧时的烟盒、打火机、洋酒壶；形状不一颜色各异的玻璃瓶；英国的火筷子（极精致）、法国的煤油炉、德国的望远镜、日本的电子管收音机……放在架子上，不用看老电影，就已经置身在上辈人生活的年代。

收藏，不仅是对文化的把玩，也是激发想象的触媒，一件东西放在手上或眼前，它的历史张力，能释放出幻化的影像，让你对你尚未出生的那个年代有一种飘渺却具象的认识，让你想到旧上海、旧天津、旧香港，想到旧纽约、旧巴黎、旧伦敦。浮想那只镀金烟盒或许曾放在老北大红楼的讲台上，他的主人或许恰巧是胡适、周作人、沈尹默，抑或钱玄同、马裕藻、刘半农（我没考证他们谁吸烟谁不吸）。而那台40年代出品的日本收音机，也说不定曾播送过日本天皇宣读投降诏书的消息。

杂而后博，学理之常；藏鉴之妙，存乎一心。

物件

两张饭票的信息

一次在天津沈阳道，我见没什么可看的，就跑到一溜儿卖"纸片"的摊儿前挨个翻腾。在一个纸夹子里，发现了两张饭票，花了个"傻数"250块钱买了下来。

我向来对买"纸"很吝啬，不是为写东西逼急了，我不花大价钱买"纸"。这次正赶上朋友约写有关50年代的掌故，才下了"本儿"。

这是两张有电话磁卡一半大小的纸片，用的就是当年包茶叶、糖块的粉绿包装纸印制。之所以吸引我，是因为它沾着名人气息。

这是1954年诗人萧三在北京饭店用的饭票。这位诗人，人们大都不知道他有什么作品，但他与毛泽东是同学，娶了个苏联夫人，却在我们这代人里几乎尽人皆知。这两张饭票上签着萧三的名字，分别是3月3日晚餐，注明为"中灶"，3月16日午餐，注明为"小灶"。饭票注明："客人家属及客饭均须由客人本人签字或盖章"及"年老或患病者可将饭取至房内食用"。按说如萧三这样的大诗人，应该吃小灶不成问题，而为什么他中餐是小灶，晚餐却是中灶，却不得而知。

这两张饭票，一是沾着名人的"仙气"，更重要的，它们是当时特有的分配制度的见证品。这种分配制度，就是今天年轻人很陌生的供给制。

这种分配制度，远在第一次国内革命战争时期就在共产党的军队中发

古董圈
一个京城玩主的收藏笔记

两张北京饭店的饭票，应该是萧三签字过手的东西，但没觉得上面沾着"诗"气。

243

韧。红军初创时曾一度沿用旧军队的薪饷制，后由于斗争艰苦，经济匮乏，开始实行供给制，一切根据情况需要供给，每人每月有极少的津贴。黄克诚大将在他的回忆录里写到："我到井冈山后，毛主席提出军队不能发饷了，要搞供给制。我当时想：这个办法行得通吗？"恰恰正是这种军事共产主义制度，由于干部律己，官兵平等，一直有效实行，并沿用到新中国成立。

其实，这种战争年代遗留下来的分配制度，到了1954年，已经快走到尽头了，新中国的工资制从1955年开始实行，1956年全面铺开，正式取消了供给制，但在此之前，共产党的军政干部都还沿用这种制度，并且不分职务高低。有个很有意思的故事，陈毅任上海市长时，一次在工商界人士的聚会上演讲，讲台上摆放着名贵的鲜花和精美的茶具。陈毅走上台来，开口就说："我这个人讲话容易激动，激动起来容易手舞足蹈，讲台上的这些东西，要是被碰坏，我这个供给制的市长，实在赔偿不起，所以我请求会议主持人，还是先把这些东西'精兵简政'撤下去吧。"

端详这两张饭票，有些怅然，也有些感动，这种心情是收到别的藏品所没有的。今天说发扬革命传统，许多人会说你矫情，甚至会摸摸你的额头问："你病了？"但那时的市长，那时的大小干部，包括那些文化名人，拿着这种饭票去就餐的情景，你不觉得温暖吗？

留神"改活"

"改活",是一句行话。是说这物件并非原来的模样,是后来修改过的东西。这种修改,并非一般的修理,而是如旧时裁缝,把破大褂改成夹袄,把旧长裤改成裤衩,或更甚一层,只用原来的料子,拼拼接接,改得面目全非。

这种"改活",最典型的,是木器。

我曾在一位中学教师家买过一只56厘米×56厘米的红木小桌,当时几乎快要散架了,但很便宜。我一看不缺件,就拿了。回家一看,见桌面的每条大边都被整齐钻出一排直径半厘米的孔洞,这些孔洞从桌面看,被面板挡着显不出来。我疑惑了一下,这些窟窿是干吗的呢?但立刻明白了,这桌子是用一只禅凳改的。旧时庙里和尚打坐,就盘腿坐在这种比一般方凳大出15厘米的禅凳上,因打坐时间较长,不少禅凳是用藤皮绷面,这些窟窿,就是绷藤皮用的。

我上下打量这件"改活",它用不着太多的巧思,只把凳子拆散,把那四根45厘米的短腿换成80厘米的长腿就行了,当然榫卯要严整,作为木匠,这没什么难的。腿一长,一只凳子就变成了一张小桌,连原来的花牙子都用上了。做这种修改,凭心讲,不是为骗人,而是为实用,无可厚非。

物件

↑观赏石，配了一只老紫檀石托。说实话石头我并不觉得漂亮，只因有那老托，才买了。
↓这是对儿"改活"，原是两扇柜门，改成了一对挂件，尺寸 100cm×35cm，挂在卧室床头看着很养眼。图片太小，难以传达其间的精致。

除此，我还有"改活"的活例。我有一只柴木鼓桌，买了很久了，在家具图谱中怎么也找不到它的身影。而有一天，我却发现书上的一只火盆架子，几乎和这鼓桌一模一样，只是没有桌面，我一下明白了：火盆正好卧在桌面的位置，悬空散热，便于坐着取暖。

这个改动更简单，只给圆桌加上块圆形板芯就完成了。只是为这只"桌子"木匠用了点心思，在桌面底下拉了两条木带，用榫卯连在桌框上。这样不光做工讲究，而且承重能力加强。我在上面放了块石头山子，足有十多公斤，几年下来，桌子一点没有变形。

在老山古董市场还在小胡同里的时代，我在那儿买了两扇挂屏，做工很精美，花梨的板芯，嵌着黄杨木和骨头拼成的花鸟竹蝶，起线流畅规整，楸木屏框。记得花了1800块钱。挂屏通常是四扇，为什么这里只有两扇呢？买的当时，我就看出是"改活"，那不是专做的挂屏，而是由两扇柜门改成。清季民国江浙一带流行这种镶嵌家具，不光柜子，包括拔步床，条桌，甚至大型画案，都有这种工艺。旧中国人工不值钱，有些器物的制作成本如果放在学徒手里，那只是几顿饭钱的事，所以工艺不厌其精，不厌其繁。而这类家具，柴木居多，只是"银裹金"地镶嵌些硬木零件。现在，很多那时的大型家具都散架消失了，而那些零件却因其做工精美而被保存。原来的柜门平地升级，被挂到了墙上。这类"改活"还很多，比如用硬木太师椅靠背雕花做的挂件，也都堂而皇之地上了墙。我曾见过一对儿紫檀罗汉床的扶手，一面是经典的紫檀雕工，一面是蓝地的七宝烧铜板，简直精美之极，可惜无缘窥得这件家具的全豹，那用不着研究，绝对是宫里的东西，当时这对扶手要价太高，实在无力上手，曾几度梦见它们被我加框挂在墙上，竟几度喜极梦醒。这样的"改活"实际是一个时代的工艺精品标本，就如把一小块宋钧瓷片做成戒指面一样，丝毫不减其艺术欣赏价值。

物件

鲁班手上"金裹银"

我卧室里有一张民国早期的二屉桌,虽说不上上品,却也精致可爱。起线流畅,打凹讲究,10厘米宽的干枝梅镂雕牙板横镶在两个抽屉下面,古拙而不繁复。"三弯腿"加"回纹"的桌脚简捷明快,白色理石桌面,显得素净典雅。

这张桌子是用两种木料制成,桌面四框、抽屉面、后背板和两块侧帮板是草花梨的,桌面束腰以下的大框加四条腿是铁力木的,黄中带黑,看上去别有趣味。

旧时对两种木料复合使用的作法,有一个形象的俗称,叫作"金裹银",或者"银裹金",意思是一贵一贱,两两结合。比如有的老木器,黄花梨大料中镶嵌几块楠木小料,贵贱分明,就是典型的"金裹银"。这种"裹"的做法,有几种原因,一是起装饰作用,因为两种木料有色泽差异和纹理差异,有种视觉上的跳跃,带出"灵气";再一种情况就是缺料。花梨紫檀不仅是现在,哪个朝代都是好东西,都很贵,所以木匠用料,都是精打细算,不肯有一寸"呆料"。但往往料到手边,反复运筹,还是缺些尺寸,于是高明的师傅就想到了用别的木料弥补,补在哪个部位,有讲究,这要有很高的审美素养,机械的补和有机的补,效果会天差地别。而所谓什么"裹"什么,是说用料谁占主体,用料多的"裹"着用料少的。

如此说来，其实我那二屉桌用的两种料档次都差不多，无所谓谁金谁银，但按惯常的概念，铁力价稍逊于花梨，凑合着就叫"金裹银"了。其实那铁力木的框架和桌腿因年代久远，包浆丰润，已经看不到铁力木特有的粗筋，有了几分紫檀的味道，黑中透亮，尤其那"三碰肩"的部位，因擦拭方便，"人"字形的接缝都看不见了。

我还有一张清代的小条桌，情况也类似。它的用料基本是南榆，桌面和两个侧帮板是红木。最有意思的是，桌面下有一个六方的玉璧形"拉钱"，也是红木的，厚重着实，用南榆的"夔龙"枨拉向桌子两个前腿，十分可爱。这就是典型的"银裹金"作品，因南榆与红木价格相去甚远，主体都是南榆，只用红木小块作了些点缀。木匠不仅深谙家具的美学原理，也很有经济头脑。试想，如果没有那几处红木元素，只是一张南榆条桌，行市可就差远了，"裹"了点儿"金"，喊价的嗓门就可以大些。

物件

绕着墨盒出故事

记得一次朋友老申拿来一只德国产的小保险箱,有三本书摞起来那么大,上标"1934年",漆皮油亮,密码转盘灵活,是件挺好玩的东西。我早就想要这么个保险箱,问他要多少钱,他说:"这回不要钱,换东西。"他左挑右挑,选中了一只长方形白铜墨盒,盒盖上刻着楷书的《兰亭序》。我当时一晕就答应了。

没过几个小时,我觉得有点不对劲儿:虽然人家从"行市"上没让我吃亏,但他"大工业"生产的保险箱怎么能和我精工手刻的《兰亭序》相比?于是我赶紧跑到他家,又把墨盒换了回来。这在收藏圈里是不合规矩的行为,没听说成交后又"拉抽屉"的。但我和老申不是一般关系,他几乎是我半个师傅,年纪又比我大不少,这才敢开口耍赖。

墨盒有人说出于明代,但见于记载,是在清初,到嘉、道两朝便有批量生产。从功用上讲,它是便携的砚台。据说赶考研墨很麻烦,最初便有举子把女人的粉盒里放上丝绵,倒入墨汁,于是便有了最初的墨盒。清末民初,墨盒使用已极为普遍。1920年的《鲁迅日记》就有"午后往留黎(琉璃)厂买墨盒、铜尺各二……"的记述。而墨盒最有价值的是它盒盖上的雕刻。高级一点的墨盒,所刻图案大多出于名人之手,如民初的钱玄同、陈师曾、胡夔文等。为"稻粱谋",这些画家专门为工匠供稿,雕刻

古董圈

一个京城玩主的收藏笔记

↑ 和老申"拉抽屉"的白铜墨盒
↓ "山水片儿"的墨盒,是父亲留给我的那只。

山水、花卉、书法，种类繁多，当然都是小品。鲁迅很懂行情，日记中说的墨盒购于琉璃厂"同古堂"，这是一家当时专营墨盒的店铺，老板张樾臣，是当时刻墨盒的名家，胡夔文就曾有诗赠他："厂甸西头张樾臣，手拈铁笔仿周秦。满腔中有燕邯味，不似寻常市上人。"对其刻铜技艺推崇备至。

墨盒目前存世量不小，古董市上随处可见，但刻工耐看的精品不多，如我那只墨盒的小楷之精，且又是白铜，应属罕见。现在有好这一口儿的收藏者专门搜集，有的已蔚成大观。

墨盒现在也有假货上市，我就曾经上过一当。那是只三层墨盒，掂着很压手，画的是作者是"寅生"，那是民国时期画墨盒的名手。买完用手指一弹，觉得似乎铜皮很薄，打开端详，才发现盒盖里不是老墨盒的石板，而是涂均了墨的玻璃。350块钱，白扔了。这犯的是低级错误，你也不想想，陈寅生的作品，350块你拿得着吗？

利令智昏——信然！

什么叫"原来当儿"

"原来当儿",是北京古董收藏圈子里的行话,"当"念四声,"当铺"中"当"的音。其语义来由不得而知,意思是:原配的,原套的,原装的。

玩古董,东西如果是多个部件组装的,讲究原汁原味,对后配的部件,无论市场还是收藏者心理上,都有种天然的排斥。比如老家具,讲究每条边、每根枨、每块板都是"原来当儿",一有后配的部件,东西的欣赏价值和经济价值就要受损。

我曾在农民手里买过一只红木小条桌,前后左右所有的板子全部糟朽或断裂。那时刚玩不懂,就想当然地把原板丢在一边,买来几块精致的红木花板,镶了上去,尺寸不合的,还施以锯刨。做完后,心中得意,觉得比原来的样子好看多了。不料出手卖时,买主搭一眼就说,这板都是后配的,原来的板都是素板,没花,现在成了"插帮车"(胡拼乱凑的意思,也是行话)了。笑了笑不给价。我灵机一动说:"原来的板还留着呢,就是太破了。"不料他看到原板后,没犹豫,就给了价。

在日本,我在地摊儿上买了一块20世纪30年代的欧米茄金表,价钱出奇的便宜。付钱后发现表带上拴着一个小塑料袋,里面装着一盘断了的发条。摊主说,之所以这么便宜,是因为发条是后换的。其实这块表后

物
件 ▸

↑一块观赏石头，巨大，光滑，绿色。
↓一对民国花盆，小如苹果。

古 董 圈
一个京城玩主的收藏笔记

插屏，红木框座，瓷板 50cm×30cm，不算小，色气正，画片儿也不错，当然价钱也"不错"。瓷板上有点垢，没敢洗，因为后背板是原装封住的，没敢拆。现在瓷板够年份的已不多见，见到的也大都残裂，像这么"整装"的很稀罕。年份应为乾隆。

来我戴着，走时准确，并无大碍。但成熟的市场，眼里不揉沙子。

"原来当儿"还体现在一些有附件的东西上，比如观赏石的底托。一看底托剔凿的不规则凹坑与石头吻合，而又能判定底托是老的，那块石头的价钱就上去了，因为石头本身没新没老，至少都有几十万年高龄，而那托如果是"原来当儿"，就能印证石头已经被作为观赏品玩了多少年了。

另外，如三足的铜炉或瓷炉与底托的关系也讲究"原来当儿"，只要是老炉老托，托上的三个足窝又能吻合，那价值就能上个台阶。

因此，买东西一定要尽量讲求完整，少东缺西的玩艺儿，最好不要。再进一步说，买东西一定要检查是否是"原来当儿"，相中了得仔细观察——手表的表把、表带是否原配的，表盘是否后画的（画盘因工艺复杂，几可乱真，生手往往忽略）；钟的楼子（钟壳）、钟盘、钟摆、钥匙，甚至小小的钟塔，是否都为原配；家具的把手、花牙、拉枨等有没有后改的；插屏是否换了分水和站牙；瓷器的盖是否原配，如果是一对儿瓷器，画片儿是否方向相对（有的瓷器画片儿一顺，那不叫"对儿"）……

古董，因年代长久，损坏和缺欠几乎是通病，人上年纪了，哪有几个没病没灾的？但上乘的玩家就是要找那完全健康的"老人"为伴。

另外，玩古董，不欢迎 DIY，想当然地自己动手修理点什么，是大忌。

梳妆匣小考

女性藉梳妆以增色，几千年不改。纳各种梳妆用品于一体的梳妆匣，也历史悠长。虽然今天传统的梳妆匣已经退出历史舞台，但这种曾为多少代女子带来青春靓丽的生活用品的源流却很值得去考察和研究。

旧时嫁女，讲究"陪嫁"，即随新娘一起带入夫家的一应生活用品，富贵人家甚至把随侍的婢女也纳入"陪嫁"的范畴。这种"陪嫁"，又被称做"嫁妆""嫁奁""添箱"或"妆奁"。《三国演义》第十六回吕布欲与袁术结亲，旋又反悔，"令人回复袁术，只说女儿妆奁未备，俟备毕便自送（女儿）来"。但这些词的本义却远没有那么宽泛，最早都是特指梳妆匣，韩愈就有"妆奁一暂开"的诗句。

梳妆匣，老百姓俗称"梳头匣子"；因梳妆首先要用镜子，梳妆匣又称"镜匣"，古时亦称"镜奁"，《说文解字》中写作"镜籢"；又因梳妆时需将镜子支起，故北方人也惯称为"镜支儿"。关于梳妆匣的历代称谓颇多，如汉代，就有"竟检""妆具"的叫法。古时用字要避名讳，东汉明帝名"庄"，于是当时的"妆具"又改称"严具"，典籍中便有"宫人陈严具"的记载。至明代，出现了一种叫作"官皮箱"的用具，很多人望文生义，认为这可能是官家器具，专供装盛文件官印之用。但据王世襄先生考证：其传世数量之大，只能是家庭用具，而不像衙署中物，箱体花纹雕饰多为吉祥图案，且往往与婚嫁有关，箱内结构又只适宜放置化妆用品，故断定这又是梳妆匣的一种。至于何以会出现这样奇怪的称谓，王先生未做解释。

梳妆匣现存于世的实物，传世品较早的可见于明代，出土物较早的可见于春秋战国时期，而又以汉墓出土者为多。

我国早期的梳妆匣，所用材质多以木胎髹漆，也有藤编或竹苇制成；唐代发现有瓷制品；宋代已有纯木制品；至明便有了用贵重木材如黄花梨、紫檀、红木等制作的梳妆匣；清代以降，所用材质基本与明无异了。

梳妆匣的结构，因其用途是容纳化妆用品，故基本都是单元组合的形制，同时依据化妆主人的阶层身份及化妆的复杂程度而决定了单元数量的多寡。汉代最简单的妆奁只是一枚单只的圆盒。史籍中所载曹操的"妆具"："……方七八寸，高四寸余，中无鬲（隔）……"，就是不分层，很朴素。豪华的妆奁分为两层，如马王堆1号汉墓的遣册中所称"九子曾（层）检（奁）"就是内含9个小奁的双层圆奁，而长沙咸家湖西汉墓出土的长方奁中则有11个小奁，是已知装小奁最多的一例。1984年在江苏邗县姚庄一座西汉晚期墓中出土的一具梳妆匣比较典型：外形呈圆柱体，上盖下盒，盖顶为圆弧形，中心为一银柿蒂，周边饰有三道银扣和两道银脊，盖身饰两道银扣。通体外髹酱紫色底漆，内髹酱红色底漆。银扣间用土黄色漆绘云气纹、梅花鹿、羽人、锦鸡等，盖内顶漆绘云气纹和龙纹。盒内有各种形状的子盒七只和铜镜一面，通高17厘米、直径22厘米。从装饰到内部设置都十分豪华。从出土的汉代梳妆匣实物外观来看，它们都是可以单独拿出来的小盒，平时又被有序放置在一只大盒之中，这些小盒分别因所盛之物不同而分为不同的形状：圆形、椭圆形盛脂粉之类，长方形盛簪钗，马蹄形盛梳篦。顶层则置铜镜。

随着时代的前进和化妆内容的演化，梳妆匣的形制逐渐有了变化，变化的最基本特征就是把大盒中散装的小盒变成了一只大箱中嵌入的平屉和若干抽屉。这种形制演变最晚从南北朝时期就已经开始，北周文学家庾信《镜赋》中有"暂设妆奁，还抽镜屉"的句子，可见当时的梳妆匣已经有了抽屉。近年在江苏武进南宋墓出土的镜箱，其结构就已经具备了这种形制的雏形。首先，这只镜箱箱顶有盖，盖下平屉中设一支架，打开箱盖，立起支架，即可安放铜镜；箱体还设有抽屉两只，显然这比起汉代妆奁中的小盒已经复杂了很多，它已成为箱体的有机部分，而屉中放置的诸如胭脂盒、粉盒之类，已经成为第三层次的单元。

梳妆匣到了明清两代，形制已基本固定。大致可分为两类：一类为梳妆台，一类为梳妆匣。

在中国的古典家具中，没有现代意义上的高装巨镜的梳妆台，直到清晚时期，西风东渐，这种梳妆台的款式才从外国传来。我们所说的梳妆台，实际只是长50厘米、厚30厘米、高60厘米左右、置于案上的小型梳妆台，也称镜台。它其实还未脱离梳妆匣的大模样，不过是梳妆匣的改型罢了。这种梳妆台更多出现在明代，结构为"上镜下台"，即下设台座，座有双门，门内有大小抽屉若干只，台座上方，三面有高5厘米左右的雕花栏杆，另一面则竖起40厘米左右弓形雕花屏风，屏风怀中支起铜镜，如果摘下铜镜，台座上俨然是一座精巧的小戏台。这种梳妆台多为硬木制作，形体较大，不易搬动，应为家庭主人或主妇所用。

另一类是梳妆匣。它们不少为硬木所制，普通百姓使用的也有楸木、楠木制品。"便携"是这类梳妆匣的基本特性，由此又构成了其形体小巧的特征。这种梳妆匣现在存世量尚大，从大量实物看，无不精致美观。结构上也可谓争奇斗巧，各运匠心：有的多屉多镜，上盖打开，支起一镜，面板抽出，板背又是一镜，可双镜前后对照；有的屉形各异，多者有四五具之多；有的前脸不是一板，而是两扇10厘米左右的厚门，门打开，每

物件

黄花梨镜台，应是明代制品。只可惜台座上的屏风没有了，那大小四块镜子和镜框是民国时后配的，我在文章里说了，大概主人为了实用，以玻璃镜替代铜镜，于是变成了今天看到的"四不像"。

扇门体上各置小屉二只；有的匣体开窗，镶理石、玉石。所用铜活饰件造型生动：铜合页或蝶状、或蝠状，錾出花纹；铜包角镂空，屉钮多缀铜花篮果什等。它们是今天古董收藏者的爱物。

这里附带要讲的是，镜匣之"镜"，历史上曾经历了巨大变革，即从千年一直延用的铜镜，到一二百年前开始使用的水银玻璃镜。这一变革，对梳妆匣的演变，产生了不容忽视的影响。首先玻璃镜清晰度的大幅提高，使人对化妆的完美程度有了更高更严苛的要求，这就使化妆程序和手段更趋多样，也使化妆品、化妆用具的专用性增强，由此导致了梳妆匣功能的扩展和结构的相应复杂。同时，因铜镜千年来多为圆形，这不能不对梳妆匣制作匠人的思维产生影响，故早期的梳妆匣有相当数量为圆形，而自从玻璃镜开始流行，因玻璃切割多为长方形，因此后来的梳妆匣也随之演变而成长方形。

说到梳妆匣由玻璃镜引起的"与时俱进"，我手里有一个"实例"：曾买进一具明式黄花梨镜台，其底座上的屏风已被拿掉，代之以红木镶框、一宽二窄的三联玻璃镜。镜框顶上装有四只木塔，框之上缘饰以莲花雕板，是典型的清末民初风格，很显然是因为玻璃镜的流行，使当时的主人从实用出发，把原来使用铜镜的镜台拆除而作了改造。她当时用着是方便了，却不成想百年后的我，却收了个几经"穿越"的四不像。

物件

闲话"铁将军"

有位朋友爱玩锁,收藏已蔚成大观。但他只是玩,并不上心研究。眼观这些沧桑什物,我倒来了探究兴趣。

锁,自从人类进入私有制社会,有了真正意义上的"家",几乎无处不用。

但早期的锁究竟是怎样的形态,却缺乏详实的资料,只是从一些史籍中,约略能看到锁的"影子"。

锁的称谓自古至今,几经演变,早期的锁,史书称之为"键",东汉许慎的《说文解字》里说:"铁锁门键也。"可见,锁最开始的用途只是锁门,普通百姓,举家参加劳动,用一把锁来看家,再穷些的,也要用根铁棍从外面把门别住,这种最原始的锁,或别门的铁棍,便是所谓的"键"。锁至晚到宋代才有了现在的名称。有意思的是,在日语中也有"鍵"字,其义仍为锁。《宋史》中有这样的记载:"扃门户箱箧之具,使人不得开者,古谓之键,今谓之锁。"到了这时,锁的功用开始"多元化"了,不仅是锁门,还要锁箱,锁箧(小匣子)。

俗话说"一把钥匙开一把锁",但有趣的是,在古代,"钥"和"匙"却是两种东西,有解释说:"钥以闭户,匙以启钥",也就是说,"钥"与"键"是同类,都是"锁",那句俗话如果放到古代,就应该是一把"匙"

开一把"钥"。古时,又常把锁与钥并称,成为军事术语,把扼守的冲要之地称为"某某之锁钥"。

今天我们能看到的旧锁,大致是清代和民国时期的遗物。从材质分,基本上是铜质和铁质两种。铁锁,在民国以前基本上仍是以锁门为主,兼用于其他粗使的地方,如锁大车、锁井口等;铜锁,则使用范围要广得多,箱柜橱奁等室内家具陈设大都用铜锁。铁锁一般为圆柱状,锁梁呈"U"形,适宜锁单鼻的门扣或铁链,现在能看到的实物因其原在户外使用,大都锈蚀斑驳。而铜锁最普通的为长条形,上窄下宽,窄的一边有缺口,呈订书钉形,锁梁从缺口两端穿过,形状颇类长条旅行包。铜锁因其用于室内,且铜质本身易擦易亮,现存精品为数尚多。

旧时锁的结构,钥匙均为直接投入锁孔,在往里推插的过程中将簧片合拢,使锁开启,比起现在锁的构造要简单得多。

今天的家具,只用单鼻吊扣,因此多大的箱柜只一把小锁即可锁住,而旧时的家具却不同,它们是因家具的大小,分别用双鼻或三鼻吊扣,且锁鼻的间距也大小不等,故须以家具的大小而采用不同尺寸的锁具,从现存铜锁的尺寸来看,从一寸两寸的小锁(用于锁首饰匣、梳妆匣等)到一尺多长的大锁(用于顶箱柜、躺箱等)都有。高档的锁,锁身大都錾出各种花纹甚至镶嵌鎏银。锁到家具上,有极强的装饰性。朋友处我见到一把鱼形铜锁,锁长近尺,身錾鳞纹,鱼眼圆睁,弓起的鱼身,头尾处穿过锁梁。这种锁构思奇巧,做工精细,是件精品。其实这种鱼形锁据记载,最早是用以锁门的铁锁,明末《正字通》解释:"扃门钥必以鱼,取其不瞑目守夜之义。"鱼是永远"不瞑目"的,由鱼守门而演进到守箱守柜,都是要讨个心安慰藉。

物件

日本木器是与非

日本的老木器存世量不小,但大型木器不多,这可能和日本的住房普遍比较狭窄有关,而且不要说几十上百年前,就是现在,也有相当一部分人住着纯日式的榻榻米房子,这种房子是用不着大型家具的。我在日本四处转悠,只在东京的一家寄卖店见过一件大型红木梳妆台,做工精致,木质包浆都属上乘,与国内民国时期的款式毫无二致。当时要价才12万日元,按2000年左右的外汇牌价,只相当于人民币8000多元。这价钱如果运回国内,至少有不止三倍的赚头。但因为太大,我只是干瞪眼却没办法。要价如此便宜,也反映了这种东西在日本没有市场。

而同样因为住房原因,日本的小型木器却不少。比较多的品种有"地六仙"(方形地桌)、炕桌、小型梳妆台、各类花台等。我说的这些木器,不少是硬木制品。

地桌是日本家庭普遍使用的家具,因为是放在榻榻米上,吃饭喝茶,屈膝盘腿,须臾不可废离。而比较讲究的传统家庭,都会用一张硬木地桌,这对通常陈设简单的日本客厅,是一种高雅的点缀。

再有就是日本家庭喜欢居家小摆设,比如一只花瓶(花插),一块石头,一尊雕像等,这些东西无一例外都要有一个放置的底座,日本人叫做花台。这种花台也有相当比例的硬木制品。不少花台一用就是几辈子,多

古董圈
一个京城玩主的收藏笔记

↑一对铜镀银花插,腰里鏨花。
↓民国的景泰蓝柿盒

物件 ▶

一块瘿木，10cm×10cm×27cm。包浆饱满，玩了多年。大块瘿木难找，人们喜爱那漂亮的花纹。唯其没有加工，才更能让人感觉到大自然的气息。日本的和式建筑里，大都有一根没经加工的木柱立于地板与天棚之间。

年的擦拭（日本妇女的"擦工"了得）使其大都包浆饱满，古韵盎然，十分可爱。

日本古董家具的做工，与中国相比，"偷工减料"四字至少占了"偷工"一宗。其一是，不少部位，如果在中国工匠手上，应是榫卯结构，毫不含糊。但日本不是，它一般不见透卯，甚至"三碰肩"的关键部位也是短榫浅卯，然后用胶说话；其二是，一般受力不集中的部位，几乎都是粘接。因为这种结构，今天买到的日本老木器，由于胶的老化，一有磕碰便会"轰然倒塌"，倾刻"瓦解"成一堆散料。而中国的木器，最多因年代久远，空气干湿度引起的膨胀系数变化而使其结构变松变懈，但从来不会散架。

日本的硬木地桌和花台，在十几年前，市场上很便宜就可以买到。有种如小桌子似的花台（约45厘米×30厘米），台面是影子木（瘿木），四角浑圆，十分精巧，卖价不过几千日元；一种货真料实的红木卷板（花台的一种），大尺寸（50厘米往上）的也不过几千至两三万日元。我曾在东京一家古董市场看到一件90厘米见方的红木地桌，开价才5000日元（当时合人民币不到400元），品相极佳，我毫不犹豫买下，便宜得让人咋舌。

但如今行情不同了。国内现在都知道日本这些东西便宜，旅行社还不断为北京的古董商组团。日本古董商也专门为中国"同道"搞洽谈会，现场看货。如此一来，日本木器价格陡涨，一张地桌轻松卖到二三十万日元。就这样的价钱，买回来还有赚头。前年听说北京某古玩城一位"大仙"120万人民币买回一只紫檀小桌，嚷嚷得九城皆动，待价而沽。前不久打听，好像还没出手。

物件

杂说熨斗

熨斗，曾是人们居家必备的生活用品，专司缝纫制衣的裁缝，更将其看作须臾不可废离的"吃饭家什"，俗话说："拙裁缝，巧熨斗。"然而多少年来它的历史沿革和发展演变却很少有人去查考，究其原因，大概是它历来作为平民百姓或奴仆下人使用的东西而登不得"大雅之堂"的缘故吧。

其实，熨斗应该说是资格最老的人类生活工具之一，世界上很少有哪个民族不使用熨斗。我国熨斗产生的时代应不晚于商周，甚至可以推想它应与我国养蚕缫丝和青铜铸造的产生时期相差无几，也即至少应有三四千年以上的历史，因为一个极浅显的依据就是，在棉花种植引入我国之前很久，我国广大地区相当程度上依靠养蚕种麻制衣，唐代诗人孟浩然有"开轩面场圃，把酒话桑麻"的句子，把桑与麻并列，却不见"棉"的影子。而所有含蛋白质的纤维织品，织成之后都要经过加热整形，才能进入制衣过程，而且以蚕丝为原料的衣物，在入水清洗后，都须加热熨烫后才能再次穿用，别的方法无法使其挺括和恢复丝织品亮丽华美的质感，因此可以推断，至少是那些生产锦帛的"织女"和"遍身罗绮"的统治者，很早就已离不开这一熨烫工具了。唐代画家张萱的《捣练图》，就生动描画了唐代丝织品生产的工艺流程，"练"是古代丝织品的一种，该作品描摹了捣

古董圈
一个京城玩主的收藏笔记

这只熨斗的独特之处在于它有一个酒精"包",酒精点燃,熨斗身上的气孔助燃生热,既比碳火干净,热度又均匀平缓。熨斗而无电,估计是 20 世纪前期的产品。

练、络线、熨平、缝制等劳动场景，其中画上"熨练"一节就集中表现了熨斗的功用：两个妇女将练拉开，中间一人拿着装有炭火的熨斗，仔细地熨烫，图中的熨斗形如汤勺，平底，有一长把，炭置于熨斗之中。这恐怕是现在能见到的最早的熨斗了。

在史书和诗文中说到熨斗的地方不多。公元581年即我国历史上的北周大象二年，当时宣帝国丈杨坚（后来的隋文帝）执掌朝政，不久相州总管尉迟迥起兵反杨，青州、郧州之兵随之响应，国家动荡。杨坚的一个实力派心腹李穆屯兵并州，杨坚恐其动摇为尉迟迥所诱，便派正在朝中的李穆之子李浑前去安抚，李穆马上遣李浑回京，并向杨坚送上熨斗一柄，托言："愿执威柄以熨安天下也。"表示了自己的忠心。让杨坚像熨丝帛一样"熨安"天下，这实在是一种绝妙的比喻，此事见于《隋书·李穆传》，这可以说是熨斗现于正史的鲜见例子。此外像杜甫《白丝行》中"美人细意熨贴平，裁缝灭尽针线迹"，把美人与熨斗并提，在"高雅"的诗中又看到了这一"粗卑"工具的影子。

由于史料的缺乏，无法详细描述原始熨斗的模样，但从现在已经成为收藏品的熨斗中，我们约略能看到熨斗大概的演进过程。首先，熨斗所用的材质，应该是铜制和铁制两大类，而且是先"铜"后"铁"，一方面这符合冶金史的发展进程，另一方面，从现存实物的构造看，也是后者比前者复杂先进。从《捣练图》中我们看到的熨斗，现在还可以找到与其类似的实物，它们有的形如马蹄，有的状如船头；铜铸，中凹，底平，有固定木把的箍口。身上多铸有花卉枝叶或几何纹等纹饰，大者如奶锅，小的比口杯稍大，其中装盛木炭，底部平滑晶亮，是与布料接触的部位。除底部以外，熨斗周身均因长期接触炭火而形成一层厚厚的青色氧化膜，颇似出土的青铜器。

除了这种"青铜"熨斗外，我们还能看到一类铸铁熨斗，铁熨斗比起铜熨斗来，显然有了较大的进步。这种熨斗最大的特点就是它已经将热炭置于熨斗"腹中"，减缓了散热的速度。

  在近代，一些发达国家生产的熨斗非常先进。我曾见过朋友收藏的一只德国熨斗，造型极为精美。它重 4 公斤左右，铁铸，底长 19 厘米，宽 12 厘米；通身铸有精致花纹，手柄下有一白铜护手（防烫），护手上錾四片树叶围着一只长嘴鹭鸶；熨斗手柄左面有一插销，插销拉起，熨斗盖即可掀开，腔内有一铁笾，笾上加炭；熨斗尾部有一风门，风门与烟道贯通，可用风门调节熨斗的温度，熨斗前部有一白铜小烟囱，以利拔风。朋友分析，这只熨斗应是二十世纪初至三十年代间的产品。

物件

假货的价值

在潘家园卖旧书的那条小道,一位女士在卖"纸片":证书、照片、戏单、老教科书等等。

无意中我发现了一黄一绿两张传单,一望而知是新仿的,那大字报纸还很柔韧,套在透明塑料袋中,煞有介事。

但一看内容,我还是决定"拿下"。但不能直接"拿",那会很贵,于是挑了一本"民国十八年国民政府行政院审定"的小学算术课本,和传单一起砍价,最后这两张传单基本上算是"搭"给我了,算下来只有100块钱。

我为什么要买这两张传单,是因为它内容的独特,别看是新仿的,但内容却是80年前的事情,这是20世纪30年代初伪满洲国鸦片专卖的宣传品。一张画着一把大剪刀,正剪一棵罂粟,文字是:"喂!私种大烟,终难逃官家的取缔。请看,这棵正在含苞的罂粟,一剪两断,归终(应为'终归')白费了一些人工和气力,多们(应为'么')可惜呀!趁早把私种的念头打消吧!"另一张画着两对买卖者,一对神情松弛和悦,显然是在进行烟土合法买卖,另一对神情紧张,是在贩私土。传单的右边画着一盒"福牌土",下标"半两",一侧写着"满洲国政府专卖总署"。文字是这样:"瘾者同胞!请看:买官土吸食的这两位,乐乐哈哈(应为'呵呵'),实在是坦然自在;再看:偷买私土的这两位,鬼鬼祟祟,多们(应为'么')

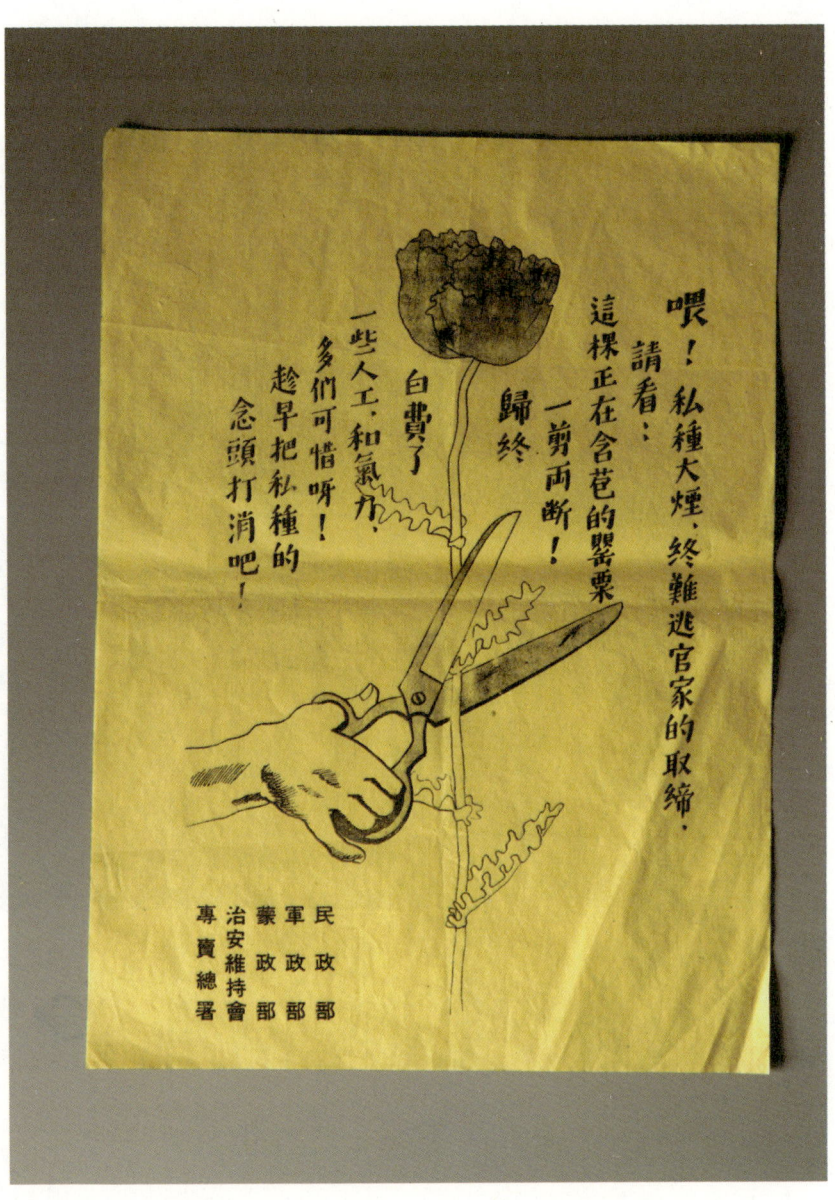

传单

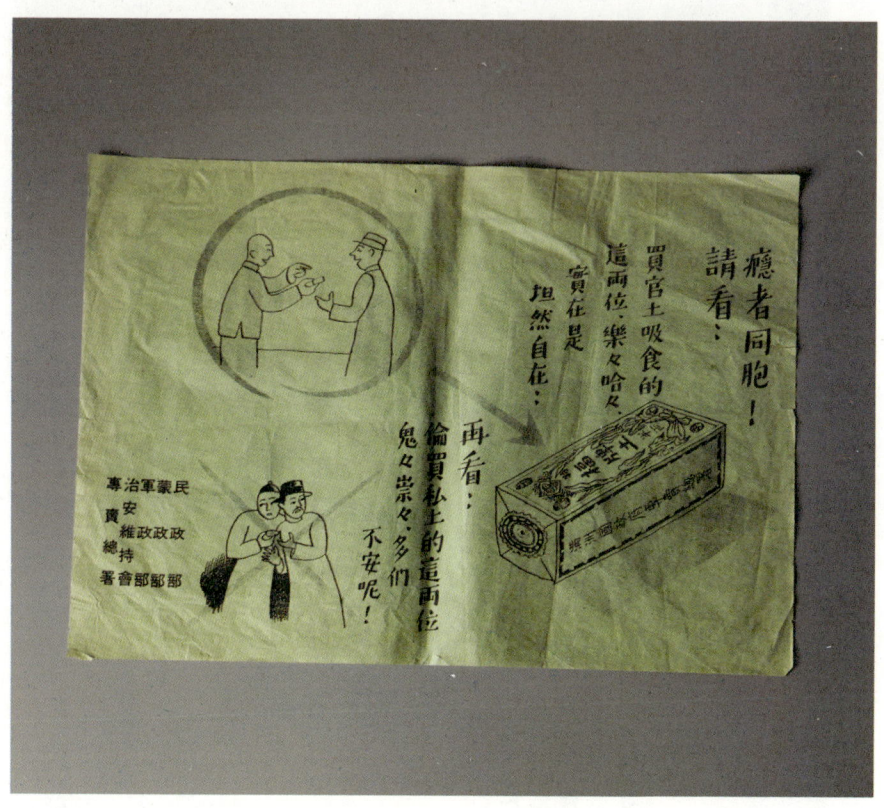

传单

不安呢！"两张传单的落款均为：民政部、蒙政部、军政部、治安维持会、专卖总署。

大烟长啥样，我们这代人没见过。小时候第一次听到，是在小说《林海雪原》中小炉匠唱的："提起那宋老三，两口子卖大烟"；到了近年，也只是在电视剧《大宅门》里看白三爷拒当汉奸，说"大烟膏子就酒，小命立时就没有"时，才知道烟土敢情和酱牛肉长得差不多。

关于伪满洲国的烟土专卖，有资料记载，这最早起于1932年，伪满洲国公布了《暂行鸦片收买法》，并公布了《鸦片专卖筹备委员会官制》，于翌年成立伪满洲国国务院直辖的专卖总署，主管罂粟种植、鸦片收购和专卖以及鸦片缉私等事务，为日本进一步侵略和统治中国筹集资金。

1933年2月24日，伦敦《星期六晚报》曾载美国驻中国记者斯诺的文章，报道伪满境内种植大烟的"盛况"："日本侵占二三个月之后，全满洲各大都市的毒害即到处蔓延。奉天、哈尔滨、吉林及其他各城市所设立的烟馆、麻药贩卖所，无街无之，都是很多日本人、朝鲜人有组织地开设起来……数千农民已不种大豆，而改种罂粟。""在满洲坐火车旅行，田野中多不见农作物，映入眼帘的，常是数千顷之广的罂粟田。"

据日本战犯古海忠之战后交待，日本占领期间，共销售鸦片约3亿两。

那么为什么传单上还有个蒙政部呢？伪满蒙政部成立于1934年，是主管蒙古事务的机构。该部于1937年7月被撤销。由此我们就找到了这两份传单的出处与年份——它应该出自日本统治下的蒙古（内外蒙），印刷时间约为1934年至1937年之间。

玩纸片，不仅要看它的真假和品相，更要看它身上附着的内容，玩的是它的历史价值。一张纸，几十字，能让你触摸到见证那段历史的实物，这正是收藏的真趣。

物件

一本新中国"职官录"

北京城南报国寺,集旧书旧货成市,逢周四、六、日开市,热闹异常,是书痴们淘书的好去处。

那是一个周四。我正信步串着书摊儿,听到有人打招呼,是一个相熟的书贩——常逛的人,与书贩难免要结买卖之缘,这位是其中之一。

他手里拿着一本品相不错的书,大红漆皮,精装,四五百页的厚度。书名三个惹眼的金字:《任命录》。下面是:"中华人民共和国内务部编印·一九六四年四月。"书皮上除此再无装饰。通身严整肃穆,缭绕着一股"官气"。

精明的书贩看出我的"贪相",买下此书自然价格不菲。

其实,这也算不得什么奇书,只是一本建国后任命官员的"明细账",有意思就在于它的少见,在当时应属保密的东西。扉页的"说明"中有这样的交待:"本任命录截止于一九六三年底,以一九五四年九月十五日第一届全国人民代表大会第一次会议至一九六三年十二月十八日第二届全国人民代表大会常务委员会第一次会议及一九五四年十月十五日国务院全体会议第一次会议至一九六三年十二月三十日第一四〇次会议任免的名单为范围。"这就几乎反映了建国后至"文化大革命"前中央和地方政府各行政部门重要干部任命的全貌。

古董圈
一个京城玩主的收藏笔记

《任命录》，大红漆皮。

全书共分"中央之部"和"地方之部"两部分。"中央之部"包括国务院及所属各部委;"地方之部"则包括各省市自治区。所录干部为司局级以上,包括副职。

首先是国务院。总理周恩来之下,列出16位副总理,陈云首位,末位习仲勋,邓小平列第四,其中有五位元帅:顺序为林彭贺陈聂,从大排序看,其时林彪地位已显著提升,紧随陈云之后。1958年5月八届五中全会增补林彪为党中央副主席,遂有了"毛刘周朱陈林邓"的排序。16位副总理的任命时间是五中全会后的1959年4月28日,当然要按党内排序来确定行政座次。

以下为各部。

也许因此书为内务部所编,故其列各部之首。是所有部委中机构设置较少的,只有六个司局。部长曾山,任命时间为1960年11月19日。此前内务部长为"军中三老"之一的谢觉哉。中国的内务部与别国不同,主要职能为优抚、救济等。1968年12月11日经毛泽东批示此部撤销。是现民政部的前身。

接着是外交部。部长副部长不用说都是人们熟悉的老外交家。除此又设部长助理三人:乔冠华、韩念龙、刘新权。翻遍此书,只有外贸部还有部长助理一职,或许涉外工作有此特殊需要。"文化大革命"后的外交风云人物当时很多还是司局级干部,如符浩为人事司副司长,余湛为苏联东欧司副司长,章文晋为第一亚洲司司长,宫达非为西亚非洲司副司长,宦乡为研究室主任,陈楚为国际关系研究所副所长等。此书还列出了当时建交的43国的大使和参赞,其中当然有不少外交名人和后来的重要领导,如潘自力(苏联)、曾涛(阿尔及利亚)、郝德青(朝鲜)、李清泉(瑞士)、王幼平(古巴)、姚广(波兰,参赞)、仲曦东(捷克)、耿飚(缅甸)、丁国钰(巴基斯坦)、熊向晖(英国,代办)、柴泽民(几内亚)、黄华（加纳）、何英（坦葛尼喀兼乌干达）等。

其下是国防部、公安部、财政部等等，当然不能一一列举。全书共列35个部和7个委。包括后来撤销的水产部、农垦部等。

从当时的人事安排看，党外部长占的比重不小，有粮食部沙千里、纺织部蒋光鼐、邮电部朱学范、林业部刘文辉、水电部傅作义、水产部许德珩、轻工部李烛尘、文化部沈雁冰、卫生部李德全，共9位。

所列机械部为一机部至六机部，外加农机部。"文化大革命"中造反派闹得最凶、部长王秉璋被斗得最惨、主管导弹火箭和航天工业的七机部为1964年11月成立，未列其中。因两岸关系而为人熟知的汪道涵，当时是一机部副部长，这恐怕是此书所载的部级干部中政治生命最长的一位。有意思的还有二机部，书中只列部长刘杰一人，其下空白。二机部为1952年8月成立，后并入一机部，1959年4月再设，主管核工业。1964年10月，中国第一颗原子弹爆炸，刘杰不可能是光杆司令，钱三强就曾任副部长，"空白"当然是为了保密。

书中各部委的机构设置与"文化大革命"后国务院第一次机构改革前的状况大体相似，职能司局在十几个到二十几个不等，其中计划、人事、生产、财务、教育等司局加上办公厅是各部皆有的，有的部还设干部司。各部委根据自己的主管业务设置相应的机构，下设单位最多的要数滕代远任部长的铁道部，算上各铁路局、设计院和机车车辆厂，共57个局级单位。各部的司局副职2至3人或5至8人不等，有不少正职虚位无人。而"文化大革命"后各部委普遍设立的诸如科技司和政策法规司等，此时还没有。

书中还有一个重要内容，即把当时106所高等院校的正副院校长都收纳进去，很多著名教育家都在其中，如人大吴玉章、北大陆平、清华蒋南翔、北师大陈垣、复旦陈望道、南京大学匡亚明、山大成仿吾、兰大江隆基、武大李达等等，比较特殊的还有中国科大郭沫若，外交学院陈毅，华侨大学廖承志等，陈、廖名后都注有"兼"字。另外，从中看到一些院校十分生疏，如北京化学纤维工学院、唐山煤矿医学院、黑龙江八一农垦大学、镇江农业机械学院等，可见当时专业设置的狭窄和部属院校建设的重叠。

《任命录》的"地方之部"主要是各省、自治区和直辖市行政官员的任命情况，包括省级正副职，厅局和专区的正副职，但没有省辖的地级市官员。

1967年1月，天津市才被划为直辖市，故书中直辖市只有京沪两个。

书中未列台湾省，这可能因为那里没有"任命"问题，但按现在的理念，哪怕是"空白"，似也应该占一席之地。

省级正职当然大多是老一辈革命家，但也有例外，如湖南的程潜、甘肃的邓宝珊、浙江的周建人等，都是著名民主人士，省级副职中党外人士就更多，如北京乐松生、上海荣毅仁和胡厥文、河北高树勋、四川邓锡侯、青海马辅臣、湖南唐生智等。

副省长职数各省不等，一般在七八个左右，最少的贵州5个，最多的广东13个。

省下机构设置可谓比较庞大，职能厅局加上各专署，大约都在四五十个左右。几乎各省均设的一个部门，叫作"编制委员会"，但估计此时的"编委会"比不上今天"编委会"的权重。

在吉林省的厅局级干部中意外发现了一个熟悉的名字：洪学智。职务是省重工业厅厅长，任命时间为1963年12月30日。洪是我军唯一两次授衔均授上将的重要将领，而且是"文化大革命"前后两任总后勤部长。因彭德怀在抗美援朝中点他做志愿军后勤司令部司令员，回国后又数度当众赞扬，故在庐山上并未"说话"的他，也因彭的"器重"而被免职下放。从洪在《任命录》中的出现，让人看到一个怪现象：受株连的人已有了新的任命，而彭本人却仍未从副总理的名单中被抹去。

在"地方之部"中最特殊的要算西藏。当时还叫"西藏自治区筹备委员会"。委员会主任委员是达赖喇嘛丹增嘉措，名后注"1956 年 4 月 20 日国务院任命，1959 年叛国"；代理主任委员是班禅额尔德尼·却吉坚赞，1959 年 3 月 28 日任命，时年仅 21 岁。副主任委员、常务委员和委员中藏族人士占绝对多数。副主任委员中首位是张国华，他是当时我党我军在西藏的最高官员，任西藏军区司令员，中共西藏工作委员会书记，自治区成立后任中共西藏自治区第一书记。这位身经百战的老中将，"文化大革命"中在成都军区第一政委的任上，被暴烈出名的四川造反派整得很惨，甚至毛泽东都下令要查他到底是好人还是坏人，最后的结论当然是"好人"。因长期驻藏或"文化大革命"冲击损坏了身体，他 1972 年就过早逝世，年仅 58 岁。噩耗传来，据说周恩来竟至难过得不能正常工作。当时筹委会下设的如公安、民政、财政、交通等重要职能部门，还都不是厅局而是处级。

纵览此书，它实际上是一本新中国的"职官录"。职官录，历代皆修，且文武职兼录，此书的价值在于它从行政干部任用的角度较真实地反映了那一段历史，而遗憾的是它不完整，缺少了党务和军队这一大块。铸镜有功，修史有德，如能把"文化大革命"前我国党政军干部任用的资料都忠实地编辑出来，以为史鉴，当是一件功德卓著的事情。

物件

七十多年前的《毛选》

那是20多年前，休息日爱到学校附近几个废品收购站转悠，时间长了，和几位废品站老板成了朋友。有一天一位老板对我说："这本书你要吗？"我一看，他手上拿着的，是本《毛泽东论文集》，我翻了翻，问多少钱，他开口要10块。人就爱犯这毛病，在书店买本书10块钱不在乎，可在破烂堆里翻出的东西要10块，心里就有点不平衡。砍了半天价砍不下来，最后给8块钱拿下来，这算是高价了。

在翻书的那一刻，就知道这本书有点价值，但当时见到的这类东西不少，也没太在意，更没留心研究。1993年北师大曾办过一次纪念毛泽东诞辰100周年毛泽东著作展览，我想把这本书拿去让主办者看看能否参展，但却忘了塞在什么地方，工作忙找不着，索性就不找了。

一晃这些年过去了，已经是毛泽东诞辰120周年，又想到这本书，这次翻腾半天竟找到了。

这本书共收入23篇文章，最早的一篇写于1937年，最后一篇写于1940年。封面标着由"新华日报华北分馆出版"，版权页上注明出版时间是1940年12月。

我觉得这本书的价值：一，它是原汁原味的毛泽东文笔，有篇文章上还有"蒋委员长万岁"的口号。我对照一下，这23篇文章中，只有几篇

古董圈
一个京城玩主的收藏笔记

七十多年前的《毛选》,附着着民族解放战争的硝烟,让人感动。

编入《毛选》；二，它的出版时间是 1940 年，是抗日战争相持阶段的前期，作为敌后的晋冀鲁豫根据地，环境和条件十分恶劣，在这样的情况下，能出版这样规模的书，确实难得。说明毛泽东文章在如此艰难复杂的形势下所具有的重要指导意义。

这本书共 188 页，封面的毛泽东木刻头像很不准确。内页分别用白、黄、绿、紫、粉五色手工纸印刷，也即"文化大革命"中大家熟悉的大字报纸，边口长短不齐。这种纸又松又薄又脆，因此用线装古书方法，双折装订。让人真实感受到当时的艰苦卓绝。

我在网上查了一下，此书河北省文物部门也藏有一本，但已残破，被定为三级文物。网上有一份"红色经典著作"的价格单，恰也有此书，标价竟到了 73000 元，但我想这几乎是有行无市，既没人买也没人卖，只是反映其贵重程度而已。

捧着这本书，想到这位作者的伟大业绩和新中国成立后、尤其"文化大革命"中所犯的错误，再读读这本七十多年前出版的著作，感受闪烁其间的思想之光，一阵感慨油然而起——历史，是最伟大的评判者。功，忘不了；过，抹不去。

修瓷器的悲观

20世纪90年代,我曾买过一只凤穿花的青花大罐,年份不错,但就是残得太厉害了,口上掉了两大块肉不说,沿着罐口往肚子上还伸着几道大"冲"。买时图便宜,买回来就后悔了,东西摆着不养眼,总有家里养着伤兵的感觉,于是就尝试着修补。没有谁教我怎么整,自己蒙着干。找了石膏,家里有现成的乳胶,和成填料后往破口处一点点糊,但石膏干得太快,稍一走神就凝固了,弄得疙疙瘩瘩,里出外进,而且填料和瓷器结合处粘合不牢,料干了一碰就掉。后来又换成白水泥,白水泥干得慢,多掺点乳胶一点点往上糊。最大的一块有小笼包子大小,我先把伤口的边上用白水泥粘上一小条,让它"站"稳了,然后用几根牙签做成骨架,把填料一点点往上抹。补这块"肉"我整整用了一周时间,但离修好还远,等填料干透后,开始上砂纸打磨,但水泥干后根本磨不动,磨来磨去没了心气。更别提再配色描画了。

从此我对瓷器修补持悲观主义态度。因为多少年来,我就没见过一件瓷器能被修补得天衣无缝。看到被修过的瓷器总有一种整容失败的恶心感觉。我有一只五彩碗,算是修的很仔细的,当时买来的时候,卖主说,这碗刚修好,修成这样,快能乱真了。但没过半年,那"补丁"就开始变色,最后在一个阴雨天补丁终于脱落了。

物
件

一只破碗,光绪五彩。这碗只能算瓷片,到处是伤,如果不是有底托"扶"着,它都"站"不起来。15年前300元买的,拿它当标本。

古董圈
一个京城玩主的收藏笔记

这只胆式瓶的口，行家说被修过，但我看不出来。如果真是修过，那可谓巧夺天工。

物件 ▶

兽耳方瓶。画片儿是"三才子",典型的民国瓷。

但也有例外，我有一只石湾窑的大瓷狗，别处没毛病，就是鼻子缺了樱桃大的一块，我用环氧树脂补好后，仔细打磨，那树脂的颜色正好和狗鼻子靠上，所以也不用上色，不仔细还真看不出来。我还有一只窑变的胆式瓶，很完整，一次有人看了，说瓶口修过，至少有5厘米是后加的，说是低温吹釉，老年间做的。我很惊讶，仔细看，没看出破绽，颜色浑然一体，釉子的通透度也上下一致。这种修补工艺太专业了，根本不是普通人能做的。

我在日本看到过店里有修好的瓷器，修得很仔细，活儿很好，中国人修瓷器总想着乱真，实际离乱真差着十万八千里，而日本人很实诚，他们修好的瓷器都在填料处加涂一层金粉，让人一看就是修过的，看上去倒比中国人修的舒服，这种修补工艺有个好听的名字，叫作"金缮"。日本市场有这种修补专柜，没机会交流，手工费不详，估计不会便宜。

由于这种悲观主义态度，我不相信谁能有本事把老瓷器像木器一样修得让人看不出来，所以我总建议朋友们放弃自己动手修瓷器的念头，因为你不可能成功。在家摆的瓷器不可能像博物馆的陈列品，用白石膏把破洞补上打磨平了就展出，家里的东西怎么也得有个漂亮劲儿，不然摆着不是添堵吗？

由此我主张，玩瓷器，尽量买完整或基本完整的，有冲裂没关系，回家用84消毒液"拔一拔"，把黑渍清干净，再涂上一层蜡，就能遮丑，但缺肉多的不要买。退一步讲，缺肉多也有讲究：你要看是否影响陈列，我就有一只方瓶，瓶口一角掉了一大块，我把它放在多宝格靠墙的一侧，是个死角，你不贴着墙看不到那破口，这种情况下也可以买，但如果破得怎么摆都看着寒碜，就最好别买。那还不如买块瓷片加个框挂起来看顺眼呢。

物件

古董钟咏叹调

如果说中国有什么地方不崇洋媚外，那当推古玩行。也许是中国悠久文明留下的优越感，也许是行业特点所系，古董圈最排斥的是洋东西：洋瓷器、洋家具、洋铜器以及其他沾洋味的物件，真正的古董玩家都不拿正眼瞧。虽然近些年有些变化，洋货进来不少，也有买主，但毕竟和国货是小水沟和长江黄河的关系。

而有一种洋货却例外，历来不被中国古玩行排斥，什么时候都受欢迎，那就是古董钟。除玉器、瓷器、木器等经营专柜之外，只要稍微杂一点的店铺，几乎都有古董钟的身影。

而玩古董钟的人，也是古董收藏的一大族群，有人多少年单玩钟，不骛旁门。

所谓古董钟，在中国其实没有太清晰的年份界限，不像瓷器有明清民国，也不像家具有明式清式。如果对钟做表述，只有老与不老。这并不是它们真的没有具体出生年月，而是那太专业，一般人很难说清。

领我入门的老师是个杂家，钟是他爱玩的一项，因此我也深受影响。一旦玩起来，就尝到了个中的特殊滋味，按"白云大妈"讲话——那是相当特殊！

我记得我得到的第一只老钟，让我难受了好多天。那时起码的玩钟常识都没有，看到摊儿上有只木壳钟，老的，也能走，上去就拿，花了45块钱，当时差不多是我一个月的工资。后来才知道，这样的钟，3块5块就能拿到。那是只座钟，用现在的眼光看简直一无是处，漆盘，打簧，"娘娘嫁"的机器，钟楼子（钟壳）的钟额还丢了。但尽管这样，当上满弦，听着那齿轮擒纵的嘀答声和带颤音的敲击报时声，还是很兴奋。

从此，我开始了对钟的痴迷。不久后我得到第一只德国20世纪初生产的荣汉斯座钟（俗称宝星钟），哥特式的钟楼，牙黄的瓷盘，带条盒的金黄机器，两根音叉打出悠远的报时声。我这才体会到什么是钟里的贵族。

多年来，我的感觉，老钟，恰如一条忠犬，只要你不遗弃它，它会永远跟着你，并且永远忠于职守，不管它年龄到了多大，只要你按时上弦，它就会按时提醒你的生活起居，毫不懈怠，而且皮实，没病没灾。想起前几年到西班牙在王宫参观，也记不清是哪位国王酷爱钟表，宫中各角落都摆着富丽炫目的古董钟，直到现在还有人专司给这些钟上弦保养，和我腕上的电子表对一对，那些钟跑得都很准，瓷盘光净如新。那些钟基本都是走了百年甚至数百年以上，却仍在勤勤恳恳、一秒一秒地计量着历史。静观它们，竟能升起一种对"老祖宗"的景仰之情。

而古董店里的老钟，大都经历过被遗弃的遭遇，这倒不一定都是主人的无情，主要是时代更替使然。这些钟为主人服务几十年后，走时不那么准了，样子也老旧了，又有新款式出现了，它们就被抛了出来。这种老钟，尤其是从住家户买出来的老钟，大都尘迹斑驳，形容不整，沟沟缝缝都是污渍。我曾从宣武门旧货市场买过一只德国赫姆勒挂钟，钟楼子里满是蛛网，玻璃被油烟糊成了毛玻璃，盘脸拿指甲一划，能铲出一道油沟，机器更是蒙着垢拉着塔灰，让人看了恶心。

而就是这只老挂钟，当我把钟楼子擦干净打上蜡，把盘脸和玻璃拆下

物件

德国瓷楼双箭座钟，20世纪初的产品。

用洗衣粉水洗净，把机器卸下来在煤油里泡上两天，用小镊子裹着软布把污垢一点点剔除，最后点上钟油，你再看，它就像一只流浪多年，回家后洗完澡喂饱食的良种犬，光彩照人，精神抖擞，又开始忠实地为主人服务了。

中国人之所以对古董钟不排斥，讲得悲情一点，是因为自己的钟表工业起步太晚。有史料记载的可推至乾隆五年（1740年），清宫造办处下设了御用钟厂，这应是中国专业制钟的滥觞。此后民间制钟业逐渐兴起，但都是家庭作坊，优秀匠人手工制钟一个月最多一两只。这些作坊大致以苏州、广州比较集中，所产苏钟和广钟也较有名。这种钟没有一丝洋味，外观古雅，多为红木钟楼，红木雕花钟座，有的通体镶嵌螺钿，钟楼与钟座似插屏上下插接；前脸是一块镌花铜板，图案多为吉祥花草或八宝，手工錾制；钟盘为瓷面，早期产的盘脸还是子丑寅卯刻度，后改为罗马字；钟内为铜制机芯，多为铰链传动，报时为铜锤击打铁碗，声音清亮。到清末，有了一些以制作钟表部件为业的专门作坊，比如瓷盘产于广州，钟链制于扬州，钟碗铸于上海，镌花铜板和红木钟楼等也都有集中产地，这应该算中国钟表向产业化的演进，但生产数量极为有限。而中国真正有批量生产的制钟工业，那已是20世纪前叶的事。这和欧洲制钟工业相比，差出了整整四五百年。

今天的古董店，已经基本看不到国产的苏钟和广钟。前些年我师傅花大价钱买过一只广钟，但从品相到机器已经都不行了，而且上弦的铰链也断了。他在天津配上一条铰链，花了3000块钱，那铰链酷似自行车链子，但比那细得多，像粗一点的项链，手工打造，极为精致。我曾有过一只小号苏钟的钟楼，可谓完品，但可惜只是空壳，没有机器。

今天古董店能看到的所谓古董钟，几乎都是舶来的古董钟或20世纪前期国产楼子配进口机器的"杂串儿"。

物件

德国赫姆勒瓷盘挂钟，20 世纪初的东西，上下最大长度 110cm。

古董圈
一个京城玩主的收藏笔记

瑞士真力时瓷楼钟，20世纪初的产品。

物件 ▶

法国皮套钟,带"问"(可定时打响),19世纪中晚期的东西。据说是当时法国贵族中普遍流行的马车便携钟。

古董钟除了个别高级品种外，大多结构简单，只要潜心钻研，自己完全可以修理。我就曾拆卸过多只古董钟，齿轮散了一桌子，装好后仍走得很好。

古董钟因是生活必需品，所以保有量很大，高档钟存量也不少。所以价钱并没有如其他古董品类上涨速度那么快。这些年也没有见哪家大拍卖公司有古董钟专场拍卖。

这些年下来，我过手的各种名牌座钟、挂钟、四明钟、皮套钟真不少，送走的也多。每送走一只，心里就不免难舍，我总觉得钟有灵性，换个主人不知人家会不会善待。但古董，除了收藏，也得流转，不然谁也玩不起。

古董钟，从历史走来，向未来走去，是它们一秒秒量着我们的生命向前流动，现在挂在我墙上的德国赫姆勒钟至少见证过我们祖辈生活的年代，如果不被遗弃，它还会见证后辈子孙的生活，社会不动荡，家园不颠沛，它就会永远挂在那里。"继往开来"这个词，最适用的就是古董钟。

物件

几张老照片的故事

也许是"文化大革命"被耽误了学业,就像老饿肚子的人看见什么都想吃一样,我打小就"坐"下一个毛病,只要看见带字带画的旧纸头就有一种抑制不住的兴奋。这就又有了我以后的一个收藏爱好:爱淘破纸、买破纸、收藏破纸。

不知从80年代的什么时候开始,我家附近一条小河的两岸,悄然出现了许多收废纸的窝棚。收废品的三轮车把从北京九城收来的废纸卖到这里,再从这里运往外地的造纸厂。这可成全了我,一有时间,除了进城进村刨古董,我就徜徉在这些窝棚里和来来往往的三轮车之间。

大约是90年代一个夏季的星期天,我照例来到这块"福地""巡幸"。在一辆卸完货的三轮车上,一只孤零零的牛皮纸破信封不知为什么引起了我的注意。信封上款是:"西总布胡同51号",下款红字印刷:"中国文学艺术界联合会",外加手写"唐棣华寄"4个字。收信人:黎莉莉。

黎莉莉我知道,是著名电影演员。我党隐蔽战线的先驱钱壮飞的女儿。三四十年代主演过《大路》《艺海风光》等影片。唐棣华这个名字似乎也在哪儿见过,但一时想不起了。打开信封,先掉出来的是两张名片,一张是欧阳山尊的,一张是沙博理的。一个是北京人艺的著名导演,一个是著名翻译家、入了中国籍的外国老朋友。欧阳山尊的名片上还分三行竖文写着"问候　莉莉、中信　好！"（艾中信，黎莉莉的先生，中央美院教授）显然是欧阳公的亲笔。信只几行，是关于裱画的事，末尾一句："翰笙可能日内出院，请勿念。"我一下想起，唐棣华，共有同名的两位：一位是黄克诚大将的夫人，另一位正是"文化大革命"中"四条汉子"之一的阳翰笙的夫人。

信说起来并没有太多文物价值，但一纸连着数位名人，我不禁来了兴致。问那位三轮车主把一整车废纸都卖到哪儿去了。车主操着河南口音说："纸找不回来了，刚过完磅，人家运废纸的大卡车就来了，都运走了。"我遗憾地"啊"了一声，打量一眼这位憨厚的小伙子，刚要走，他却叫住了我，从前车筐里拿出一摞照片，问："这你要不？"最上面的是张郭沫若、茅盾和周扬的合影。坦率讲，当时我一眼认出的只是郭沫若，再认，才想起是茅盾和周扬。我问："多少钱？"小伙子没把这东西当回事，所以显得很大方，说："老朋友了，要钱不合适。可大热的天……"他一笑，指指路旁的小卖部。我明白了，急忙进去买了两瓶冰镇啤酒塞给他，他也满意地把照片递给了我。

回家再看，周扬身上被用钢笔画了一个"×"，写了"周洋"二字，这是"文化大革命"特有的痕迹，名字也写错了。我把自存的《文坛繁星谱》（第四届文代会画册）翻出来一对照，那上面的周扬，已经老多了。

端详着这张照片，我生出了很多问题。郭、茅二人都是朴素的布料干部服，周扬的衣裳和发型简直就像个学生。是什么时候、什么机缘让他们聚到一起合了这张影呢？直觉告诉我，这也许是在新中国成立初期哪次文艺界的大会期间照的，比如1949年7月的第一次文代会和1953年9月的第二次文代会，两届主席团主席都是郭沫若，副主席也都是茅盾和周扬。

物件

↑右至左：郭沫若、茅盾、周扬。
↓右至左：田汉、洪深、郑君里。

果然，查阅资料，发现第一次文代会期间，有一张毛泽东和周扬的合影，周扬穿的正是这身衣服。

周扬，是毛泽东文艺思想的权威阐释者，是建国后17年文艺方针路线的重要执行者。由于这条"左"的路线，很多"右"的和"极右"的文化人，都曾被他驾驶的那辆文艺"开道车"残酷碾压。"文化大革命"中他被冲击得很厉害，这种冲击使他在对毛泽东的崇拜和严峻的现实之间作了痛苦的思想挣扎。"文化大革命"结束后，他诚恳地去向那些他曾整过的人道歉，有的甚至多次上门。一位朋友是专门研究周扬的专家，曾跟我讲过不少这方面的事情，让我很是感慨。"文化大革命"中我第一次偷着阅读他翻译的托尔斯泰的《安娜·卡列妮娜》，为他译笔的流畅、细腻、精准深深折服。

一摞照片里再翻，又发现了一张三人合影：田汉、洪深、郑君里。这都是现当代中国文艺天空中几乎最亮的"星"。地点是颐和园无疑，因为昆明湖畔的石栏我太熟悉了。三个人穿得都很一般，虽然郑君里是西服领带，但也并不是海派笔挺的那种。这不用说也应是和郭、茅、周那一张同期的雅集合影。

说到第一次文代会，那是一次里程碑式的会议，按经典的说法：是解放区和国统区两支文艺工作者队伍的大会师。这次大会甚至比第一届全国政协会议还早一个多月。

顺带还想到一个掌故：这之后有一次和朋友去现代文学馆，发现有一张照片，也是田、洪、郑三个人，也是同样的背景，但并不是同一张底片下的照片，而图片说明却写错了，把郑君里标成了高长虹（现代作家，因与鲁迅打笔仗而出名），过后我给文学馆打过电话，也不知他们后来改过来没有。

物件

紫檀手串的祸害

一个朋友专做紫檀手串生意，在全民玩手串的今天，他发了。紫檀料分老料新料，据他讲，做手串，老料的价钱比新料高几倍。他曾得了一块4厘米厚，20厘米宽，足有1米8长的老紫檀板，看着像一张紫檀大床或大案上的大边。这块板规规整整，我觉得都不用加工，直接摆在家里当装饰就提气，就是古董，就有看头。可这位仁兄得此板的高兴不是因为它的难得，而是他已经算计出这块大板用来车手串珠子能挣多少钱——能挣多少钱当然是他心里算的，不会跟外人说，因为跟我关系好，他让我猜个数。我说："我没功夫跟你逗闷子，我给你加钱，你把这块板匀给我行不行？"他立刻说，你加多少？我说给你加2万。他撇撇嘴夸张地说："你歇了吧，就你加的那点钱，连紫檀锯末都买不了。"我开骂了："你就缺德吧，这么好的一块料，你拿去车珠子，这世上还能剩几块这种板子？人家等着大料配腿配枨配大边，你真格就舍得车成'糖豆儿'零卖？"他说："嘿，你别急，现在是怎么赚钱怎么干，你又没有等着修的紫檀家具，要有，我白送你一根腿一条边。再说了，我这是车佛珠，结佛缘，你根本不懂。"我说："就你这德性，你真要车了珠子，佛都不答应你。"说归说，骂归骂，我这在金钱面前太没分量的"微言大义"人家根本就不听，最后听说还是锯了板子车珠子了。这就像刽子手砍人，干惯了连眼都不眨。他

古 董 圈
一个京城玩主的收藏笔记

一截紫檀原木，高 15cm，直径 15。和那块方形瘿木一样，它摆在那儿，不用雕琢，就能引人遐思。

家院子里的紫檀新料堆成小山，大都是直径10厘米粗细的圆料，最后都得被"碎尸万段"，车成珠子串成手串。

紫檀的宝贵就不用形容了，我曾见过一只紫檀小柜，十几年前要价才6000元，我觉得便宜得有点出奇，掂掂分量，再细看，是贴的紫檀皮子。旧时工匠的绝伦手艺不用细说，就单凭用手锯解出只有几张纸厚的木皮子，你就不能不服气。而为什么会出现这种贴皮的家具，说了归齐，还不是因为这种木料的珍贵。我曾托在鲁班馆修过家具的一位老师傅修一只老紫檀足承，这只足承缺了一条40厘米长、6厘米宽的望板，再加一条一厘米宽的束腰。我给他一根紫檀桌子腿，让他裁着用。两个月过去了，没动静，我去问，这师傅说："那根腿裁了太可惜，糟践东西，我下不去手。再找找，尺寸合适，修起来心里不闹腾，紫檀这东西能用刨子不用锯，呆了材料，祖师爷不答应。"半年后，足承修回来了，是老师傅自己找的料。我看了半天，是三片老紫檀薄板像压三合板一样用鳔纵横粘合，老包浆冲外，做工那是天衣无缝。

紫檀，尤其是今天时兴的印度"小叶紫"，在老世年间就是贵重材料，因为这种树长不大，又长得太慢。据说料拿在手里，工匠且不下家伙呢，得反复端详，反复谋划，一锯下去，再加几刨子，一个剖面就出来了，"背阴"的地方根本不铲不刨，怕的就是把料糟践了。那心情太像得到一块田黄或鸡血印材，没听说谁在上面雕刻印钮的，也都是想尽量将原材料最大限度地留存的意思，因为那种东西用不着加工就已经是珍品。

我不敢说戴手串是件愚蠢的事，因为中国上亿的男女不论贵贱都戴手串，时尚潮流嘛。而且这也是老祖宗留下的习惯。但不能因为有爱好就不管不顾，什么都敢糟蹋，就像老话说的笨老婆买两丈蓝布做大褂，裁来裁去最后裁成了汗褐。这还可以原谅，是因为人家笨。而现在的人不是笨是贪，为发财比着破坏环境，比着暴殄天物，而且谁都不怕过后遭大自然的报应。

你玩手串不要紧,菩提的,水晶的,曜石的,籽儿的,核儿的,都能玩,干吗非要冲那些几百年才长成的稀世珍材下手呢?

还要说的是,有人说紫檀手串戴上可以舒筋活血,镇静安神,消炎去肿,这种混账话也有人信?更无稽的是,还有人说,紫檀手串可以消灾辟邪,转换风水。我上面说的那位朋友,就用这话忽悠买主。

我对他说:"瞧着,你得损寿!"

物件

对待瓷器

"对待瓷器",一句话只说了一半,后一半是"要小心"。有人说,"这是废话",我说,"废话"也得说,因为不怕絮叨,只要能听进一个字,多加一分小心,就能避免万劫不复的损失。

我曾在国外买过一只30厘米口径的龙泉炉。仅炉的尺寸就占着一绝,而且色气上佳,完整无缺,年代当在清中期以前,更可贵的是,还有一只原配的红木炉托。当然价钱也不菲。

回北京时,因随身箱子里有电脑等东西,所以鬼使神差,我把炉放在了托运的箱子里。装箱时我还生怕出意外,把炉裹了多层发泡塑料,以为万无一失。

等到家开箱时,发现炉碎了,开成几瓣。心疼是不用说了,更多的是后悔。我悔不该不随身带着它,哪怕用个包袱皮提着,哪怕把电脑拿去托运。电脑坏了可以修,而这炉,却再也无法复原了。

我把炉粘好,远处看仍不失原来的气韵,但却掩不住炉的伤痕。我也受伤了,总也忘不了开箱那一刻的剜心之痛。不光是东西一碎就不好玩了,也不光是瓷器一冲一崩就要减价,还因为老祖宗传下来的这东西,让我不小心给弄坏了,造化给了我拥有它的缘分,我却把这缘分给毁了。那次以后,我曾几次做梦,梦到机场搬运工猛摔我那箱子的狰狞样子,醒来后想

古董圈
一个京城玩主的收藏笔记

那只空运时摔碎的龙泉炉,这是没碎之前的模样。

想，不怨别人，只怨自己。几个月后，我把那炉12000元给卖了，按行市，如果不坏，那是十几万元的东西。12000只是那只红木莲花炉托的价钱。不是我寡情容不下这只炉，而是一看到它，我就闹心，就悔恨，受不了。

可以说，在古董门类里，别的东西都不会有那么惨烈的事情出现。木器坏了可以修，从国外寄回的木器，到家一看，有时都散了架，但我不怕，因为可以再重新拼粘，哪块望板、角花，甚至大边坏了，都可以修可以配，最多就是多花点钱，弄好后，它还是它。我曾不慎拧断过一只大型德国五音挂钟的发条，那是只20世纪初的老钟。当时心里很慌，但冷静下来，把钟拆开，把发条从条盒里绕出来，把断了的一头退掉火钻出孔重新铆上，一点点装，一点点调，用了半个月，那钟修好了，不知道的什么也看不出来。

但瓷器不同，不出事则已，出事就没法弥补。即使修了，也是破相的东西，一目了然，无遮无挡。它和玉器一样，只要有闪失，就别想挽回，没有机会。

所以我想说，玩古董，起码的准则是保证东西不损坏，起码的道德是记着它不光是你用钱买的东西，还是老祖宗留下的东西。我曾在潘家园市场看到一位一身名牌西装的先生，大雨骤至，一群人在一个棚子下躲雨，他跑过来，西装几乎湿透，胸前鼓起一个大包，用手捂着，那身段就像个残疾人。到了棚子里，他从西装下把那大包拿出来，里面是一只梵红的玉壶春瓶。当时我暗笑他太迂：瓶子又淋不坏，干吗还放在衣服下边？但他那如捧婴儿的样子，却让我久久不忘。待到我的炉碎了，又想起了他，我实在没资格笑人家，他看似迂，却是用心来呵护那只瓶。

随着时代的推移，年份又好又完整、一点伤残没有的老瓷器，无论路份高低，都是越来越少了，原因是有我这样的倒霉鬼、粗心鬼存在。所以玩收藏，你不染指瓷器便罢，只要过手，就请小心，像扶老人，像抱孩子，像护眼睛，像临渊履冰，总之，怎么加小心都不为过。

要有一个参照物

从耿宝昌、王世襄开始,这些年关于瓷器、木器收藏的书和图录出了不少。一些人按图索骥,照着书买东西,成功的不多,交学费的不少。因为就算图录再忠实于原物,也是二维的、扁平的,终究不是实物。隔空让你建立三维概念,悟性很好的人或许能搭起从文字、图片到实物的跳板,把其间的误差控制到最小,但一般人却很难做到。道理很简单,体认古董,是实践性很强的活动,没有对实物的观察与触碰,就不可能找到准确的感觉。

因此,我主张一定要先拥有实物,瓷器哪怕先有一块瓷片,木器哪怕先有一根腿一根枨,当然完整的器物就更好。

有了实物,就有了参照系。就可以在不同的光线下观察色泽和质感(图片所能给你的只有一种光线),就可以在把玩中掂出分量,扪出冷热。如果这件东西在你手里放上几年时间,你就会对这一类东西形成直觉,再见到同类时不用费劲儿就能"认"出"血亲"来,保证错不了。

有了实物,你还可以举一反三,对相同时代其他门类的器物提高悟性,遇到它们时会被唤起一种本能反应,犯错的几率也会降低。

有了对实物的准确认知,你翻回头来再去看相关的书籍,就会归纳总结和理论升华,这就是我们这代人从小就会背的"实践,认识,再实践,再认识,这种形式,循环往复,以致无穷,而实践和认识之每一次的循环的内容,都比较地进到了高一级的程度"。

当然,最重要的是这第一件东西一定要买对买好,不能错,东西错了,你的感觉就会错,谬种延续,会一错再错。因此买第一件东西一定要谨慎,必要时找可靠的人帮忙掌眼。而且第一件东西的起点一定要高,不要急着去拥有一件虽然保真,但档次很低的东西。买件民国土窑的"嫁妆瓷",即便买对了,它的位格也只停留在"土瓷"上,等你再看高路份的瓷器时,还是一头雾水。这里顺便要说的是,玩收藏,一定要有高起点,人常说"宁吃鲜桃一口,不吃烂杏一筐"。当你买了一件高档东西,一开始就拥着"美女"渡时光,等再遇到丑八怪,不用人提醒,你就会躲得远远的。

对这第一件实物,我深有体会。我开始玩的时候,还基本处在古董收藏的"洪荒"期,当时没人指点,完全是胡买胡玩。好在当时玩的人很少,只要你跑得勤,东西很便宜。我很幸运,买到的第一件瓷器是一只清前期的青花瓷炉,只花了25块钱。从一个农民家里买出来时浑身油垢,洗净一看,虽然有一道冲口,但形体完整,发色很好。这只炉虽然因为有伤,后来并没有多大的升值空间,但它起到的样本作用却一直影响至今。从那以后,买到的青花瓷器,都自觉不自觉地以它为准绳,错犯得很少。

我买的第一件硬木家具是一只快散架的红木圆凳,只花了5块钱,是一个收破烂的河南人转给我的。买到它时我根本不认识什么是红木。只看着它好玩,也不贵,就收了。当用自行车驮着它去逛下一个集市时,有人问我这凳子卖不卖,于是我有了警惕。后来找人一看,才知道是地道的老红木。这是只民国的洋凳子,一堂应该至少4只,单只不值什么钱,但做工精致,最可贵的是木质极好,完全可以用作样本。从此我认识了什么是老红木,再买硬木家具,很是顺手。吃过小亏,但没买瞎过大东西。

古 董 圈
一个京城玩主的收藏笔记

上图为青花小缸,下图为青花"人头罐"。两件东西年份都不错,够清中期。

物件

  我曾花两块钱买过一只金丝楠的镜支，它顶盖的老漆都脱落了。唯其没有漆，我才认识了什么是金丝楠。最简便的方法是把木头平面冲着阳光一照，那木纹闪着平绒般的光泽，金黄暖软。从此看楠木再不会错。可惜有一年我鬼使神差把它抱到官园花鸟市场给卖了，现在想想真有点像卸磨杀驴，对"朋友"不太仗义。

  而紫檀我就没买到像样的东西，所以直到今天我认起来还会含糊，以致把一只紫檀笔筒当老红木的给卖了，两种木头有了年份后，颜色相差无几。红木家具一上了百年，有时会和紫檀一样红黑油亮；而紫檀年份高了也不总是黢黑，有不少也透红。两者的区别就在手头上的重量，紫的重，红的稍轻。早年没有实物让你形成概念，一上手就不可能有准儿，尤其像笔筒这种中空个儿大的物件，就更容易错乱。

行市

生意

规矩

圈子

物件

糗事

笑谈

盘道

几件懊悔的事

在我玩收藏的这些年里,曾遇到过数不清的后悔事,有时悔得肠子都青了,但最悔的莫过几件该买没买的东西,那真是些好东西啊!

第一件是一只清前期的红木香几。就在报国寺第一层大殿的后身,这说话也得有十多年了。卖主是收破烂的老刘。

这只香几看上去灰头土脸,残得厉害。香几面儿已经没有了,只剩下一个六方的边框,打凹开窗的束腰只剩了三条,六条腿有两条已经折了,六条"拖泥"只留了一条。当时老刘要价是18000元。中规中矩的价钱,一点都没多要。

为什么这件东西那么让我上心,因为我看到了它高贵的"出身"和高雅的气质。它丰肩细腿,婀娜俏丽,通身散发着阴柔俊健之气,带出一副盛世神态,能让我想象出它修复后的华美神采。

木器残不怕,就怕没有修活儿时的参照,这件东西恰恰每个残损的部位都有参照物。束腰有三条,就能仿出另外三条;腿缺了两根,可以照着那几根重做;"拖泥"更不成问题,本身做工就不复杂,找根长板起出线来,截成五截就是了。

说得这么热闹,为什么没买?——没带够钱,当时也没熟人可借,那老刘"一把一提溜",概不扎账。我心里火烧火燎,按住那香几,伸头在人流中找朋友，但那天真的点背，竟一个也没有，再转回来，东西已经被人买走。

香几这东西，不像桌椅箱柜，那是高贵人家的摆设，轻易在市场见不着，见着了，却失之交臂。这让我郁闷了好多年。

也是十几年前，在一位朋友家见到了一架穿衣镜。素雅简洁，最晚也是清早期的物件。最特殊的是，它超大的尺寸，高足有一米八、九的样子，15厘米宽的大框足有5厘米厚。切边的大玻璃砖镜子，水银已经有些浑浊了，但照人不成问题，在镜子的左上角有一个小孔，但并没有使玻璃炸开，朋友说是子弹打的。穿衣镜存世量不小，稀罕就在于它的超大。这种大穿衣镜在民间（故宫和颐和园不算）我只记得在以前的解放军出版社二楼转角处有一架，还有八宝山革命公墓办理首长入墓手续的小楼里有两架，可着北京的古董市场，我就没见到一架。

朋友索价3万，虽然当时我的工资只有千元左右，但这价钱我并不觉得贵，只有一条让我打消了买的念头，那就是它太高太大，家里没地儿摆放，这种镜子，得有四米高、六十平米的大厅，摆着才匀称气派。

但我当时就缺了一份投资的心眼。如果把它买下来，学王世襄，拆散了往床底下一塞，到今天，少说得有大几十万的卖价，那可比红木八仙桌升值快多了。

再有一件，是一只万历五彩的小罐。这说话也是二十年前的事了。一个喝街的朋友叫我上他家，然后拿出了这个小罐。小罐高有25厘米左右，带盖，画片儿是鱼藻纹。古朴艳丽，一点都没脱彩。要价800元。今天想来，这应该是一件旷世的绝品，至今再没见到有品相如此俊逸、发色如此地道的"本年份"东西。

没买的原因比上两件更难启齿——嫌贵。当时一只乾隆百鸟朝凤的三百件大瓶，运气好，100元就能到手，一位朋友在一个农家院里花15

块钱买了一只明嘉靖的"锥子缸",而这么个小罐朋友开口就要800元,快顶我当时两个月的工资了,我没犹豫就回绝了。

今天检讨这些事,悟出一条心得:还得向那些先贤学习,得有一份硬心肠,见了好东西,得有一种不顾一切向前扑的猛劲儿,得有一股像张伯驹那样,关键时刻,典房子凑黄金拿东西的狠劲儿。

不然,你这辈子剩下的,就只有戳心戳肺的悔痛。

《五牛图》的悲剧

老康一位当兵时的战友在北京远郊开了一间小印刷厂，本微利薄，却小富而安。

这天拿了一幅画让老康找人"给看看"，我和老康住一栋楼，于是就近约了我。

活了101岁的徐邦达先生有"徐半尺"的雅号，意思是，差不多的画，打开半尺，就能看出真伪，这回我过了一把"徐半尺"的瘾，画只打开了天头，我就说：这画不对！不是我水平有多高，实在是那画太熟悉了，就是潘家园成摞卖的"行活"，粗制滥造，俗劣不堪，15年前刚"上市"时50元一张。

这种画用的是粗宣纸，施以糙裱，看上去很厚实，表面泛黄，打着皱，一看就是让脏水渍了，漫着污迹。化纤的"绫子"故意不粘结实，四边都耷拉着，不均匀地散布着虫蛀的叮眼。所有工夫，都下在一个"旧"字上。

常逛的人，一般不拿正眼夹它，这种贩子也不打算在北京人身上做成买卖，只为批发给边远地区来上货的小贩。不想老康的这位朋友就上了当。

他不死心，脸上发僵，一再让"再给看看"。画全打开了，画的是

《五牛图》，老康乐着喊起来："你手够壮的！宫里的东西都让你捞着了！"开印刷厂的车轴汉子听着调侃，知道没救了，咬着嘴唇，不言语。

说人家的货不对，肯定要招来不高兴，但当着老康的面，又不能说假话，最后不欢而散。

晚上老康来电话，说那画是在安徽一个县城买的，花了8万块，是那印刷厂一年的利润。

画作假，自古"故事"最多，别看成摞摆在潘家园没人问，要是一张"单飞"到山旮旯里，就保不齐有人上当。

我就认识一个专卖假画的农村小伙子，有时在市场遇上他，就笑着问："开张没有？"小伙子皱着眉头，一脸夸张的忏悔表情，说："大哥，我今天又造孽了，出了两张。"这不知又是哪个大头让他给"冤"了。

和洋妞儿抢东西

那是 20 多年前，一次在潘家园转悠，见一个外国姑娘背个大书包，匆匆串在各摊贩之间，不似大多数人的悠闲。细看之下，发现她逢摊儿便问有没有绣片，即民间刺绣。谁有，基本上不砍价，拿过来即付钱。一路走去，不多时便装满一书包。一连几个周日，见她回回如此。

这引起我的注意。

一路尾随，发现她过手的绣片竟如此之美，价钱却便宜得惊人，怪不得她不砍价。

在此之前，我只注意瓷器、木器等"主流"古董，但不知怎的，见到这个外国妞儿的"豪夺"行径，竟有一种失落和愤懑感，联想到不久前，也在这个市场，一辆大使馆的黑牌车旁，两个老外正往车上装淘来的老座钟，那不是一只两只，而是足足装了一后备箱加一后车座。那时的中国人多数收入还很低，也没有收藏意识，玩得起古董的更是极少数人，所以那些从各地来京的古董贩子，是仨瓜俩枣，给钱就卖。有多少好东西就在那时趁中国人还没"睡醒"，被外国人装上车、装上飞机、轮船，运出国门。由此我又想到百年民族遭际，一颗"中国心"久久不能释怀。

咱不能成车的往家拉钟，绣片还买得起，更何况那些出自几十年上百年前中国妇女的巧手、蕴藉千年文化、有鲜活民俗元素的艺术品，它们

| 糗
| 事 ▶

几幅我藏的绣片。当年收了一堆，大都是 20cm 见方的小品，夹在一本相册里，保留至今。但大尺幅的绣片很少，因为价高，多收没这个实力。而真正显出旧时妇女精绝手艺的，是那些大幅山水刺绣，那实在是美得让人窒息。

古董圈
一个京城玩主的收藏笔记

是那么轻灵精致,耀眼夺目。于是,我开始出手"抢夺"绣片。但几轮下来,我发现还是争不过那姑娘,她不讲价,不挑拣,说了归齐,还是她有钱,而且那些摊贩,看她是笑脸,看我是冷脸,有货的都主动往她跟前凑。

我惭愧,为什么如我这样的中国人,非得等外国人开始动手"抢"了,才发现自家的东西好。舍不得,却又眼睁睁挡不住人家。

20多年过去了,我把收集的绣片拿出来看,欣喜之余,难免记起当年的感慨。如果是今天,中国人扫扫自己抽屉里的零钱,也不能让外国人像捡垃圾一样,把那些好东西都撮走。

这些年,中国富了,可多少好东西都不在家了。再想从人家手里往回买,切!谈何容易。

写字台买瞎了

最近，我买了一张花梨木写字台，年份当在民国前期，款式是中国开埠后上海、天津、广州等通商口岸常见的带洋味儿的"两头沉"，也即老话说的"买办桌"。所不同的是，它的尺寸奇小，长宽还不及二屉桌，尤其高度，只77厘米，比清末的红木"褡裢桌"还矮了近10厘米，仿佛是一张量身定制的坤桌。两个"下墩"一边是4只抽屉，一边是小柜，中间将能容下两膝，两"墩"共8只虎豹腿。

这张小桌在一位朋友开的店里，我一眼就瞄上了。一是看它小巧，二是看它有一块完整的白色老理石桌面，三是它那水饺式的铜把手，全部是"原来当儿"，螺钉一颗都没离开过"母体"。

而等把这张灰头土脸的写字台运回家，照例擦洗打蜡时，细细端详之下，我心里惊呼：买瞎了！

这买瞎倒不是买错了年份，而是买错了做工和用料。

首先这张写字台下边的望板都没有用榫卯，只用胶浮粘，是"猫盖屎"的活儿，这在清及民国以前的家具中不多见；再就是抽屉搪板朝里的一面用的是钉子，搪板虽然是柴木，用钉子照样结实，但那时的家具没有那么做的，都是燕尾榫卯咬合，这抽屉不知是出自哪位"鲁班师傅"之手。

再就是用料的"仔细"。这桌子是花梨的不错,但用料太吝啬,四框纤细,侧板过薄,除了桌面理石周围那四条大边还算"虎势"以外,其他部位都是能使八分不用一寸,那8只虎豹腿都是先贴后雕的。

还有遗憾,就是买时没有细看"动手"情况,只眼一搭,见通体"风尘仆仆",就觉得应该差不多。但细讲究,却发现动"小手"的地方不少:一些开榫处都用小木块粘拉;洞缝是堵腻子涂色;缺角处以花梨锯末和胶勾抹;旧报纸铺盖着的抽屉底板,有几块都是后补的马粪纸板。

及至把沟沟缝缝里远至百年的前尘积垢剔擦清除后打上蜡,现出老花梨喜人的浆色,远看近观,心里不太是滋味。想起单田芳评书里的一句惯口:玩了一辈子雁,临了儿让雁鹐了眼——这东西不该买!至少不应该花那么大的价钱。

这怨谁?

还是怨自己。东西在人家店里摆着,钱在自己兜里揣着,这两样东西咋能"掉个儿"?说了归齐,还是自己气迷蒙圈,见了上眼的东西,手痒沉不住气。深一层的内心活动,和刚"入市"的生手没啥区别,那就是,怕好东西让人家抢了去。

人的欲望,就如一匹野马,你驯养得多熟,也有勒不住缰绳的时候,一到这时,别说你,就是坐怀不乱的柳下惠,也有把持不住的瞬间,就在那一瞬间,错误就犯下了。

笔筒，卖亏了

多少年前卖了个笔筒，现在想起来还后悔。

收藏与后悔，是相依相伴的事。

这笔筒，口径有16厘米，高也16厘米。是在一个朋友的店里见到的，开价8500元。当时觉得贵得出了圈儿。老板精灵，按评书里讲话：眼睫毛都是空的。他看出我又喜欢又嫌贵，就说，要不上你那儿去，咱俩"打架"（以物易物）。我说行。在我家，他看中了一件老藤子花插，有25厘米高，原装的红木托，是件精品。只可惜腰上有一道刀痕，不知是哪年哪月让谁砍的，破了相。他说："就是它吧。"

这笔筒真老，不用使劲儿擦，用手一摩挲，就起浆儿。但时间一长，也就不拿它当回事了，放在写字桌上。那桌子太窄，笔记本电脑放在上边，一写东西，总是让这笔筒硌着，胳膊挺难受。一年后的一天，朋友京明来了，看到这笔筒，问多少钱，我说8500收的，你要，加一千拿走。他是个有钱人，笑着说，我给你加两千。这举动在古董买卖中很反常，常见砍价的，主动加价的不多。但关系都不错，他不拿钱当回事也是圈里人都知道的，我当然同意，落个两头都高兴。

但不久，圈里传出消息，说老黄卖给京明的那个紫檀笔筒，有人给16万了，京明不卖，开价20万。我心里一惊，接着一凉，醒悟过来——

卖漏了！不用再核实消息的准确性，我知道那不会错。这事不光丢了钱，也丢了人。我从拿到手的那一刻，就一直把这笔筒当老红木的，一直就没有起紫檀的念头，所以根本就没仔细观察，喜欢它也不是因为它是什么木头，而是它的"老梆劲儿"。窗户纸一捅破，再想那笔筒口沿上"泥鳅背"起的龟裂和泛起的那层霜色，必是紫檀无疑！

老红木，时间长了，并不都呈红色，而多呈黑红色；而老紫檀，也并不都呈黑色，不少也呈黑红色。加之木料开解时方向各异，纹路千奇百怪，如果包浆厚重，蜡色之下，再缺乏点警惕性，先入为主，"迷眼"的事就太可能发生了。更何况，很多自认为是紫檀的东西，细看后，差不多的都是老红木，老玩主儿，十之八九都不往紫檀上想。

给自己找了这么些"辙"，还是免不了闹心脸红。说了归齐，还是眼睛不好使，怎么人家京明看出来了，你就没看出来？人家能挣的钱，你怎么就没挣着呢？

话说回来，玩收藏的魅力，就在于身边常发生些意想不到的事情，让你惊喜、懊丧、庆幸、后悔，让你过多少年都忘不了那一刻的心跳感觉。

花盆凑对儿的懊恼

我有一对清末的豆青釉花盆,20厘米见方,20厘米高,竹节纹。它们有一段故事。

这对儿花盆严格讲是两个单只,它们是一只一只凑成对儿的。最开始买的那只当时花了1400块,隔了3年,一次在一家古董店里几个朋友聚在一起聊天,无意间发现架子上竟有一只一模一样的花盆。在瓷器中,配对儿是件很难的事,要做到色气、画片儿、尺寸都对上,那堪称是"悲欢离合"的故事,但是这样的事竟让我碰上了(当然也有细微的区别,比如盆里的"带",就是一宽一窄,但外观没有大差别)。

朋友们喝茶聊天,我却不停地端详那只花盆。老板和我只是半熟,笑着说,这盆不错,有心要咱好说。我问多少钱,那时瓷器已经经过几次大涨价,他说您给6500吧。我说,我还有一只,跟这只差不多,我回去看看,如果能配上,我就要。古玩行里经常有这种情况,问了价嫌太高,不好意思说不要,会编个理由搪塞一下。老板以为我也是拿话推脱,就顺口客气,说:行,有心要,价钱还能再商量。

于是我大意了,犯了错误。

有一天我把家里那只盆拿到了那家店里。老板和在场的人都惊呼:真是一对!不仅竹节粗细一样,一排竹子的凹凸深浅也一样,色气、尺寸就更不用说了。我也高兴,跟老板说,那咱们商量商量?

而老板却苦笑着说:"黄老师,实在对不住,这盆昨天有人订了,定

糗事 ▸

配对儿的方花盆

金都交了。"我心里暗自叫苦：完了，让这小子套上了！我立刻说："别介，谁订了也得匀给我呀，我这是配对儿使的。"老板说："可人家给了8000了，您得让我卖个好价钱不是？"我心想：我就知道是这回事。但不甘心，说："那我也给8000怎么样？"老板正色说："别，别，咱不能不懂规矩，订出去的东西我给卖了，明儿再怎么混呢？"

我后悔当初没凿实了价钱，让他把刀架在我脖子上，听这口气，这盆想拿下来，8000还打不住——可谁能想到还真能配成一对呢？

我说："你得给我，不行我把订钱加倍赔给他。"

老板还是绷着不撒嘴。我忽然心里发狠："妈的，让你调理我，老子不要了行不行！"于是我不往下谈了。

老板一看要脱钩，话又软了："您真有心要，要不我给他打个电话商量商量？"

我说："别商量了，单只也挺好，再说价太高也没啥意思了。"

就这样不欢而散。

过了一个多月，和朋友又逛到那家店里，不出我所料，那只花盆还在架子上摆着，根本没人动。老板见到我笑着搭讪说："您真有运气，那人后来没拿那花盆，白便宜了我800块订金。要不您再看看。"我有心说不要，但又觉得让这对儿花盆继续"耍单儿"心里过意不去，不论是人还是物，可聚而不能聚，都是悲剧。再说将来如果出手，成对儿比单只，那可不是加倍的关系，就问：那给我多少钱？老板毫不犹豫说8000。我说当初你可说的是6500，而且还能"商量"。老板说您都配成对儿了，还在乎这千八百块钱啊，这盆一方顶三圆，有这行市。我直说，你这人不地道。他找辙：要不我刨了那订金800，您给7200吧。我懒得再跟他废话，交钱拿货走人。

过后想想这事，也是无奈。你不把盆拿到店里，就无法比对，拿来，就惹人算计，好在有情人终成眷属，"对儿"是配上了。

王世襄：采访之外

2000年，我应朋友约，去采访王世襄先生。

那时玩家具已经多年，对这位执明清家具研究牛耳的专家闻其名似如雷贯耳。

那天夫妻两位老人都在家，"主诉"自然是王先生，但夫人袁先生也从旁搭腔。王先生对自己的老妻恭敬如仪，她一插话，王先生立刻噤声，并按老妻的思路往下说。坦率说，王先生可能是自小生在北京，新中国成立后又历尽坎坷，身上带着不少北京平民的底层气味，而袁先生却知性得多，话锋也锐利。当时王先生刚出版《锦灰堆》不久，我和他谈到此书的一些内容，话题一开，我就得了个"倒好儿"——被袁先生训孩子似地训了两句："你还是没仔细看这本书，你的问题，书里都写着呢！"我暗自叫苦，心想：先生啊，采访任务刚来，书又是上下两册，那么厚，哪有时间细读，您不得体谅体谅晚辈呀。

采访时，插空儿给王先生照相，他坐在一只硕大的花梨画案后面，照完了，我忽然看到这只新制的明式大案的前望板竟刻着字，并勾填了石绿，显然是王先生自题的文字。我俯身细读，却被王先生打断，他兴致勃勃地说起这只画案。说这是他在福建考察时发现了一根极大的花梨木料，用集装箱运回北京，请鲁班馆的师傅按他给的图纸定制的，他笑着说：

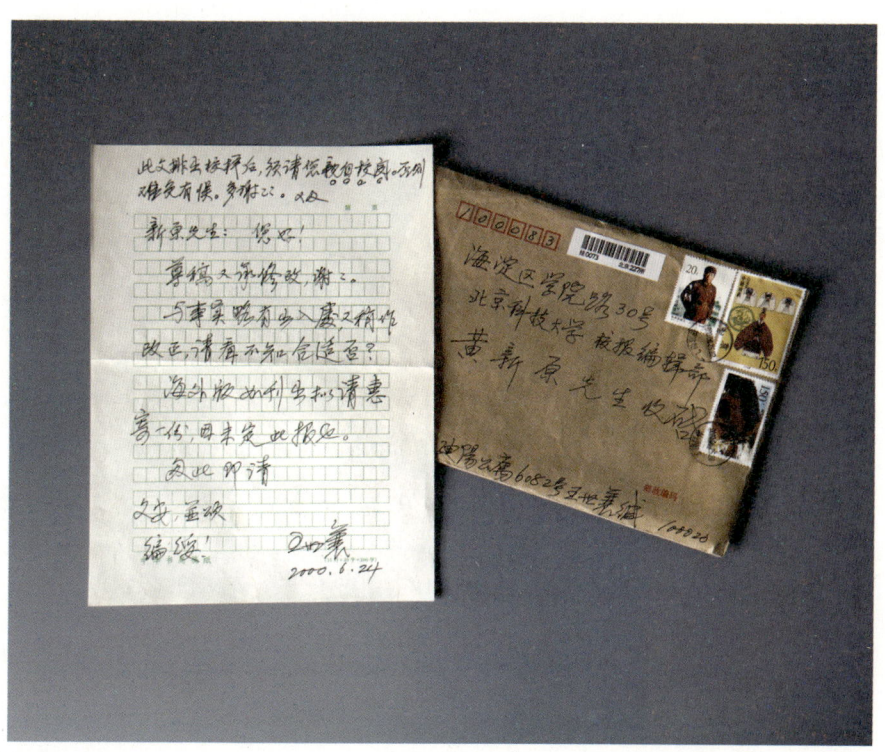

王世襄先生的信

"这个案子,不吹牛,是北京画案中的王。"袁先生可能看他太得意了,打断他,说:"你还是说正题吧啊。"

王先生对当时流行的"玩家"提法颇为不满,我很警惕他这个"口风",理解这个带点"痞气"的徽号对他是一种贬低。由此我文章的标题特意写成《立言堆锦,学者襟怀》,文章发表后,他来电说:朋友告之,这是近年写他写得最好的一篇。语气中既是鼓励又是满意。

初稿写成后,寄给他审阅,回稿改订不少,一眼能看出严谨学风,个别用字改之又改。并附一信。不是炫耀,老人已经故去,重读遗迹也是种怀念。录于下:

新原先生:您好!
尊稿又承修改,谢谢。
与事实略有出入处,又稍作改正,请看不知合适否?
海外版(《人民日报海外版》)如刊出,拟请惠寄一份,因未定此报也。
匆此即请
文安,并颂
编绥!

王世襄
2000.6.24

在这封信的上眉处,又加了一句:

此文排出校样后,须请您亲自校阅。否则难免有误。多谢多谢。 又及。

并在"亲自校阅"四字下加了圆圈。

一首打油诗

一位京城资深古董商,也是我的朋友,电话里给我念他写的一首打油诗,诗写得不怎么样,他原来善说数来宝,就那个味儿:

> 专家背后多开店
> 台上胡说台下骗
> 炒作忽悠一大片
> 社会经济全搅乱
> 信口开河把物鉴
> 借碗卖猫把钱赚
> 法律一旦亮出剑
> 这帮孙子全完蛋

话说得够糙也够犀利,有的用语失之偏颇,有打击一大片之嫌。但如果说"有的专家……"似乎也并无不妥。

专家多开店,这话无贬意。古董专家本来就没有几个学院派,不少以开店为生,时间长了,心有体悟,成为专家。专家也是人,既然这是专长,用来挣饭吃,无可厚非。

但专家要有专家的操守,如诗所说"台上胡说台下骗"的专家不是没有。一旦有了知名度，人们"认"他了，他就台上欺世，台下欺人，侃侃而谈，把人侃晕，以售其奸，这种人我见到过，这种事我也遇到过。

"信口开河把物鉴"，这个"信口开河"说得好，专家应有专家的"范儿"，"范儿"在嘴上。你嘴不对心，给人指的不是明路，不懂装懂，指鹿为马，或懂装不懂，假戏真唱，在买家的顶礼膜拜中把钱赚了，弄成周瑜打黄盖，概无责任。

"借碗卖猫把钱赚"，这典故都知道，但这里说的"碗"可不是那只永乐碗（有说是宣德碗），而是"专家"的徽号。有这只"碗"在手，良心"靠边"的专家不愁没有买"猫"的人，他也许不会卖给你死猫，但把柴猫当波斯猫卖的事，会经常发生。如果有人细追究，他能瞪眼自辩：你敢说那不是猫？

这位"诗人"，有不少这种专家朋友，或许看人家走货顺溜，有点羡慕嫉妒恨，故此以偏概全"编排"专家，这种心理不可取。但有一点他却可取，其实他自己完全够格当专家，也有人请，但他不去，不是口才不行，他讲话，是"丢不起那人"和"良心上过不去"。

这种事叫"拴驴"

古董圈里流行着一个词:"拴驴"。

什么叫"拴驴"?看过电视剧《琉璃厂传奇》的都记得这样一个情节:黑心的小崔把一批假铜器半年前埋到了远离京城的乡下庄稼地里,等收完一茬庄稼,埋东西的痕迹全部被掩盖后,他把徐二骗到这里说"底下有货"。昏了头的徐二日以继夜,深挖深掘,终于看到一批"价值连城"的"生坑"宝贝,以几百两的高价买到了手……

把假货放到意想不到的地方,让人于狂喜之下头脑滞胀、眼生雾翳,在发大财的美梦中上当,这就是今天说的"拴驴"。

一位朋友在京郊农民家里看到一只乾隆的粉彩香桶,既完整器型又别致,从满身的油泥中隐约能看出飞鸟纹饰和蓝圈底款。昏暗的灯光下,只见这位仁兄拿香桶的手微微发抖,我用脚轻轻踢了他一下,让他别着急,好好看看再问价,结果他迫不急待地问价了。一块玩的朋友,谁先看见东西,按规矩由谁先开价,其他人照例应该在一边静观,除了看到非常明显的问题提醒一下外,不宜用话搅和人家的买卖,以沾争买之嫌。事态的发展是朋友以高价买了件"新活"。事后一打听,这个农民有亲戚是古董商,不用说,"拴驴"的套儿是今天的"小崔"给挽的。

从那次以后,类似的事一年之中遇到和听说的又有好几起。

为什么"拴驴"的套儿那么好使？分析起来，恐怕大前提有一个：那就是要出其不意。小前提有两个：一是东西要高档，要抢眼；二是东西要放到一般人认为来路不会出问题的地方。

从心理学的角度看，出其不意最容易使人的正常思维发生混乱，这种混乱也许短暂，也许稍长，虽情况各异，但都会造成一个程度不等的"迷乱期"。下套儿的人就正是在这种出其不意造成的迷乱中让人"一枪致命"。

所谓出其不意，通俗说，就是让买东西的人忽然发现"草窝"里有一只"金蛋"。这种发现给人的冲击力无疑是巨大的。而且几乎所有有此遭遇的人的心理活动无一例外都会循着同一条轨迹运行——冲击之后是狂喜，狂喜之后是惧怕。为什么会惧怕？一是怕卖主也意识到"金蛋"的价值，二是收藏心理中的"排他性"本能地让他怕同行抢走这件宝物。试想：冲击—狂喜—惧怕，层层递进，有谁能经得住这样的考验而不迷失"本性"呢？接着就又有了第四波——着急，急着赶紧把东西买下来，东西落进了口袋，一切担心就都没有了。

那么第二，东西为什么要高档呢？这是因为玩家只要不是刚出道，都有一个共同的心理，要找"路份"高（档次高）的东西，所以"蛋"一定要金的，是金的才会吸引住他，石头蛋他连看都不看一眼，怎么能上套儿呢？所以用以"拴驴"的东西不是"大明"或""清三代""的瓷器，就是战国的玉器，再不就是北魏的造像、大名头的字画。东西越抢眼，击中你的可能性就越大。

还有第三，来路可靠。再好的东西，出自古董店，出自古董商之手，买主本能地就要加上几分小心。再说从这种来路出的东西一是没有"漏儿"，二是动手或造假的可能性大，买东西天然就会提高警惕。所以"来路"是这一行里极其重视的要素之一。来自农村，来自农民之手，或来自京城专门收废品破烂的"板车族"之手，这是最让人放心的来路。浑身油垢的瓷器、土蔽尘封的铜佛、烂纸似的字画，按一位朋友的话说：看到这种东西，那真是从心里往外痛快。平心而论，这种来路的东西，真货的概率是最大的，它们一般都来自不懂不爱、当破烂往外甩的家庭。而套儿，就恰恰下在这万万没想到的地方。

人们说玩古董的人都是人精，他们有记者采访似的耐心和执着，有一双识人识货的隼目，有透视古今的学问。可是为什么还会演这"失荆州""走麦城"的糗戏，吃这种"爆亏"呢？那位吃了亏的朋友后来说："哎，什么都别说了，谁都不赖，全赖自个儿……"这确是肺腑之言。说来说去，是什么使你甘心情愿、急急火火地掏钱买假货呢？眼力不够者是另一回事，眼力到家的人栽跟头那就纯属一个"贪"字作祟。贪，让你丧失冷静，缺乏理智。

其实"拴驴"的事古已有之，比如假画，早先有专造假画的作坊，专收小孩学徒，从小模仿名人字画，而且一个人专仿一位名家，仿到可以乱真的程度后，施以老纸、老绫、老轴、老装裱，置诸阴潮霉蛀的环境中经年"泡制"，最后远携至名家的家乡或其为官客居过的地方，置于书肆坊间，静候"拴驴"。下这样的造假工夫，不愁心高眼拙者不上套。这些"宣和遗事"很多书上都有提及，一些人或只爱玩东西不爱看书，或看过书也还是上当，怨谁呢——人的天性使然。

"世古之宝"

不久前,我在日本古董网上看到一只直径 15 厘米的瓜棱铜炉,精巧老梆。炉到了 15 厘米以上,就值得注意了。工艺应该说中规中矩,从图片看,一些细节看着挺舒服。最有意思的是炉款四字篆书"世古之宝"。明清宦家崇尚自拟家款铸炉,这个款不知是哪家的"雅识"。

看东西不错,就想拿,从 10000 多日元一直争到 120000 日元出头。几个对手都不相让,一直往上加,我一边加价,一边琢磨网上那几张照片,从质感、包浆、造型、锈色看着都对。但回头一想,有不少照片和实物相差甚远,再说看照片最大的问题是没法过手,老铜老瓷不用手"听听",心里总不踏实。

有人又往上加价,我一想,见好就收吧,如果到了 130000 日元,按人民币一算,也上 8000 元了。东西对,能翻两个跟头,赚个"对头弯儿",要是不对,都这岁数了再交学费,有点对不起老婆。爱谁谁吧——我不要了。

等第二天,怀着好奇心,我又看了看那只炉"落札"(落槌)的价钱,结果才比我给的最高价多出 5000 日元。

一股后怕掠过心头:这回算躲过一劫——货不真啊!怎见得?按我网上买东西的谨慎劲儿,这东西我估计怎么也得超出我给价的一倍以上才正常，但还没上 20 万日元就停住了，这是几个竞拍者都看出了蹊跷，心里嘀咕，没心气了。

不出所料，到第三天，网上一下出现了四只炉，款都是"世古之宝"。东西一扎堆，不用再看，必假无疑。前一只炉 1000 日元起价，还沉得住气。一看卖上价了，跟着来的几只，干脆就 28800 日元、32800 日元起价，开始胡来了。吃亏上当就一回，当然没人再理它。

由此，我痛心日本的古董市场，这些年全被中国人搅和了。假货有了，做局有了，网上无序拼杀有了，只要能和中国市场沾边的东西，价钱起得邪乎。一看抢货的网名带着拼音就知道是中国人，给的那价钱都带股"鸡贼"味，什么 20011 日元、155301 日元。只要沾这种零头的，差不多都是中国人给的价。

还有一点我没想明白。这些炉是从中国做好了运到日本的，还是在日本本土做的？依中国今天的浮躁，能仿出这么漂亮的炉吗？日本人最重细节，这批炉的细节真真是无可挑剔（当然只是从图片上看），莫不是日本古董商也学坏了，专门造一批高仿的东西来蒙中国人？想想，按李宁广告上说的：一切皆有可能。

还得说一句，在此刻，网上你看得清清楚楚是批假货，但等货到了买主手里，分散开来，山西去一只，天津去一只，广东去一只，分别潜入各地，都有老旧耀眼的包装，都有"记者证""军官证"（铸着"世古之宝"的"官款"或者再加一张专家的鉴定书），你等着瞧吧，没人上当，那才怪呢！

老头儿的惨剧

李冬的老丈人"走"了,有天他来电话,想约个时间让我去他丈人家看看,看有什么值钱的东西,他老婆娘家一儿一女,面临分家,他想抢先一步知道遗物的价值。他早就告诉我,老人也玩收藏。

我以前爱干这种逛"空巢"的事。一是可以借机开开眼,看看老辈人能留下什么新奇物件,还别说,往往能有意想不到的惊喜和感叹;二是如果主人急于腾房,你可以几乎不花钱就"扫"到东西——人家不要的"破烂",你给个仨瓜俩枣拿来,既心安又理得。

但这回不同,是给人家看"遗产",自己非但捞不着东西,还肩负着责任,所以动力不足,只是尽义务。

但到了该老丈人家,我吃了一惊。一套三间的房子几乎进不去人——没有插脚的地方。里面满坑满谷都是"古董"。一张新仿的罗汉床上满是瓷器,盘子成摞,大尺寸的天球瓶、玉壶春,成对儿的赏瓶、掸瓶、炉、罐堆了一地。还有诸如宝剑、如意、插屏等等,相与枕藉,遍体浮尘。两只柜中装满小件瓷杂什物,也都和那些"大件"年份相当,几乎没有一件与"古董"二字沾边。

面对这满屋子新活,我都蒙了,心里不舒服,不知该说什么。

最后还是咬牙来了一句:"基本上没什么正经东西"——我不能明明

看着连"研究"价值都没有的东西,愣跟朋友"玩深沉"。

这是我第二次遇到这种"惨剧"。第一次是一位朋友的父亲,人走后,也留下一屋子这种东西。老头是离休干部,最后穷得连住院押金都交不起。

我问李冬:"你老丈杆子玩这东西多长时间了?"

他说:"就从中央台有《鉴宝》节目开始,他就沾上了。"

我深知当年这档节目虽为老百姓在古董收藏上开蒙,但也坑了不少人。节目对"宝物"胡乱开出的天价,勾起多少人暴富的梦想。尤其是老人,因年龄关系,节目上的"宝物"不少他们都似曾相识,一看今天能值那么多银子,焉有不动心之理?

我向来主张,人上七十,就不宜参与投资活动,无论银行理财还是炒股,风险都比年轻人大得多。一方面他们信息采集不及时、信息源不开阔,另一方面思维固执僵化,认死理。从现在电信诈骗和医药诈骗专找老年人就能看出。新闻里那些不顾劝阻,拼命要给骗子打钱和动辄几百几千块买保健品的老人,就是极品的例子。

玩古董也一样,如果是从年轻玩到老,那问题不大,至少还有一定的眼力。就怕那种为了发财,半路出家的老人,最是危险。他们拒不听劝,却偏爱听忽悠。现在卖假古董的贩子不仅在潘家园、报国寺待着,都已经深入到了居民小区,专攻那些想抱金娃娃的老头儿。看准了你,就敢上门兜售。李冬的老丈人就是这种情况。"古董"贩子经常送货,要多少钱老头儿都给,越价钱高的东西,老头儿越藏得严实。李冬说,有时为买一件东西,手头钱不够,还给女儿打电话挪钱。

我再把这几屋子东西仔细捋了一遍,还不错,看到两把椅子,这肯定是老头儿当花梨木买的,其实是柞木。但不管怎么说还是民国的老货,款式包浆都还有一眼,我跟李冬说:"到时候,你就要这两把椅子吧。"

真正的傻蛋是我

20世纪80年代以前,中国古董收藏处于蒙昧状态,这一时期除了一小部分"先贤"外,没人对破瓶子烂罐子、破桌子烂板凳有多大兴趣。大家都在关心家具商店里凭票购买的大衣柜和塑料贴面的钢木桌椅,再就是从街边找个游走的木匠,用水曲柳打个写字台和简易沙发。

就是在那个时期,多少好东西被送进破烂市,其中最让人揪心扼腕的,就是那些有价值的"纸片"。

如果说瓶瓶罐罐不被人重视,它们至少还不会被"销尸灭迹",而那千千万万的"纸片"却是不断被送进河北、河南无数被改革开放催生出的小造纸厂,化成了纸浆,从此万劫不复。

打那时起,我就爱在海淀、朝阳不少废纸收购站转悠。那时对古董的注意,多集中在瓷器、木器、杂项上,注意的都是摆出来好看,拿在手里好玩的东西,对纸质品除了线装书、老册页之外,其他的没什么耐心去关注。

但有时遇上了,也花个仨瓜俩枣的买点。买了就往柜子里一塞不管了,不久就忘记了它们的存在。记得有一次在一辆往收购站送废书报的三轮上,我不经意看到一捆杂志,有几十本,那封面不像大陆的风格,抄起来一看,是香港出的《大成》杂志。当时闭塞,没听说过这种杂志,但看

古董圈
一个京城玩主的收藏笔记

《大成》杂志

着竖排版的文字，古韵盎然的插图，加上文章作者如包天笑、郑逸梅、许姬传等都是早已心仪的文史掌故大家，向来瞧不上民国以后东西的我，此时心有一动，就买下了，花的就是烂纸价。记得30多本《大成》，加上40多本台湾《东方杂志》，一共花了不到10块钱。

这些《大成》为我立下了不小的功劳，当时一位报纸编辑朋友正编副刊，我就把《大成》上的掌故轶闻连攒带编，一篇篇发出。那时工资都不高，这些稿费就成了我买瓶瓶罐罐的玩资。

让我没想到的是，最近偶然看到一篇文章介绍《大成》，它已停刊多年，如今成了杂志收藏者的宠儿，卖家标榜是"香港绝版珍贵文史杂志"。我查了一下，孔夫子网上单本的价格竟到了200元，全套262期，标价喊出了150万元，虽说这开价基本上属于有行无市的胡说八道，但也显见了人们对它的喜爱。我找出落寞于纸箱里的那几十本《大成》，并没觉得掂在手里的是已经值好几千块钱的"纸片"，而是想到多年里一直时隐时现萦于心怀的悔意：当初自己玩得那么杂，几乎包括了古董的所有门类，但就是没有太执着于"纸片"，字画不用说，舒同的字15块钱我都嫌贵，一份百衲本清代画家的册页80块钱都没让我动心，买了一本40年代解放区出版的点心纸印的《毛泽东论文集》8块钱，我都心疼得直嘬牙花子。那些遇上的书札手稿大多擦肩而过，当时只要多少留点心，一瓶啤酒钱就能拿到。如此要到了今天，说"富可敌国"俗点，至少用那些一手资料攒点稿子，搞点研究，不是也能为退休生活增添不少乐趣吗？

我记得90年代初一个大年三十的下午，我路过朝阳区龙王堂一家废品收购点，见一位认识的中学老师正冒着北风，站在山一样的纸垛上翻腾着什么，我一阵讥笑，心说："这傻蛋是着什么魔了，还不回家过年去。"

今天想起来，真正的傻蛋是我呀。

送礼

近年，报道贪官落马时，经常曝出受贿物品中有古董字画，于是想到一件事。

两年前，和几位朋友小聚，其中一位开店的朋友老装（他的外号）讲了个故事。店里有天来了个半城半乡的黑大个儿，高声大嗓，问有什么好货。老装问："您要什么货？"大个儿说："求人办事，送礼。货你给参谋参谋。"老装问："您打算送多少钱的东西？"大个儿说："不差钱，可东西得好，你可不兴蒙我——你也不敢，我事弄砸了，你的店也跑不了。"老装开始认真起来，知道这种人"专业知识"没有，但左道的名堂不能不留神。于是指着架子上一块玉山子说："您看这山子怎么样？这么大块的和田玉可不多，工不错，雕的也是吉祥话儿。"大个儿问价，老装开了15万。大个儿说："得有个像样的盒。"老装说："这您放心，一定给您捯饬好了。"大个儿没说二话，掏钱，装盒，开车走人。

老装那块山子我听人说过，不是和田，是块俄料。论价，他至少赚了大个儿10万不止，但东西据说有一眼，下的工不小。

按说这种事像老装这样的"老炮儿"，不该当众炫耀，但一是那天喝高了，二是事后那大个儿没找后账，钱挣稳了，一高兴，就说秃噜了。

这件事得说老装一是胆小二是人不坏，没照死坑买主，要不然，开

25万也能吃定他。

那次聚会后不久，我也遇上件事。一个朋友托我给选件东西，也是送礼，也是不差钱。我一看这土鳖朋友，心生怜悯，不能不勒着，带着他跑了好几天，给他买了一对300件的民国掸瓶，8万块，刀马人的画片儿，保真，而且没毛病。其实本来我看不上这种俗物，但这朋友说，他们那儿兴这种瓶子，不论是当官的还是做买卖的，家里都摆一对，看着很"气势"。事办完了，让我心里稍安的是，东西虽然贵点，但北京目前就是这行市，没给他糟践钱。再就是没收人家一分"辛苦费"。

这里说句"跑偏"的话，行贿送礼，确实让古玩行得了实惠，这些年，不少货都让这种人买走了，而且大都是好价钱，只要让你撞上，就翻着跟头赚钱。而这些货要在行里串，有的连十分之一的价钱都卖不了。

由此，又想到了送礼的另一个话题：送礼怎么个送法——这里可没教唆行贿的意思，只是说说用古董送礼的故事。

我一个亲戚，因为我给他办了点事，送钱，他觉得"外道"，于是送了我一只岫玉大船。就是在潘家园几百元就能拿下的那种粗活。奇大无比，有50厘米长。后来听说这船是在一家工艺美术商店买的，花了大几千。当时我看着这船，是哭笑不得，我知道这可能是他到过我家几次，看到桌案上摆的东西，于是心生"灵感"。我心想：你还不如给我提5斤苹果呢，这东西我连搁的地儿都没有呀。后来一个晚辈出国定居，我把这船送了他，他非常高兴，因为上面刻着"一帆风顺"。他妈妈也很感动，据说至今还摆在他西雅图的家里。

我也拿古董送过礼。那是一件关于分房的事，给父母所在单位的某房管干部送东西。新房正在建，答应建成后在仅有的几套房里拨给我们一套，情面够大的。那是2000年左右，我送过他日本原装音响，送过法国的XO酒，还曾送了他一只50厘米高的嘉道豆青赏瓶。用只锦盒装着，

古董圈
一个京城玩主的收藏笔记

老孟送我的寿山石狗

上面盖了张打字的纸条,通俗地写着"清代中期瓷瓶"。这瓶我多年前100元买的,之所以决定送这个,是因为实在想不出该送什么。那时还不太敢送现金。他大喜过望,一再保证,房子一下来,就立刻通知我。

我还有一次"受贿"的经历。朋友老孟让我帮他疏通提前退休的渠道,结果事情办成了。他高兴,送了我一只25厘米长的寿山石猂狗,这狗卧着,背上还爬着一只小狗。雕得很给力,栩栩如生,年份绝不下于晚清。老孟是这圈子里的"老炮儿",当初这只狗我曾想要,他开出6000元,我嫌贵,没接。这次他竟送我了。

举这三个例子,是想说,送人东西,得有讲究,得懂行。送我船的那位是"一个棒槌",根本不知我想要什么;接我瓶的那位是"棒槌一个",根本不知我送的是什么;唯独老孟,是行家,既知道我想要什么,也知道自己送的是什么,才能对眼。让你既知道价值,又挠到你"痒痒筋"上,逗你高兴。

"做旧"是经常的

老闫到我这"请"了尊木佛——我是无神论者，但似乎这一行里有个规矩，沾佛必得说"请"，是图个吉利顺气。这佛他"请"走后有点后悔，左看右看不像老的，主要是那金漆的成色不大对。他是个买卖人，既"请"来，当然希望有人再"请"走。那天我去他家玩，看他正在对那佛"做手脚"。把以前存的几张二十世纪三十年代的《上海新闻报》扯破了往佛底下贴。贴这发黄发脆的故纸，是最简单的做旧方法，无论是贴在木匣子里，家具抽屉里，有这种纸，就有了"老气儿"。

我挤兑他："您可不地道，惦记挣佛的钱。"他回击："您这佛不够岁数，还不许我装扮装扮。"

大凡古董商，对这种带有老旧印迹的东西，都很留意，像老家具旮旯角缝里的积年尘土，看着膈应，但不能擦抹，得留着给下家看。龛匣里的老绸老布，丝丝缕缕，糟糟烂烂，跟扒坟扒出的破"装裹"似的，那也得留着，能帮你证明一个"老"字。

这种留旧或做旧，都容易让人放松警惕——"佛上有这么老的报纸，东西至少不应晚于报纸的年代。"

我就上过一当。那是看上了一枚日本二战时的勋章。东西半新不旧，但那只小漆盒很老，勋章嵌在褪色的丝绒里子上，八角的卧窝严丝合缝。

如此这般，我居然没细看勋章本身，就拿下了。到家才看出勋章是新的。但那卧窝咋那么"合辙"呢？我把那老丝绒撕开，发现，那窝是用硬纸板比着勋章的形状新抠的，但仍用那块老丝绒蒙上沾牢，再把勋章卧在窝里，时间稍长，就跟"原来当儿"没啥区别了。

时间玩长了，把这种小伎俩也不当回事了，很能原谅那些做假的小本商人，他们赚的都是蝇头小利，最多是几百几千块钱，新手遇上这种事，还捎带能锻炼眼力。不像那些高仿的瓷器、书画，动辄伤人几万几十万，那才叫真正的缺德。

日本购物琐记

在日本买东西，有种新鲜感，当然主要是因为民族差异带来的意外让你印象深刻。

大约2000年之前，在东京都的都厅广场，每逢周日都有大型旧货古董市场。一次在一个中年妇女的地摊儿上，我看到一只很老的手表，什么牌子不知道。说它老，是因为表盘是搪瓷烧制的，表链至少是20世纪初的款式，烧蓝的小三针，半钢的表套，电镀完整，品相不错。这么老的手表，已经不是今天手表的概念，它应该是上一个钟表制造时代的产物。我晃晃，不走，再晃，走几秒。心中有了底，知道机器没大毛病，只是多年不用，齿轮滞住了。问要多少钱，摊主要500日元。这么低的价钱让我暗自高兴，拿出在国内买东西的习惯，褒贬说，这表不走了。摊主说，已经很老了，是不是生锈了？我说，能不能再便宜些？她说行，你随便给。我说给200日元吧。她把表拿过来又看了看，忽然脸上有些不自然，说那就送给你吧，不必给钱了。这让我很意外，一种被施舍的感觉让人不舒服，我没再说话，拿出500日元给了她，她鞠躬致谢。

又一次在一个古董摊儿上看到一只紫檀瓶托，10厘米的直径，牛角的质感，包浆肥厚，让人喜欢。问价，摊主是个老者，要600日元，我也是按国内的习惯，拦腰砍一刀，说给300，老头不像卖表的妇女含蓄，一下脸上现出愠色,说不行,少一日元也不卖。这瓶托是个"漏儿",那时在国内至少要高出20倍的价钱,我不再坚持,立刻给了钱,不想这老者却笑了,接过钱又返还给我300,说了声谢谢。

还有一次在奈良的一个古董店,是个特老的房子和特老的老板。我看到地上有一只硬木的老缸架,满身尘土。心想,在这种地方,这么个闭塞的老店,说不定东西便宜,问缸架多少钱,果然便宜,八千日元。于是我来了精神,说能不能再找几个,老人楼上楼下、犄角旮旯找起来,一会找出四五个,质量都不错。我问一共多少钱,他让我吃了一惊,要15万日元。我问怎么这么贵,他不言语,盯着我。我转而再想要最初八千日元的那个,他断然说,要买就一起买,不然就一个都不卖了。我当然只好放弃,但一路上却想不明白这老头儿为什么这么古怪,是不是觉得我不太尊重他搜找缸架花的时间和力气呢?可这绝不是精明商人应该有的表现呀。

去日本买古董,也有"谎",但不像国内漫天要价,所以日本人也不习惯让人拦腰或"蹭着鞋底"砍价。这些年的感觉,日本的要谎,最多是一成到两成。砍狠了,他会觉得你不尊重他。

"雅贿"

前几年的一天，开店的老张突然要请客，说圈儿里的朋友有一个算一个，让都去。平时我们很熟，但我不愿参加他招呼的聚会，因为"酒腻子"太多，从中午一直能喝到下午4点，然后泡壶茶"刮刮"，不一会儿又和晚饭连上了，接着喝，一直到深夜。但这次得去，因为常在一块玩的老汪来电话说"老张有故事"。

听了故事后，觉得不平静，是个典型的"局"。一把做下来，老张捞了15万元"辛苦费"，请客就是因为得了这笔钱。

那是多年前了，老汪突然领来一位南方地级市的市长，土是土点，但人透着精明。每逢年根儿准来，一来二去熟了，我们很聊得来。市长自己玩古董，但和我们的交集主要是为买东西送礼，让我们参谋、掌眼。按他的话说，每到年底就得"跑步前进"（跑部钱进），到在京的各大衙门钻门子，跑项目，以提升本地区来年的GDP。这种为一方百姓谋利益的人，我打心眼里还是敬重。

这次，他又来了，逢人便打听国家某"委"有没有熟人。结果老张当年一位小同事正好是这个"委"的处长。市长于是托老张引见。处长倒是见了市长，但端着，不冷不热。于是市长问计于老张。老张说处长也玩古董，建议他弄点东西送送试试。市长问，送什么？老张拿出两个20厘米高的陶俑。这陶俑我曾在老张的店里见过,用保鲜膜包着,老张不让打开。我用放大镜隔着保鲜膜看,觉得不真,那陶俑身上的土有点泛熟。这次老张把陶俑推荐给市长,开价 50 万。市长说钱不是问题,但就是不知道对不对人家的路子。接着灵机一动有了主意,布了个"局":他和老张商量好,用 50 万先从老张那儿把陶俑拿走送给市长,再让老张用那 50 万把陶俑从处长手里匀回来。一来一往,转着圈送给处长 50 万,市长额外再给老张 15 万元"跑腿费"。

"局"在年前做成了,市长揣着想要的项目回家了。老张买年货的钱也有了。接下来就是请我们喝酒。

酒喝完了,我看老汪也一反过去见谁挣了钱都酸溜溜的醋劲儿,除了咧着嘴赞叹市长"真有钱"之外,额头也闪着和老张类似的亮光,估计这一把他也得从中捞两个,因为市长是他的"朋友"嘛。

有人说现在是"礼崩乐坏",我不想议论时势,但这些年兴起的历朝历代延绵不绝的"雅贿"之风,实在让人心里沉甸甸的。送礼的和收礼的都顶着一个"雅"字,办的却是有辱斯文的钻营勾当,这不仅败坏道统人心,也扰乱古董市场的秩序,有这些不论价钱,不论真假,"只要能送出去就行"的事情在市场上不时搅和,价格浮高,正经玩家和买卖人心都乱了,所谓"敛气凝神,怡情悦性,晏如也"——哪儿找去?

一把马刀的感慨

老孙来电话，说他的一位朋友手里有把刀，吃不准是新是老，说能不能给帮忙看看。我答应了，于是老孙安排在他单位附近的餐厅吃饭，又请了几位朋友凑局，然后看刀。

我喜欢冷兵器，但过眼的不多，因为北京这种大环境，古董市场很少能看到像样的东西——怕警察抄。私底下打听，不是东西不漂亮，就是价钱太高。再说还得冒"私藏凶器"的风险，所以一直不敢染指。

人到齐了，拿刀的哥们儿也来了，背个高尔夫球杆袋，打开，里面便是那把刀。

房间不大，刀抡不开，所以刀长看不准，加刀柄约在 90 厘米~110 厘米之间，这一望便知是把俄罗斯马刀，是我们小时在电影《夏伯阳》和小人书《柯楚别依》里看到的"顿河哥萨克"使用的那种刀。刀鞘的环套上还别着一把四楞枪刺，约有 50 厘米左右，不用说这是骑兵的马枪枪刺。

我一阵兴奋，这东西真少见！一种怀旧的感觉掠过，刀的主人把刀递过来，他号称已经收了好几把刀了。

激动只有瞬间。等我把刀接过来，感觉就不对了。首先整体看没有沧桑感，每个线条都发"愣"；刀柄的麻花纹不规则而且生硬，没有主人在马背上无数次挥舞与手掌摩擦产生的"肉透"感；枪刺的锈，薄而浮，与淬火后没有抛光的烟火气混在一起,是一种红不红黄不黄的颜色,没有能舔血的刃器的冰冷与森锐;枪刺一端的管套极粗糙,拿支真枪来肯定与枪管不能吻合。刀一出鞘,就更难看了,我在工厂待过,从那锈色看,就是普通的工具钢。

我客气地和刀的主人说:"有老孙在,我不绕圈子,你这刀是新的,是很粗的仿品。"他有点泄气。我从最能让他"入耳"的地方说:"你看这刀鞘,上面的铜饰件,你接手后擦亮过吗?"他说:"没有,怎么擦也不亮。"我说:"这是因为铜里加了大量的铅。加铅,可以省铜料,又可以压手,就像河南造的假香炉,手一掂,挺重,也是里面含铅多。表面发乌,永远擦不出铜的光泽。"接着又说到我的其他感觉。他仿佛听懂了,没有了刚才的疑虑神色。

我把刀递回去,喝了口酒,心里一阵感慨——连这种物件都仿出来了!看来造假延伸的领域已是无边无沿,这东西别看粗糙,但工艺也不简单,一批能出多少把?做少了不挣钱,做多了有风险。肯定是农家小作坊的产品,人力场地成本极低,仿就仿你个出其不意,越生的品种,才越有人上当。

行市

生意

规矩

圈子

物件

糗事

笑谈

盘道

笑谈

哭笑不得的"气儿"

一位朋友，请故宫专家给看看才买的一张条桌是不是黄花梨的，这位专家顾左右而言他，饭后临走留下一句："这桌子有点黄气儿。"

又是一位专家，在电视上鉴定一只青花碗，来了一句："这碗，有点老气儿。可老到什么时候呢……"下面是一番讲解。

总在一块玩的一位老大哥，端详我买的一幅字，眼珠从老花镜后面往上翻着说："这字，有点墨气儿。"

去云南旅游的娘儿俩，把18000元买的翠镯子拿给一位开店的朋友看，这朋友用手攥了攥，冲着窗户照了照说："行，有点水气儿。"

一个名词（或形容词）加一个"气儿"当后缀，成了北京古董圈里的口头语。那"气儿"究竟是个啥呢？这得分着说。

比如那个"黄气儿"。再明白不过是句搪塞的话。人家请你来，又吃又拿（给塞了个信封），临了你不给句话，似乎说不过去，可那桌子明明不是黄花梨，说啥呢？就给了个"黄气儿"。古玩行，客客气气，言不由衷是常事，顺情说好话，明明是民国的，非给你说成是清末的，东西的主人听着舒服，就像听人说自己媳妇长得漂亮，高兴之下，做东请诸位喝几杯，一团和气，尽兴而散，何乐而不为。这是北京人善良的一面，也是世故的一面。

再说"老气儿"。有些古董，就像人一样，同是80岁，有的鹤发童颜，看上去像正值花甲，有的老态龙钟，看上去如期颐之龄。这后一种，

古董圈
一个京城玩主的收藏笔记

筒炉,口径 25cm,高 23cm。二龙相戏是康熙炉典型的图案,从发色和瓷质看,当为"本年份"的瓷器。

笑谈 ▶

粉彩花盆，30cm 高。瓷细腻，花清雅，手头适中。应为乾隆"本年份"的东西。

就是"老气儿"。古董,尤其瓷器,就有这个特点,"清三代"的官窑,别看"岁数"不小,但干净利落,华美如新。在假货横行的当下,乍一拿到这种宝贝,真不敢轻下断言。而有的瓷器,则不用细看,釉色凝重,饱经沧桑,眼一搭就知道是老的。所以那位专家才先说一句有"老气儿",但究竟是什么年份?则不一定能说清楚,尤其是单色釉老窑的东西,你说是辽的,他说是金的,谁也不服谁。

而我那幅字的"墨气儿",其实也是一种感觉,但这和瓷器的"老气儿"还有区别。因为除了大名头的作品,书画的存世量最大。各代都有爱好者,而且写的画的有水平的也不少。远的不说,就拿近些年社会上老年大学书画班的学员,有些作品裱好了一挂也有一眼,更何况民国以远的东西。那时在大街上替人写家信的"书手",那字留到今天都是"了得"的"墨宝"。我买的那幅字之所以让人看着有点"墨气儿",可能一是沾个老,一是沾个好,一是沾个没名头。但凡有个小名头的字,人家也不会用有"墨气儿"来形容,而是要仔细品味真伪,不会用大而化之的说词。字老,包括墨老,纸老,绫老,裱老。有这四老,再加上老手老笔,那应该是有点"墨气儿"了,但是哪个时代"出品"的,就不好断定了,有的落款有天干纪年,但是前一个甲子还是后一个甲子,也莫衷一是。

至于那镯子的"水气儿",我当时就在现场,看那开店的朋友是有点哭笑不得。心里话就俩字"不值"!再一句:这成色,在我店里买,3000块钱就给你。但面前是娘儿俩,何必让女人心里添堵,又实在说不出太多"吉祥话",因此只能勉强给一句肯定的词儿:行,有点"水气儿"。

虚与委蛇,顺情接话,闪烁其词,似是而非。以上这四种"气儿"多少反映了古玩行的江湖生态。

老话有"人情练达即文章"——练达二字,非此行莫属,收藏圈里,皆漂亮"文章"。

笑谈 ▶

新词:"不新"

不知从什么时候起（大约不超过10年），古玩行里开始流行一个词："不新"。

一件瓷器拿给朋友看，常听到的话不是顺康雍乾哪一代的，而是首先说："我看这东西最起码不新。"

这话让人听着不着四六——让你看，就是想听听你对年份路份的判断，啥叫"不新"呢？

时间一长，我明白了，这个词简直是无可替代，是北京人特有的智慧和世故的体现。

首先，现在见到的东西，普通爱好者已经没有能力做出准确的鉴定，因为"文化大革命"后出现的各路仿品已经进入市场二三十年，它们越磨越旧，越混越老，风尘仆仆，成了"资深会员"，掺杂在大批刚"出锅"的"新活"中，让你一眼看去，它们当然"不新"。

另外，还有更老的"老货"，那就是新中国成立后到"文化大革命"前的各批产品。它们的眉眼儿就更接近明清老祖宗的相貌。当然就更"不新"。

所以有了这些假充"遗老"的东西掺和，套一件"顶戴"和"补子"就貌似穿过"朝服"，让你看，你说你能说什么？"不新"，就成了最不丢面子也最不伤和气的鉴定语。

　　鉴定古董,没有巧招,只有通过比对。多比多对,自然就有了眼力。而在真货越来越少的当下,一批新"入市"的爱好者,"开门"货过手少,见不着好的参照物,眼力怎么能提高?并且常有人把那些"不新"的东西也当成参照物,岂不更谬种流传,差之千里?

　　而且因为"开门"老货太少,现在玩古董的染上一种新毛病——已经越来越不求甚解,越来越满足于"不新",只要看着不新,价钱就敢往高里喊。只要有貌似的官窑款,并且看着"不新",就会被认定为官窑。

　　千万别跟我说"这东西你看不明白,专家能看明白"。专家的眼力也是常年看东西熏出来的,博物馆的学究如果不常到市场转转,也未见得能看出哪个新,哪个"不新"。常看官窑的,民窑不一定能看得好,常看明清玉牌的,红山铲、汉八刀也不一定能看得好。至于"不新"之类的新词,只要听到,就要小心了,口吐"不新"者,不是别有用心,可能就是"棒槌"。

笑谈▶

"该是谁的就是谁的"

古玩行里有句常挂在嘴边的话："这东西，甭争，该是谁的就是谁的，争也没用。"意思是这件东西该你得到你就能得到，不该你得到，即使你最先看到，也得不到。

这话听起来有点宿命的味道，好像老天想让你发财，你就能遇到好东西；老天烦你，不让你挣钱，好东西到你手边也抓不着。

可如果你玩得时间长了，就会发现，此论不无道理。对此我有亲身体会：有时如果"手壮"，似乎冥冥中自有神助，买到的东西又好又便宜；可有时你要"手背"，即使是你"第一个"（"第一个"是相对的，较早的意思）发现"新大陆"，占有者也不是你。

细一想，这不是宿命，确有其必然性。这与古玩行的特殊性有关联。

所谓"特殊性"，主要是指古董交易的单一性和古董买卖中极强的主观性。

古董交易是一对一进行（除了拍卖），而且大多是封闭的，买卖双方都不愿有外人参加。在这种情况下，双方心理价位的差异别人是不知道的。

同时由于欣赏评价的主观偏好，有时同一件东西双方在价格的认知上会出现严重悖离。这种由欣赏评价而造成的估价，就是行里常说的"心气儿"。

通俗说，同一件东西，卖主认为这是件难得的精品，得值个十万八万；而买主则由于各种原因觉得也就值万儿八千，甚至更低。在这种形势下，买卖当然就无法成交。但如果事情正好相反，卖主并没有把这件东西放在眼里，而买主却如获至宝，那么成交的概率就高。

但我们这里要说的是，买主并不一定因为第一次的"买不成"而就此对这件东西永远无缘。古董生意经常是在一个很小的圈子里进行，每个古董商都有自己相对固定的客户，东西到手，古董商往往要先"照顾"自己这些固定朋友。而当一件东西在这些老客户手里转过一圈没有卖出去、这期间又没遇到新买主时，他的心气儿就会一落千丈。这时买卖会开始新的轮回——第一轮最早的买主又可能成为第二轮最早的买主。毫无疑问，这时买卖双方的心理价位就会趋于接近，有时甚至卖主比买主的心理价位还低，成交概率当然也就比第一轮高。

于是有人就有这种感觉：你看，买东西不用急，这件东西转了一圈又回来了，比我原来给的价还低就到手了——"东西该是谁的就是谁的"。

对这种"宿命论"，我有亲身经历：一次在一个专收"老货"的农民家里看到他刚收的两幅没裱的画，问价，他开口要二千，我一脸不屑。他问，你能给多少？我看那画虽然年份不很好但品位还算不错，就给出一百块。他听后十分恼怒，说我"太黑"，于是我五十五十往上加，一直加到三百。他说差太远，没法谈。我也觉得再往上加价这东西就不值了，于是双方作罢。事隔两个月，我又来到他家，无意中又看到那两幅画，此时它们恰如敝屣，被主人抛于角落，看来已经失宠。我毫不客气，连贬带损，最后竟30块钱拿下，裱好后至今挂在我卧室的墙上。由此可见，古董生意有它十分有趣的一面，即由于买主与卖主之间心理价位上的不确定性（当然卖主有成本管着，一般不会贱卖；而买主的出价，却多是主观性驱动），经常造成一件东西要么失之交臂，要么失而复得。跑在最前面的也许只是在给后来者筑台阶，经过一个个后来者的拼杀和消耗，打掉了卖主的"凌云之志"，使他转而感到最实在的还是那位最先给价的人，于是在第二轮买卖开始时，心甘情愿地把东西拱手相让。

"杂"的好处

我玩得很杂,瓷器、木器、纸片、书画、钟表、石头,以及各种杂项。但哪样都是不求甚解,浅尝辄止,"二把刀"的水平。之所以杂,是因为我最初涉足收藏,是从破烂市开始,收破烂的地方,哪有分类的古董?只能是遇上什么收什么,收了什么玩什么。

有人说"术业有专攻",玩古董也应该单选一门玩,玩杂了,就什么都玩不好。这话有道理,在高等教育领域一直有专与博应如何兼顾的讨论,有人认为专可以深,博势必浅,但也有人坚称专业交叉是今后高等教育的大趋势。孰是孰非,如何把握其中的"度",却莫衷一是。

话扯远了,再回过头来说收藏。我的体会,杂一点没什么不好,既然什么都喜欢,就可以什么都玩,只要玩得高兴,当"二把刀"完全是个人选择,又不碍别人的事。收藏,说到底,其本质就是一个玩;而古董,说到底,就是附着点文化元素并且好玩的老东西。

只要好玩,不管哪一类,我都不排斥。但如何玩出品位,玩出文化,这里面却有讲究。

首先你得敏感,一句老话,文化都是相通的。一次我买了一副四扇屏,画的是八吉祥,四张烂纸,没有装裱,绝对的老画。端详这画,想起我有一对壮罐,上面也是相同题材,再抬头看,我客厅正上方挂着一块老

笑谈

↑ 老红木家具上裁下来的花饰，镶螺钿。窥一斑而知全豹，家具路份年份好，高档货，看着舒服。完整老家具难找了，这些零件也成了好东西，摆着挂着都好玩，也算古董了。

↓ 一块匾，100cm×50cm。楸木板芯，红木边框，浮雕的"六大件"都是传统的"吉祥话"。雕工不错，"底儿"清得不好，不甚平。框边和四角镶着骨雕并嵌珊瑚，从风格看年份不浅，够清中期。

古董圈
一个京城玩主的收藏笔记

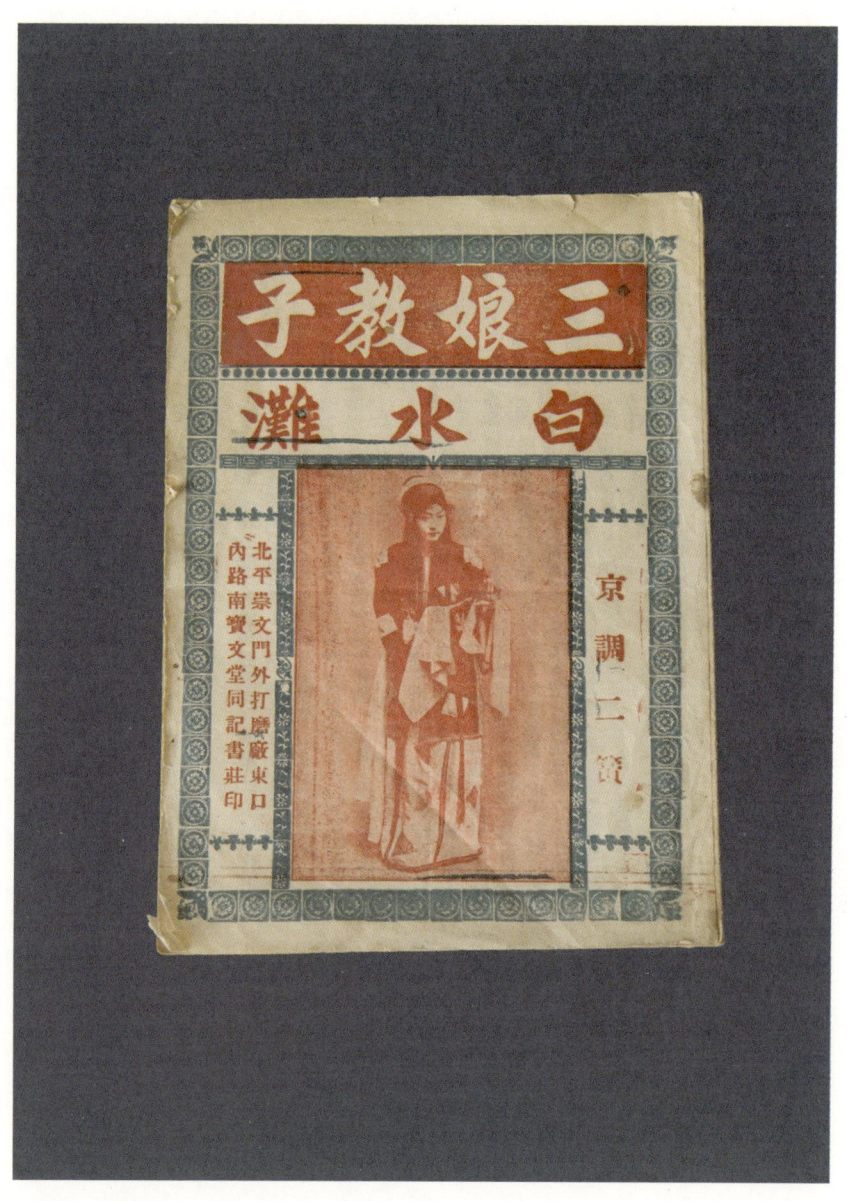

老戏单,存世量不小,时有发现。有人专藏这一路,忆当年之盛况,吊今日之式微,让人唏嘘。

匾，也是相同题材。早就想查查为什么古人那么喜欢这类图案，何以会如此广泛地把它们用到各类艺术品上，想表现的是什么？但整天瞎忙，一直没工夫着手，由这次买画，我终于来了动力，把相关的书和网查了个"底儿掉"，有了"一知半解"，再有人问我，我能说出个一二三，觉得学问长了一块——这就是杂的好处。

再有，"杂"，能勾起你对边边沿沿的知识的联想。比如我有一个锡制的柿盒，底下打着"崇文门外打磨厂"的印；而我最近买了本只有几页纸的二十年代京剧《三娘教子》的戏单子，封面上也印着"崇文门外打磨厂"。为什么那地方什么都出呢？那是个什么地方呢？我来了兴趣，现在没空，早晚我得查清楚。不要说查清楚后的乐趣，就是能让锡柿盒和戏单子产生联系，由此让你对两样东西的诞生地产生向往，这不就是"杂"的乐趣吗？

"宁吃鲜桃一口"

玩收藏之初,见什么都新鲜,所以逮什么买什么,弄了一大堆。几年下来,挑不出几件像样的东西。

当然,这也符合事物认知的规律,凡事都是由表及里,由低到高,不能刚一摸篮球就想要达到 NBA 的水平。

但翻回头来总结一下,还是忍不住想告诉初玩者:买东西,要"宁吃鲜桃一口,不啃烂杏一筐"。多看少买,宁可一年一件不买,逮上一件就得是精品。

精品,能代表那个时代的高水平,从审美价值讲是一个标尺,可以牵着你把眼光抬高,登泰山而小天下,你收一件官窑,天天看着,再让你看那些"娘娘嫁",你就能觉出卑陋了。

有段时间我玩手表,买不起好表,就三类四类什么都收,到头来一块能拿得出手的都没有。后来我醒悟了,咬牙捂着钱包,最后攒出一块 50 年代的全自动金壳欧米茄。戴在腕上,每每端详,深觉好东西就是怡情养眼,"世上没有花钱的不是"。我还曾买了一只青花加紫戏龙舟的鼻烟壶,"大清乾隆年制"楷书款,器型虽小,绝对是官窑风范:瓷质之细,做工之精,画片儿之美,无愧皇家气象,一派盛世的巅峰境界。看着这件小东西,让我时时被悔意折磨,在它的比照下,觉得架子上的其他瓷

笑谈 ▶

鼻烟壶，青花加紫，龙舟人物，方寸之间，活泼灵动，乾隆物件无疑。

器，一半都该被"请"走。从那以后，瓷器能入眼的真不多了，更别说下手收了。

　　从投资的角度看，买精品也是明智的选择。我曾问朱家溍先生："民国初年您父亲大量收购硬木家具，当时世道乱，是不是价钱便宜？"他摇头说："也很贵，花梨紫檀到什么时候价钱也下不来。"这说明一个道理，好东西永远有好价钱。精品的升值空间和升值速度永远超过一般东西。因为精品用功用智的附加值远高于大路货，而且无论哪个种类的精品，问世存世数量都少，物以稀为贵，那是硬道理。

市场要常逛

玩古董,市场要常逛,不论你是搞收藏也好,开店也好,常逛是成功之道。

常逛有几大好处。

首先你能防着让假货迷了眼。各处的假货往往不都像在潘家园市场那样成批出现,有的店里或集市上就只冒出"单崩儿"一件,这最容易让人上当。而且各种假货是陆续问世,今年出一批,明年又一批,悄悄摆在柜台的旮旯里等着你去"发现"。常逛,你对假货就会看着眼熟,就能躲它远远的。当年假砚、假墨、假银尺、假银元等等,一会蹦出一个,让多少人吃过亏。我就曾在一个河北人摆的地摊儿上看到一只祭蓝的小水滴,六方形,玲珑可爱,80块钱买下,走了两步就发现东西不对,再回头,看见那摊主正从包袱里又拿出一个一模一样的摆上了。前几年,一位著名的文博界巨擘,在大钟寺买了一把"越王剑",闹了大笑话,这不是他没眼力,就是因为不常逛,猛然见到一件"稀罕"东西,一眼就给撞晕了。

第二看行情。什么东西现在值多少钱,你只要常逛,耳听人家的喊价,再刨去"要谎"的部分,心里就有了底,再砍价斗智时就不至于一开场就让人抓个"大头鬼"。

第三,交朋友。几年逛下来,你就会发现,市场上有很多熟脸和半熟脸，久而久之就成了朋友。这些朋友不见得能向你传授真经，但你凑上去看他们的举止行动，时不时再问上两句，就能大略知道他们的水平，一旦发现高手，不求多，只要他给你支一小招儿，你就能抓上头彩。比如一次我买了一只磁州窑的葫芦，嘴都没了，交钱后心里犯嘀咕，正这时，身后有位常见的朋友喊了一嗓子："不错嘿，值！"回头看他一眼，他很真诚地冲我点点头，想想多年来看他经手的货都不俗，我心里踏实了。

第四，也是最重要的，常逛，自然买到好东西的机会就多，你一年出来 50 趟，买到一件东西，概率为五十分之一，你一年一趟不出来，概率就是零。

谨记：常逛，少买，败少成多。

笑谈

切忌"效颦"

古董,除了手中把玩的品种(如珠串、核桃等)之外,基本上都有一个共同特性,那就是具有陈列价值:如果把它们摆放在合适的位置,就会带来欣赏的愉悦。

然而并不是每个收藏者都能留意古董的陈列功能,把很漂亮的瓷器装个纸箱,塞在床底下的人,为数不少。

而要想把古董陈列弄出点品位来,应该有些"讲究"。

首先说"陈列"得有时代感。这主要指居住条件的变迁。旧时四合院"上房"的条案、掸瓶、清供,条案前的八仙桌、太师椅,其摆放程式千家划一。但如今不行了,几乎家家都住楼房,已经没有了往昔的环境,如果硬要在今天的客厅里还按过去的格局摆设,非但找不到旧日的感觉,还会显得不伦不类。再如过去"家长"卧房中常见的架子床,今天的普通楼房很难放入,就算勉强摆进去,如果按房高二米七算,连"床额"都立不起来,十分压抑。还有朋友学着老年间的摆法,把罗汉床放在客厅,铺垫子、放炕几,看着也滑稽可笑。有的玩家在居室装修时,极力"追古",不仅要满堂老家具,而且墙饰、门窗都要用旧物改装,进得屋来,不仅嗅不到一丝古文化的气息,反觉处处"效颦",俗气加穷气。试想今天的客厅如果只有太师椅,没有沙发,主人岂不是自讨苦吃:谁都知道旧时椅子大多基于礼教，椅背、椅面呈90度，讲究"正襟危坐"，你下班回家坐上去，"硬"而"挺"，能放松休息吗？

所以说，古董家具的摆置一定不能脱离时代，应以点缀、装饰为主，让它们置身于沙发、软床和卧室柜之间，占据的空间比例适当，使"居室文明"既多元化又相得益彰，把悠久的文化韵味和今天的生活情趣相融汇，这样才能看着不累，用着舒服。置身现代化家庭氛围之中，再去欣赏伫立于厅堂一隅的小桌小案，更能体味它们的厚重与俏美。玩古董也应像其他文化活动一样：尊古而不泥古，不要把事物绝对化。

笑谈

一条必走的路

收藏，是一个漫长的过程，是时间过程，也是认识过程。时间，给人提供寻觅搜求藏品的机会；认识，给人提供越来越高级的审美愉悦。随着时间的流逝，我们过手的东西越来越多，又随着过手的东西增多，从而提高鉴赏的水平。只要用心，没有几个人是越玩越"抽抽"，越花钱越"回旋"（"旋"在这儿念四声）的，总会或快或慢，积攒心得，悟彻真谛，这是玩收藏的规律。

而玩收藏还有一个规律，那就是对藏品的汰粗留精。你玩二十年，不可能从涉足此道第一天买的第一件东西，到今天买的最后一件东西都留着，那你得有多大的地方摆放存贮？尤其是瓷器、木器、铜器等占空间很大的藏类。再有，除了富翁大款以外，谁能一直无休止地买下去，那你还吃不吃饭了？第三，就像当了作家后再看自己上小学时的作文觉得臊得慌一样，你看着当初买的小儿科的玩艺儿总摆在面前，你不觉得"害眼"吗？

由这三点，汰粗留精是必然的，不然你会越玩越难受，心里落不着清净。

然而"汰"与"留"得有原则，一定得心里有"把持"，尤其"汰"，大有讲究，出手的一定是品质相对低劣的东西，精品，给多少钱也不

清末浅绛彩瓷板，40cm×30cm。作者程门，是这一画派的集大成者，山水画成就最高。插屏底座是花梨的。

笑谈 ▶

木雕达摩，50cm，这应是木雕中的上品。身形细长骨感，衣袍飘逸，表情灵动，性格表现饱满。

"汰"。有的人汰着汰着，就异化成了做买卖，只要价钱他觉得合适，精品也撒手。我有位开店的朋友老牛就是，本来收藏的精品很多，不少东西可谓"倾国倾城"，但最近他感慨："玩了这么多年，一件好东西都没留下，剩了一屋子破烂。"我说："活该！让你见钱眼开。"

所以，钱，是收藏的朋友，也是收藏的敌人。没钱你肯定没法玩；但见了钱就失去定力，钱就会把你的精品都夺走，让你落个"一屋子破烂"。

再有，得记着，只要是精品，到什么时候都是钱，而且水涨船高，永远有好行市，你着什么急呢？还是上面说的那位老牛，他曾有一只60厘米口径的豆青釉"锥子缸"，上面浮雕着"八宝"，年份少说在乾隆往上。十多年前我跟他一起在一个农民家里买的，花了15000块，当时可说是给的不少。两年后，一位我们共同的朋友开价15万想要，他觉得价钱给到位了，屁颠儿屁颠儿开车给人家送货上门。现在再看那只缸，给100万人家也未准卖——那种可谓绝品的东西，说什么也不能"汰"，得当镇宅之宝留着。

笑谈

别太自恋

我喜欢玩瓷器,却不喜欢玩瓷片。原因是我喜欢有陈列价值的东西——能摆着看,能养眼。晚上在灯下,看着那一件件各代的"老古器"发出悠然异彩,幽静中想象着它们的神秘经历,堕入倒流的时空隧道,自己甘愿坠落不拔,以转移俗务带来的忧烦纷扰,这实在是收藏的重要功能,当下的话叫"正能量"。

而瓷片,我总觉得虽然它有年代的深邃感,但摆在家里不中看,手里把玩不滑溜,似乎它只有文物价值,只是陶瓷研究的标本,不属于古董的范畴。

然而,收藏,是主观性很强的活动,你喜欢收这,他喜欢收那,喜欢什么,什么上瘾,不应该厚此薄彼。静心一想,其实收藏瓷片者当有他们应受尊重之处。首先,他们的欣赏心理更深沉,他们不像我等,只图好看,囫囵吞枣,浮于表象,他们以片羽思彩凤之丽,由一叶知秋山之美,这是种更高级的审美活动。其次,他们比看完整瓷器更需要一双隼目。完整的东西,有底,有口,有整体的手头感觉,更有完整画片儿的各种信息参照;而玩瓷片,可没有那么多可资鉴别的手段,感觉最容易起偏差。再有,他们的追古之情执着可钦。现在市面上大宗而完整的瓷器,最远莫过明及"清三代",而瓷片却可找到宋元以远各代各类标本,与这些实物亲

古董圈
一个京城玩主的收藏笔记

瓷片磨成的圆形挂件，直径 8.5cm，厚 1.2cm。从釉质看有晚明的味道，图案也靠近，瓷质看得很清楚，应比顺治早。它大抵是一块瓷板的局部，因为背部没施釉。

密接触，焉有不发思古之幽情、不解先人之灵性的道理？相比之下，我们这些只能玩玩晚清民国瓶罐的人，倒显出了俗气。一位并不熟识但常在市场相遇的朋友，手上有一只大戒指，戒面非翠非宝，竟镶着一小块宋钧瓷片，光线正好处，蓝莹莹的似能看出一缕"蚯蚓走泥"的丝纹，让人有种说不出的感动。

玩收藏，说得极端点，就如同患上了心理疾病，很难治愈。因此，不能简单地评说各种收藏门类的高低，更不能因个人的好恶而菲薄"邻里"。各有各的妙处，也各有各的"病情"，要更多一点同病相怜才好。

发昏三部曲

多少年前，曾买过一对苏作的红木屏背椅。这对椅子被拾掇得干净利落，按行话叫"一汪水"。因早先在朋友家见到过这么一对，摆在屋里典雅四称，印象很深。那次恰巧碰上，价钱也合适，没犹豫，就掏了钱。待运回家仔细琢磨，发现了毛病：配活不少，料也杂乱，几乎是把一只椅子拆开，连仿带拼，攒成了一对。总之，买之前没留神的问题，被一一发现，当时没反应过来的猫腻，都一一醒悟，不用说心里是一阵阵懊恼。有几处毛病买前就有过瞬间疑问，但因为在兴头上，都被忽略了。

其实不少人都有这样的经历：发现一件心仪的东西，买之前，看哪儿都好，看哪儿都对，等买到手了，这东西的毛病，就一点点被发现，甚至有的人刚把钱付了，连店门都没出，就看出了问题。

深究，这往往不是眼力问题，而是心理问题。这种心理问题是玩收藏特有的。其最基本的表现，就是"发昏三部曲"：喜爱—排他—急切。

喜爱。都能理解，一旦遇到一件喜爱的东西，等于领受一次老天赐给的缘分。众里寻它千百度，蓦然回首，它就在不远处。咋不惊喜？

排他。古董虽也有年份、风格相近的东西，但总的讲，每件都是"唯一"品。越是玩得好的老手，越讲究这细微中的妙趣。而由于这个"唯一"，犹如对了眼的男女，一旦遇到，绝不撒手，更不愿让别人染指。

急切。遇上喜欢的东西，又怕被别人抢去，自然生出立刻拥有的急切心情。你的机会，理论上为所有看上这件东西的人所共有，尤其是佳品。拍卖会上热烈的竞拍场面，就是证明。

这三点总结，说的都是漂亮词儿，换句粗话，就是占有欲作怪。就是见了好东西就想要，到手之前又怕别人抢，那一刻，心发慌，眼发花，接下来的，往往就是后悔。

老话讲，利令智昏，其实"欲"更令人智昏。克服"交钱就后悔"的毛病，首先就得克服欲望，一切随缘，自然恬淡，遇上就玩，东西从眼前溜走，心里也不闹腾。有了这份"清心"，看东西就能换上一双亮眼，就是有"十面埋伏"，你也能一一破解。东西的"好"能看得准，东西的瑕疵也能冷静评估。从容观察，款款琢磨。在这种状态下买的东西，别的不敢说，敢说不会后悔。

谁都走过麦城

老世年间，收藏圈里的资深玩家，尤其是开店的，一旦买瞎了东西，都讲究把东西"眯"起来，多少年不提这事，这除了虚荣心作怪之外，还怕影响信誉——你老买"瞎活"，你店里的东西还能有准儿吗？

但这是个残酷的现实，真的没有常胜将军。只要不拿身家性命下注，小小不言地买错件东西，其实是很稀松平常的事。

老常，一位资深"古董人"，开着一间不大的店，店里东西不多，但干净利落。他热情乐观，见人三分笑，圆鼻头胖脸，像个弥勒。有时说事或比划个东西，手总爱翘着莲花指，讲吃讲穿讲玩，是典型老北京的"范儿"。

他认东西，我们都佩服，一般不错。饭局上经常顺手从兜里拿出个物件，大伙传着看，都是有深度的东西，不是秦代铜印，就是红山珞子，然后说出价钱，都不高，从几百到几千，是兜售的意思。如果见人不接茬，就开始点名："……那什么，老李，要不这东西你留下得了，我再降点，给你留着缝儿呢。"通常没人驳他面子，因为东西不错，而且是朋友价，点到谁，谁就掏钱。老常还局气，只要有人掏了钱，那顿饭他一准买单。但有一回我驳了他的面子。他拿了枚"象牙"印章，还有个原装两开的小皮匣装着，小巧精致。这回点到我，我拿过来一看，又递回去了，说:"老常,您这可不是象牙,这是日本的赛璐珞。民国时北洋政府小职员的人名章都是这种。"他有点挂不住了,说:"不可能,这要不是象牙,我就着酒咽了它。"于是在餐桌上又传着看了一圈,有人说是象牙,多数人说不是。老常还是老道,东西一有争议,他再仔细一看,自己也觉出不对了,不再开腔。这是一回。

又有一回,我在他店里看到一只大烟嘴大小的珞子,糖色,润而透,是个好年份的东西。我问多少钱,老常显然没看透这东西是什么材料的,开价2800,我还到2200,拿下来了。出了他的店,我跟一起来的老牛说:"你看这是什么?"老牛有点含糊。我说:"秋厥(虬角)你都没看出来?"老牛立刻醒悟,说:"这么大块的秋厥,把绿色都玩成糖色了,少说得100年往上的东西,老常卖漏了。"一会儿几个人一起在另一个朋友的店里聊天,老常也来了,也不知是谁正好提起秋厥,老常好为人师,立刻大谈秋厥的特征,说秋厥就是海象牙,一般小片小圈常见,稍微厚实点的物件很稀有,差不多的都得上万。我偷偷把手里攥着的珞子给老牛一露,再看看眼前那弥勒模样、掀着西装下摆、两手插兜正"白话"的老常,老牛忽然笑弯了腰。这是第二回。

还有一回,老常把我们都请到店里,介绍一只满身土浸、黄釉荷叶边的瓷盆,据说这是他从内蒙古农村找的,差点儿让当地警察拿他当文物贩子给"办"了。接着问:"你们看到哪儿?"意思是看到什么年份。然后自信地说:"这盆我看最晚是唐,绝对是三彩的味儿。"在座朋友中有有钱的,见到年份好的东西忙不迭问价。老常开出30万。有个老蒋,又嘎又精,端起盆掂了掂,闻了闻,回头对老常说:"这东西不对吧?"老常急了,说:"我保真,你上故宫找人看去,不对你给我端回来。"老蒋说:"这样,我给你20个(万),你让我用打火机点点,要是没事,我就端。"老常毫不迟疑,说:"你点,可要是东西对,20个可不答应,你还得添。"

古董圈
一个京城玩主的收藏笔记

秋厥（虬角）烟嘴，只有 2.5cm 高，放大后能看到它的纹路和质感。

老蒋答应了。找个盆底不显眼的地方，打着打火机，只燎了一会儿，一股化学味就出来了，大伙又惊又乐——盆是树脂的。那天是老常的"滑铁炉"，当着一堆人，眼现大了。不知道他这一把赔了多少钱。

在古董圈里，如遇上这种情况，旁观者嘴上也许安慰几句，但基本上都有点幸灾乐祸的心理，可谁也不会为此轻视吃亏者，这是因为谁都有过类似的经历，谁都尝过"交学费"的懊恼。

玩收藏，谁要说自己几十年混下来，都是过五关斩六将，一次麦城不走，那他是吹牛。

无聊的话题

这也许是个伪命题,更可能是个无聊武断的话题,但既然想到了也感到了,就不妨说说看。

——那就是什么人群不爱玩收藏?

有人会说,这和人群没关系吧,只和个体有关系,因为收藏完全是个人行为。

我基本同意这种说法,但退一步至少可以这样问,什么人群里玩收藏的人少,这或许更严谨一些。

从我这些年的观察思索看,首先有一个人群玩收藏的人少,那就是自然科学和工程技术界的学者。我敢断言,中国科学院院士和中国工程院院士中,玩收藏的人不能说绝对没有,有也是极个别的。

20世纪90年代,我曾采访过一位科学院资深院士,在他家的书橱里,我看到一只疑似岳州窑的小碗,便问:"您还收藏瓷器吗?"老先生说:"我不搞收藏,没那个时间,这是个纪念品,抗战时带学生南迁路过长沙时,一个当地学生送我的,后来他病死了,我就留了做纪念。"我还采访过一位资深院士,是钱学森那一代20世纪50年代回国的科学家。在他家里看到一只老红木茶几,我也问:"您收藏老家具吗?"回答是"不喜欢,没时间"。这位老先生还是我国冶金史研究的开山人,整天跑博物馆，和青铜器打交道，但并没有看他对这些东西有除了研究以外的兴趣。

两位资深院士都不喜欢收藏，并没有统计学意义，但他们说的共同的话——"没时间"，却应该是他们不玩收藏的重要理由。因为收藏不像体育运动和棋牌音乐，可信手拈来，随时挥去，收藏是种要花大时间大精力的爱好，他们玩不起。当然我们说的主要是收藏古董，而有一种收藏不少理工科老先生会玩，那就是集邮。但那和收藏古董是两股劲。

由此类推，在老一辈著名的科学家中，没听说谁搞收藏。像茅以升、严济慈、竺可桢、王淦昌、赵九章、彭桓武等等，这些中国现当代各自然科学领域的学科奠基人，恐怕都"没时间"玩收藏。我曾去过李四光的家，看到他的客厅和书房，除了书，没有玩收藏的迹象。

再有一种人群，就是近现代的文史大师、鸿儒硕彦，玩收藏的似乎也不多。20世纪前期清华大学国学院的四大导师梁启超、王国维、陈寅恪、赵元任，都不玩收藏。著名的"甲骨四堂"郭沫若、王国维、罗振玉和董作宾，研究甲骨文，应该离收藏很近，其中董作宾还是我国田野考古的先行者，却没听说有什么收藏爱好。唯一有收藏之名的是罗振玉，但也是以纸片为主，主要是用于金石学、目录学、校勘学和古文字学的研究，"玩"的劲头并不足。

由此看，旧时有大志向、干大事业、做大学问的人，玩收藏的少。古训倡"术业专攻"，戒"玩物丧志"，收藏虽也是雅趣，但"雅"得和提笼架鸟不差上下，有浪荡公子之嫌，不算个好玩法，或为"正统人"不取。

鲁迅在他的日记里有时会记一笔逛琉璃厂时在小摊儿上购"拓片一枚"之类的小收藏，这估计"玩"的成分要多些，和在书肆访书是同等性质。但鲁迅是作家而不是学者，作家的兴趣要相对广泛些，这一人群中出的收藏玩主或许会稍多些，如沈从文收藏瓷器，郑振铎收藏书画。说

"玩",又让人想到两个人,一是张伯驹,一是王世襄。他们都是收藏大家,也都腹笥渊博,王世襄还是燕京大学毕业,外语很棒。张伯驹喜欢京剧,是很专业的票友,诗词造诣也很深,又兼善书画;王世襄不仅喜欢古典家具,还喜欢其他古董文物,并酷爱鸽子,由喜欢进而研究,蔚成大观,开一门学问之先河。虽也颇费研究心力,但终究让人觉得玩心不退,算不得那种精勤问业、皓首孤灯、以毕生精力为往圣继绝学的巨擘,怪道有人把他们谥以顶级"玩家"。

建国后、"文化大革命"前,有一个人群中玩收藏的不少,那就是一些高级干部,如康生、邓拓、田家英、李初梨、李一氓、夏衍等等,他们收入高,有特权,可以进文物商店,可以找人掌眼,价钱也没人敢要得不合理。康生在"文化大革命"中对"罚没"物品的巧取豪夺,是出了名的。

从他们,联想到今天一个玩收藏的"高发"人群,那就是官员。之所以在这个人群中多有收藏玩主,一脉相承的原因是他们有特权,收入高。仅这两点,今天的官员就比过去那些老革命不知要放大了多少倍。

在今天,又是哪些人群中多发收藏玩家呢?从成分看,除了官员之外,还有企业家、艺术家、中产阶级各种职业人群。玩收藏要有两个必要条件,就是常说的有钱和有闲,上述这些人可说两者兼备。虽有时事业也忙,但却能心存旁骛,想玩总能抽出时间。小情小调的小青年,现在也有不少进入收藏队伍,他们虽不如上述诸种人有钱,但"闲"还有,钱稍有余,走低端路线,仍旧玩得起。

而医生、大学教师、科研人员、军人中,玩收藏的人应该是极少的。

"悲哀"

这个"悲哀",说的是如今收藏品的年份之浅。

市场上现在能称得上古董而且保真系数较高的收藏品,大抵最早能到清前期,年代再远的东西,一是极度稀少,二是价格奇昂。

20 世纪 80 年代,还有玩瓷器的前辈敢自称玩的是"残大明",意思是非明代瓷器不玩。而一个"残"字,也说明,那时候藏在民间的完整的明代瓷器就已经不多了,能到手的多是有毛病的。到 20 世纪 90 年代,还能在店里看到一些小型明瓷如青花莲子罐,那已经是明代最晚的制作,习惯上都断为崇祯。而那时"清三代"的瓷器,虽然价高,但想找还不困难。记得 90 年代我买过一只有伤的顺治青花盆炉,才花了 50 块钱,那其实和崇祯的莲子罐差不了几年时间。

而今天,二十多年过去,再看收藏市场,是一番完全不同的景象。别说"残大明",就是"残大清",够得上档次的都难找。前段时间逛店,一只 300 件粉彩"百鸟朝凤"赏瓶,口掉了一大块"肉",修补得拙而又拙,还不如不修,但年份路份都好,够乾隆,要价 30000 元。这要是在 20 年前,200 块都未准有人要。

再如铜器,90 年代中期我认识一个专门玩佛像的老爷子,专收北魏的铜佛,手里真有博物馆级的东西。天天提个破口袋在古董店和地摊儿上

古董圈
一个京城玩主的收藏笔记

↑典型的顺治瓷器
↓一只浑身是伤的炉,看着它我总犯嘀咕,从开片看,"金丝铁线",应是哥窑模样,但哥窑绝少传世器物。而从身上隐约的暗刻看,又似龙泉窑特征。炉买回来,有朋友惊呼:"够老,能看到明!"我看它也是老态龙钟,但还不敢看到明,看到清初可能没问题。

转悠，那时清仿各代的铜佛还很多，价钱在几百到几千元之间，每个店都有几尊，而这老爷子专找"棍佛"和"板凳佛"，而且要个儿大金水好的。就那么苛刻的标准，他仍然时有收获。再看今天，找尊能看着有点老相的千手观音、药师佛都困难，差不多全是近年仿的，有的店专门卖佛，满坑满谷，但已经了无"般若"，弥漫着新鲜的铜臭气。

只举瓷铜两项，其他门类情况也相似。

说到"悲哀"，不是今天没的玩了，可以说任何时代，都有相对于那个时代的古董，今天，民国货都很吃香，解放瓷、"文革"瓷都成了收藏新宠，而在20世纪初，一些大玩家眼睛根本不夹明清瓷器，专找魏陶唐彩，宋汝元钧和元青花。反差就那么大。

问题是，那些论年代并不太久远的东西今天怎么就过快过早地看不见了呢？答案是被疯狂的买家像扫落叶一样收走了。这形势透出一种畸形病态：时代的狂躁，贪欲的泛滥，还有"文化大革命"结束前近30年对文化和文物的摧残给人们收藏天性造成的饥渴压抑，都在近30年爆发了。人们失去了古董收藏的从容和优雅，不再遵循收藏的德性准则，几乎是在暴敛市场上能看到的"值钱"物件，拿去投资、保值甚至行贿。所造成的悲哀，全都留给了今天刚入市的人们——他们从此再难逛摊儿时淘到文化信息更远更深的东西，没有了这些东西，就没有了参照物，也就没有了"眼"和"手"，你现在给他一件永（乐）宣（德）瓷器，他捧在手里未必敢收，会含糊："这么漂亮的东西，是后仿的吧？"因为以前他没摸过同类真品，博物馆隔着玻璃看到的东西离他又太遥远。

收藏，是个吐故纳新的过程，只纳不吐，没有了流动，循环就陷入恶性。参照物的缺乏，没有了鉴别假货的免疫力，刚入市的人往往对着似是而非的"大明嘉靖年制"，要么痴眼迷离，要么心旌摇曳，这就离上当不

古董圈
一个京城玩主的收藏笔记

两只小卷缸。上面是民国货,下面疑似康熙瓷,至少手头对,只是路份差点。

笑谈

远了。

  要想挽回这局面，我想至少得三五十年以后了。愿国家从安宁一直走向富庶，愿我们这代人离世时把手里的东西都放出来，那时子孙辈的玩家们说不定又能在琳琅满目的店里淘到清代以远的老祖宗们抚摸过的东西了。

小节里的风险

文物鉴定专家朱家溍先生近年出版的专著《故宫退食录》开篇有这样的话:"我从幼年对文物耳濡目染,到十几岁就随着父亲每日接触金石书画。卷、轴、册怎样打开收起;铜、瓷、玉如何拿起放下,都和生活中其他事情一样熟悉。"

"怎样打开收起""如何拿起放下"?这是什么意思?读后我有些茫然。恰巧后来有机会采访朱先生,我就此问题向他请教,老人眨眨眼睛,没讲什么大道理,只举了三个例子:一、在观赏手卷时,左手随开,右手随收,动作要轻,展开不宜过长,画背不要蹭桌面;二、擦拭硬木家具,上面的摆件挪位时,要端起来,不能来回蹭,以免家具包浆出现划痕;三、立轴在展看时,不要手托画背,以防画芯出死摺。

朱先生说:"文物古董,接触它们时,一招一势都要十分小心,稍有差池,就会损坏东西,有些损失是无法估量的,所以在一些小节上应该养成好习惯。"

老人说到了"小节"二字。古语云:"小节不彰则大节亏"。这其实是在提醒我们一个不小的问题。仔细想来,在我们对古董的鉴赏中,的确有很多这类小节问题被忽略。

一位要好的朋友,人送"雅号""弹哥"。无论谁的瓷器,只要到他手里，就都会用手指不住地弹敲，以检验瓷质，并藉以发现是否有眼睛看不见的破损。这就是种很不好的习惯。瓷器中，尤其胎薄质细的品种，是经不住这样振动的，本来很完整的瓷器，往往会因为弹敲诱发的内部谐振而使之出现当时不易发觉的损害；至于本来就有冲口或暗裂的瓷器，那就更会因为外力振动造成的应力集中而给瓷器带来更大的毁坏。

玩古董当然要把玩。而如何"把"，就大有讲究。曾有电视台在摄制节目时，两位嘉宾因大意，致使一件明代瓷器在交接中坠地摔碎。这就是没有"把"好。我当年曾在潘家园见过这样一幕：一位先生把看过的瓷器交还给摊主时，先说一句"接着"，然后左手托底，右手捧边，递还过去，再提醒一句："拿住了没有？"得到肯定后，先松右手，再松左手，完成交接。表面看，整个过程好像有点夸张，但这无疑是最牢靠的做法。

再有，我们说"把"，不是普通意义上的抓，在观赏器物时，最好是捧。有位老古董商说过一句话，叫做"炉不攥耳，碗不抠边，壶不端把"，这实在是经验之谈。因为但凡古董，年代必久远，内部组织结构往往产生变异，一些较重的器物，你只图方便，抓它好拿的地方，而恰恰这些地方就有可能已经承受不住器物全身的重量，而把东西掰坏。我就亲眼见过一只青铜鼎被人不慎掰掉一条腿的"惨剧"。

需要指出的是，把玩古董，从主观上切不能有轻率和漫不经心的态度，更不能玩"潇洒"，应该把手中的古董"奉若神明"，恭敬有加，唯其如此，你才会做到时刻谨慎。一位日本京都大学的教授，在看一只后仿的汝窑碗时，双手捧端，前胸内含，腰向下弯，好像整个身子都在较劲儿。我告诉他，不要紧张。他的话很耐人寻味："不是紧张，是尊重——它比我爷爷的年龄还大呀。"得承认，我们国家的古董数量不少，其中不值钱的大路货就更多，但我们不能以是否是大路货而决定对它们的态度，须知再不值钱的古董，也是不可再生的文化遗产，损坏一件就少一件。

说到小节，附带我又想到一些在购买古董时应该注意的小事。我曾在买一只茶壶时，因看底款而没按住壶盖，把壶盖摔了；也曾因为给一只德国老怀表上弦而拧断了发条；还因为在市场上走路不小心踢坏过摊儿上的瓷器；也是一位朋友，因为看一只烟袋，不小心使铜烟袋锅掉下来砸坏一件料器（玻璃器）；我的另一位朋友因为想看一张茶几的底，而搬裂了一块望板。凡此种种，本来只要稍加小心就可以避免，坏事就坏在了不拘小节上。

总之，每件古董身上都附着着历史文化的风采，但它们毕竟都老了，我们每个古董收藏者在鉴赏把玩中，一定要怀着一种对"老者"的尊重和一种对"弱者"的爱心，去呵护它们。

笑谈

说不清是谁更精

常说"买的没有卖的精",这话符合一般商业法则。但在古玩行,却不尽然。

当然,通常情况下,卖主不赚钱不肯卖。但这种"赚钱"和普通商品的利润率不同,你赶上机会,也许进这件东西很便宜,但这件东西究竟能搏到多高的利润,却大有周旋。也就是说,卖主如果真识货,东西硬,路子野,下家好,加上能沉住气,也许能赚上10倍,而如果以上几个条件你有一样不具备,就可能只赚5倍,如果再糟一点,卖主是个"二五眼",不了解行情,见利就心痒,那也许就赚上一倍。所以卖漏东西,是卖主最"悲摧"的事。但哪个古董商也不敢说自己是万事通,过手的东西都能一眼到底看得明白,路份越高的东西,就越容易含糊。一含糊,就容易卖漏,当然也就少挣了钱。

这是说卖主。

再说买主。通常情况下得让卖主挣钱。有时明知道这件东西卖主多少钱来的,要拿得加价。但加价加多少,也大有空间。这东西你看不透,当然是卖主说什么是什么,卖主一"白话",你没了主心骨,说康熙你得掏康熙的钱,说道光你得掏道光的钱。而如果你比卖主看得透,褒贬得有道理,你可能就少掏点。当然这是"说"的层面,更重要的不是"说",而是你对这件东西的价值估得是否准——你说东他说西不要紧，价钱砍不到位最多你不买就是了，心里有定盘星，总不至于让卖主把你"冤"了。

时间玩得长了，从买主角度讲，还有个体会，就是一般不要到"主营业务"突出的店里找他主营的东西，比如找瓷器不要到专营瓷器的店里找，找玉器也不要到专营玉器的店里找，这种地方不容易找出"漏儿"来，相反，逛摊儿时，如果在瓷器摊儿上发现几张破纸，你就应该看看，说不定能很便宜买到一幅没经装裱的老画，在卖木器的店里倒可以问问条案上摆着的瓶罐，这种东西就算他卖不漏，至少价钱也要不出圈去。但话说回来，如果要找真正的高档货，开店的又恰是你朋友的话，还是要去"专营店"，他价钱虽贵点，但东西错不了。

至于买主卖主谁更精，还有一种衡量标准，那就是长线持有谁更能赚钱。这无疑得说买主更能赚钱。你买了不卖，过上几年，那一定是比你当初买时价更高。但卖主往往也是买主，张三卖给李四，又去王五那儿进货，都进都出，一算总账，谁精谁傻又有点说不清。

但有一点却说得清：买到好货，永远不卖，那他最精。

穷人：残器也好玩

玩古董有一个公认的质量标准，那就是东西首先要完整，完整了才有收藏价值和经济价值，大的拍卖公司，都要求拍品不伤不残。

而凡事都两说，完整当然好，但不好找咋整，难道就不玩了？事实上，现在看看，不管是店里还是摊儿上，像瓷器，一点毛病没有的，一点伤不带的，说绝对点，干脆就没有。明代的不用说，都叫"残大明"——不残不是大明。前些年"清三代"瓷器品相好的，还偶然能见到，但已价格不菲，一般靠工资吃饭的人很难企及，而近年干脆出多少钱都买不着了。什么原因？都已摆上了玩家的多宝格——停止流通了。

过去我也拧一股劲儿：非完整不要，挑得很苛刻，瓷器上有一点小冲小崩儿都不行。错过不少白璧微瑕的东西，忙活多年，所获甚少。想想总怨财力不济或运气不佳。直到有一次我买到一只明代磁州窑的残葫芦，洗净后把一只锡制柿盒的上盖扣在葫芦的残嘴上，摆上架子，那稳重的造型和古拙的彩饰，再加上那柿盖像顶小帽，葫芦远看竟如胖娃娃般一身谐趣，我豁然想通了——只要东西上档次，只要陈列时找准方位，"藏穷露富"，把伤处遮住，残器也很好玩。

有人会说，这是买不起好东西自我解嘲，是穷玩。

说自我解嘲我还没那么幽默，说穷玩，倒是事实。工薪阶层涉足古董

古董圈
一个京城玩主的收藏笔记

这只磁州窑葫芦残得厉害，口都没了，我在上面扣了个锡柿盒的盖，远看像个胖娃娃，挺俏皮。它够年份，从底和彩看，有明的味道。残器只要不俗，也好玩。

笑谈

斗彩花盆，个儿大罕见，最大口径 40cm。伤得只剩一面能摆了，是件高路份的东西，年份应在乾隆上下。

古董圈
一个京城玩主的收藏笔记

单只帽筒，"乾隆年制"方章款，应是"本年份"的瓷器，只可惜也残了，但那焕发出的盛世气象却夺人心魄。

收藏，本身就是不自量力。现在只要稍上档次的东西，动辄6位数7位数，一辈子不吃不喝也买不起一件，只有干看的份儿。咋办？古人有《陋室铭》，说房不在大，室不在精，只要有风情雅意，又何陋之有？我说残器也好玩，转个文：盖悟于此耳。

古董有档次，收藏也有档次。像张伯驹那样又识货，又懂欣赏，又对中华瑰宝钟情舍命，又有财力的主儿，不客气地说，今天几乎没有了。大多数人要么想投资保值，要么想风雅一把，装点居室，玩玩而已，对藏品本身的文化、历史和美学内涵并不很愿意深入探究。咱这样的，既然是为了玩，何必一定要找那些毫发未伤的货？说句阿Q的话：残与不残，给人的美感享受实在是各有千秋。

从那只葫芦开始，我又买了几件精品的残器，比如花千把块钱买了一只断了脖子的窑变赏瓶，年份够清早期，腹径有35厘米。我正好有一只旧时丸药瓷罐上的铜盖，垫块红绸子，把它扣在赏瓶的破口上，既遮丑又俏皮。每每看着那醉心的紫红釉，想到的就一个字——值！

还有一只乾隆帽筒，也让我喜欢。这只帽筒伤得不轻，打着锔子。按一般人干脆就不玩，但我要。它不仅瓷质如玉，且画片儿生动：一群猴子戏于枝干之间，神情顽皮，釉彩华美。器底"乾隆年制"方章款规整。猴子的闲逸神态让人觉出盛世的安宁和富足。这帽筒虽是残器又是单只，但方位摆合适了，把伤处掩住，它的审美价值可说是所缺无几。

如果非让我"自我解嘲"的话，我就要说，如今完整瓷器只适于生意，残瓷才适于收藏，平时冷不丁见到一件完整瓷器，心里倒会犯嘀咕，怕是遇上高仿的"新活"，而有点毛病的瓷器，看看那些老伤，反而能帮你断定真伪。

仓储的困境

刚玩收藏的朋友看这个题目可能会觉得夸张——几件古董，谈得到"仓储"问题吗？但你玩几年试试，恐怕无一例外都会产生同感。

这里说的"仓储"，其实就是在家里如何存放古董，毕竟大多数人没有为搞收藏而专门弄个仓库的能力。而时间玩长了，家里的东西怎么摆怎么放，确实大有讲究。

我曾去过不少同道的朋友家，屋子里杂乱无章，满地满床都放着物件，堆成"实心儿"的床底下和阳台上，尘封土蔽，要找一件他想让你看的东西，那就更会乱上加乱，要搬开上面的几层杂物，弄得满屋子暴土扬尘。有时想让你看件瓷器，等他找到后才发现，挺好的东西已经连磕带压，出了毛病。

王世襄老人曾说，因为专收家具，存放就更困难，往往要把家具拆开，然后打捆，见缝插针堆满房子。不能拆的，就只能往高处码，家里已经没了家样。

当年有个阶段，我也曾有过这种困境。当时也疯狂喜欢家具，买一件，摆着养眼，买两件，看着不错，等你买了几个大件后，就堆得进不去人了。那时正好看上一只双拼的红木大圆桌，等抬进家时，老婆终于爆发了，大叫："你干脆把我扔出去得了！这日子没法过了！"最后连摆带挤，桌子好歹进了屋,并且平息了"暴乱"。又遇上一架近两米高的大穿衣镜,看着真馋人,价钱也合适,但终于没敢再动手。

那如何摆脱这种玩乐惹下的困境呢?一位朋友给了我启示。

这启示一是东西要干净。东西干净,就有看头,就有了陈列价值。

这位朋友在家做买卖,买的东西当然很多。但你到他家一看,客厅里(也即他的铺面)整齐清爽,赏心悦目。家具涂蜡擦拭,光鲜肉透;瓷器洗抹得宝气闪烁;钟表盘光楼净;佛像就更不用说,是纤尘不染。

启示二是有序。有序就不显杂乱,就不闹心。

这位朋友所有东西虽显拥挤,但摆置得利利落落。架子上的东西搭配得宜,架上放不下的,就放进盒里,把盒子摞起,放在明处,便于寻找。这种模块化的存放方式,既让东西安全,又让东西有卖相,客人一来,喝着茶,聊着天,顺带看着东西,舒心惬意,回头客能少得了吗?

然而,话要说回来,就算再干净再有序,收东西也得有够,不能无节制地一直买下去,那多大的仓库也有满的时候。这就需要对收藏有个正确达观的认识:收藏的过程,是个研究学习的过程,既然学习,就得有进步,就得提高眼力,买的东西就得越来越精越来越高,那么以前的东西今天看不上了就及时淘汰,不能什么都留。真正高明的玩家,家里东西会越藏越少,"收干熬尽,方得极味"。再想一步,藏品说到底都是玩物,让玩物挤了人的生活空间,岂不是本末倒置?最后不仅老婆会打架发疯,离婚不跟你过的例子也是有的。这又何苦?

行市

生意

规矩

圈子

物件

糗事

笑谈

盘道

收藏的境界

有朋友问,什么叫收藏的"高境界"?乍一想,很难回答。细琢磨,想起了王国维《人间词话》中引的三句诗:一,"昨夜西风凋碧树。独上高楼,望尽天涯路";二,"衣带渐宽终不悔,为伊消得人憔悴";三,"众里寻他千百度,蓦然回首,那人却在,灯火阑珊处"。这就是人们熟知的王国维以诗比喻的"治学三境界"。三句诗代表三层境界,一层比一层高。或问:治学与收藏何干?其实世事相通,常说:棋有棋道,画有画品,深浅有异,高下有别,到了"极致",都是"高境界"。收藏也不例外。

那么,究竟什么算收藏的"高境界"?还要从这三句诗说起。

第一句,比喻做事情首先要有求索欲望,然后探察路径,了解概貌,获取感性认识。这恰似初涉收藏者,对某一收藏领域有偏好,有欣赏兴趣,于是留心信息,关注市场,初试搜求,对已购藏品观察赏玩,做初步研究。这一阶段,收藏者多对藏品停留在表象认识和个体感知层面,对造型、纹饰、色彩、风格等藏品特征只有浅表印象。这也是收藏者热度最高的时期,对收归己有的藏品心怀喜悦和敬畏,查资料,问行家,兴奋不已。记得我第一次买到一只快散架的红木圆凳时,就是这种心情。买到第一件,就想买第二件、第三件……几近疯狂。

第二句,比喻成大事业、做大学问,绝非轻而易举、随便可得。须

古董圈
一个京城玩主的收藏笔记

木山子,包浆不错。

矢志不移，废寝忘食，孜孜以求，直至人瘦衣宽，无怨无悔。收藏也一样，首先"收"就是一件苦事。古今收藏宏富者，莫不是晨昏无阻，寒暑不避，闻风即动，窥影穷追，任你天涯海角，哪怕价值连城，甘愿节衣缩食，竟至倾家荡产。可说每件藏品都凝聚着收藏者的心血与痴情。那何止"消得人憔悴"，有时简直要以性命相搏。而"收"，只是收藏的一半，还有"藏"。"藏"，并非简单的收入囊中，其深义更在于研究、体悟。这就更接近王国维的"治学"。收到的东西，对其"出身""年龄""籍贯"的探察，对附着其身的文化、社会、经济、民族等各种"密码"的解析，查阅典籍，多方考证，务求弄深弄透。其所用心力，与"观堂"（王国维号）先生对甲骨文的研究似同出一脉。经历收藏的时间长了，所获藏品逐渐丰富，汰粗留精，见识日广，俗话叫眼"高"了，初始的疯狂已消失，理性替代了热情，对自己的东西，不再看做单纯的器物，而是当成固体的历史、有形的文明，开始抽象它们蕴藏的内涵，思考它们传承的脉络。不用说，这时收藏的境界又提高了一层。

第三句，比喻经过精神的高度专注，和对问题的反复追寻，功夫下到极处，就会"顿悟"，豁然开朗，融会贯通，有所发现，有所归纳，从必然王国进入自由王国。二十世纪九十年代，国家曾对各省呈报的一级文物进行普查，所派专家中，除铜、瓷、玉三类之外，其余如书、画、碑帖、工艺美术品等的鉴定工作均由一人负责，他就是文物专家、历史学家、收藏家朱家溍。何以一人竟有如此"功力"？答案是：他已到了这种境界。父辈的点化、家藏的濡染、故宫沃土的滋养、穷毕生精力的钻研，使他把多个领域的知识自然融合，如他所说，叫作"左右逢源"。那已不是一般"高手"靠直觉和经验自夸的"一眼活儿"，而是如《射雕》中的郭靖，功夫已入"化境"。

到了这种境界，对藏品的态度也起了质的变化，从最初的狂热，到多年富藏的喜悦，都已过去，这时的心境，已归于平淡，对藏品的占有欲趋近于零。多年前我采访王世襄先生时，这位明清家具收藏与研究的大家，居室里几乎已无一件像样的家具，坐的是两只半旧沙发；把家中两代藏品悉数捐给故宫的朱家溍，用的书桌竟是七十年代百姓居家常有的"地板黄"杂木制品。他们曾经沧海，已履巫山，不惊不喜，心愿单纯：只盼万千民族瑰宝，能平安稳妥，藏有所居，给后人以启迪教化，让子孙引以为豪。

当然，话又说回来，喜爱收藏者如今千千万万，有几人能达到"灯火阑珊"的境界呢？可以肯定，绝大多数人只能停留在"西风碧树"或"消得憔悴"的层面，而且这其中也会不乏优秀的收藏家。但我觉得"高境界"还是应该提倡，尤其是现在。因为，境界更高些，俗气就会更少些。

盘道 ▶

喜欢和需要

在收藏和把玩古董时,我常想一个古怪问题:你为什么喜欢这件东西?店里一大堆东西里,你为什么单把它买回家而没选别的?想来想去,悟出两个既空灵又实际的字眼——"需要",如果再加一个定语,那就是"情感需要"。我想说,需要,在艺术品欣赏中有着无可替代的作用。

人们通常承认理想在艺术品欣赏中的作用,却单单忽略了需要。其实前者与后者并不矛盾,只是从层次上前者有所升华,而后者更"原始"些罢了。然而如果把艺术品欣赏的主体定位在"大众"上,那么"需要"似乎就更切实一些。

一位朋友在店里看到两幅老画,一幅是红梅数朵,苍枝一段,题曰:"不求人夸好颜色,独留清气满乾坤",另一幅是黄菊一簇,竹篱半尺,题曰:"霜枝三五朵,常伴醉重阳"。结果他买了后一幅。问:为什么选这一幅?答:它适合我,我喜欢。

同样秀美古朴的两幅画,都具有艺术欣赏价值,为什么他只欣赏后一幅?为什么只有后一幅才"适合"他?尽管我没能让这位朋友亲口道出适合他的原因,但有一点不用猜也是明白无误的,那就是只要他不是把画作为礼物送人,而是留着自己欣赏,那他一定是因为感情的需要。

这种由需要而对艺术品欣赏的选择在现实生活中、在"大众欣赏者"

一幅老画,画芯 120cm×50cm。明显揭裱过。作于"民国辛酉",即 1921 年。作者大言"法南田老人笔趣",要学恽寿平。画中秋意盎然,几只秋虫藏于花前叶下,得一"趣"字。把它"选"出来,因喜他的题字:"好花秋更丽,何必羡春华",岂不正合 60 岁任上的年纪:此时秋日正丽,春光虽艳,又何羡哉!

中数量是可观的。

人们常说，通过对艺术品的欣赏可以达到心灵的安宁。什么是"心灵的安宁"？我觉得，这其实就是通过对适合他的艺术品的欣赏，而达到对某些情感的整理、净化、抚慰和寄托。这种欣赏所给予他的可能是一把钥匙，也可能是一把熨斗，但开启什么或熨平什么，有时却是冥冥之中的。然而有一点却可以确定无疑，那就是他要挑选什么样的艺术品去欣赏，才能满足这种感情需要。

那么艺术品的欣赏是以怎样的机制来满足感情需要的呢？

地球人都知道，艺术品不像文学作品，可以以作品中的人物情感和生活情节与读者个人的经历和情感活动的相通和相印来达到共鸣。艺术品与文学作品在形式与内容上正好具有相反的特性：文学作品是写在纸上的生活，内容是具象的，外在形式是抽象的（它们只是一本有字的书）；艺术品的外在形式是具象的，是可以摸得着看得见的器物，但它的思想内容却多半是抽象的。创作者所能赋予艺术品的最多也只能是《清明上河图》式的生活空间，和《蒙娜·丽莎》那样的神秘表情。而更多的艺术品却只能是表达一枝一叶的意象和方寸之间的含义。思想感情的外延是模糊的、内涵也是不确定的。齐白石画的螃蟹如果离开了当时当地的社会环境，焉知那是对横行者的嘲骂？

由于艺术品的这一特性，我觉得，艺术品满足人的感情需要，应该是通过这样几种方式来达到的：

第一，通过对象征意义的理解。应该说，艺术品的属性之一，就是具有象征性。竹是中国画中经常出现的题材，从宋代的文与可、苏轼到明清的石涛、郑板桥。人们喜爱竹，大都与其具有鲜明的象征意义有关，那就是气节与虚心。不唯竹，人们也喜欢梅兰菊，将其与竹并列，称为"四君子"，赞其不淫不邪、不俗不媚。试想果有大抱负、真信仰的人，百草之中不选它们寄托志趣又选谁呢？中国古代艺术品中，有许多具有象征意义的题材，如葫芦（福禄）、蝙蝠（福）、石榴（百子）、桃（寿）等等。这些明显具有象征意义的内容被演绎附会后，刻画描凿于玉器上、瓷器上、建筑中、碑碣上，这是最容易唤起大众欣赏者情感需要的艺术符号，因此历千年而不衰。

第二，想象。黑格尔说："最杰出的艺术本领就是想象。"这是就艺术创作而言。其实对艺术品的欣赏，在相当多的情况下也是靠想象来实现的。一个朋友说，他过眼不忘明人董其昌的《松溪幽胜图》，梦里几回置身其间，体验了茅屋小桥的林泉之趣，那里的空气又是如何清冽醒人——这就是想象。艺术品的意境或意象达于欣赏者，他亲和什么，追求什么，就可能在他所需要的方向展开想象，想象的翅膀也许飞出作品之外，也许就在其间遨游，但那时的意境却要比作品本身斑斓绚丽得多。

第三，个性的吻合。任何一个健康正常的人，都应该有其比较稳定的心理特征，它由一个人的心理素质、生活阅历、文化素养等因素所构成。艺术品的创作者和欣赏者也不例外。而个性同时也是影响创作风格与欣赏需要的重要因素。有人喜欢颜体的气势雄伟，有人喜欢柳体的骨力遒劲。这并不是简单的心理亲和或先入为主，而是与个性有关。同样是艺术品，壮伟豪放的欣赏者很容易喜欢同样个性的作品；而个性纤巧婉约的欣赏者也会通过作品达到创作与欣赏的沟通与默契。

第四，暗示。应该说，在艺术品欣赏中，暗示的作用是明显的，这种暗示多半是欣赏者的自我暗示。在艺术品的欣赏中，有些人对某一类艺术品、某一类题材或某一种颜色等表现出浓厚专一的兴趣。当问到为什么总是喜欢看这类东西时，回答是，看了它就会有一种说不出的高兴。秦汉以前的玉器中有一种流行的纹饰，叫作"乳钉纹"，乳钉排列在玉器的表面，纵向横向看去均匀整齐。有人说，我就喜欢这种纹饰，看到它我脑子就变

盘道

↑壁挂,陶胎,典型民国物件。
↓汉绿釉兔子,头上那块白有意思。

古 董 圈
一个京城玩主的收藏笔记

龙凤花觚,中间梵红釉,上下粉彩,发色不错,40cm 高,中规中矩的尺寸。清中期瓷器。

得清晰有序。一位朋友有一只清代"郎窑红"小瓶,他说,夜深,我看着它,会心痒亢奋,读书不困。类似这种由欣赏而影响人的感觉和知觉,进而影响人的意志和思维的例子,在艺术品的欣赏活动中是屡见不鲜的。谁能说它只是单纯的艺术欣赏,而不是精神生活的需要?

"清雅"与"精严"

家庭，不是博物馆，不是古董店，因此居家古董的摆置，首先要考虑的不是华丽丰盛，而是温馨和谐。文物专家朱家溍先生在谈到自家的"书香"环境时，说过八个字，叫作："几案精严，庋置清雅。"这应成为参考尺度。尤其"清雅"，更是重要准则。我去过不少朋友家，收藏的东西可谓丰富，但满地满桌，杂然而陈，甚至尘垢未除，浑身渍痕。一眼看去，完全没有了"家"的感觉。这就谈不上"清雅"。我理解，"清"有三条：清洁、清爽、清新。东西清洁了，才悦目；归置清爽了，才好欣赏；摆放得宜了，居室才清新，才能得到"玩"的乐趣。"三清"有了，"雅"也就不请自来。

那么，说"清雅"毕竟有些抽象，具体该怎样操作，有两点或须注意：

一是房间里东西的摆放宜少不宜多。有人认为东西多，会显出自己藏品的丰富，会琳琅满目，"美不胜收"。其实不然，多则生杂，杂则生乱，陈列的主题难突出，欣赏的目光难集中，会让人产生审美疲劳。因此，一间居室，有十只瓶不如有一只瓶，有一堂椅（四只或八只）不如有一对椅，使居室留有足够的空间，恰如书画的"留白"，主人有了通畅的"呼吸"空间，自然就会多几分欣赏的欲望。

二是要布局合理。古董在家庭中的摆放，要疏密得宜，分割妥贴，色彩柔顺。如书柜，是很多人习惯放置小件古董的地方，但一定要适度，当年我的书柜里东西多得就曾被朋友讥为"看着麻应"。家中有多宝格的人不少，但上面摆放瓷器要"高矮胖瘦"有搭配，有照应。和古董店的多宝格功能不同，古董店放多宝格是为了卖货，以"码"出来让顾客看着方便为度，家中则要让它舒展通透。最好每格只放一件，格中的东西不宜过"碎"；青花、粉彩和单色釉瓷器要"揉开"，不能偏置；成对儿的瓷器最好不做对称摆放，距离放得远些，高下参差，免成"俗对"。附带要说，多年的收藏者有体会，经常发愁东西多得没处搁没处放，新收了东西，只好见缝插针，有安身之处便罢，这最容易造成居室臃满无序。最好的办法就是"删繁就简"，把多余的东西装箱"窖藏"，放入仓库或柜中，分时分段置换陈列，这样既会使寓目的东西时有新意，又除却了居室中的繁乱。

赏玩三要素

雨果第一次看到维纳斯雕像，浑身颤抖，泪雨纵横；唐太宗得《兰亭序》，夙夜披览，宝爱之至，临死不忘随葬；孔子闻韶乐，长叹"不图为乐之至于斯也"，三月不知肉味。

上述人们熟知的例子，反映了艺术品在人的欣赏活动中所产生的巨大震撼作用。

然而，这种作用究竟是通过怎样的机理产生的？为什么同样是维纳斯，有些人看了感觉一般，而到了雨果身上，却反应如此强烈？他那一刻究竟感悟到了什么？这种感悟是理性的，还是感官的？如果二者都有，谁为主体？为什么李世民爱《兰亭序》爱到如此痴迷？书者，字也。以"万乘之尊"独钟几字，是什么道理？展读之际，他所体验的是怎样一种愉悦？韶乐虽美，却肯定不是人人都会影响到味觉。孔子听音乐而累及舌头，是一种粉饰夸张，还是果有其感（任何人都不能武断为前者）？

遗憾的是，古人的感受我们已经无从猜测。

但这并不妨碍我们从今人对艺术品的欣赏过程去做一些体验与归纳。

首先，我们不能不承认感官在艺术品欣赏中所起的作用。

这是因为，第一，艺术品在其进入欣赏者的欣赏活动时，最先遇到的无疑是感官的感受，这些感受之于人，应该是一种几乎与吃喝繁衍并列的本能。这种本能就是欣赏活动的第一道大门。当本能感到欣赏活动能引起至少是原始的舒适和愉悦时,"大门"才会敞开,欣赏活动才可能继续下去。有人对摇滚乐天然逆反,有人对京剧从感觉上就不愿意接受,欣赏活动从一开始就被阻断,那么后面的"审美体验""美的升华"等等环节便无从谈起。

第二,这里需要指出,我们习惯于用理论上的、典型的艺术欣赏活动程序来理解对一件艺术品的欣赏——无论是挑选出来的艺术品,或是欣赏者,都是在理想状态下的:欣赏的是人们公认的艺术精品,而欣赏者则是具有良好修养的学者或艺术家。其实现实生活中的艺术欣赏活动要广泛得多,也粗糙得多。可以说任何哪怕艺术含量最低的产品都可能进入艺术欣赏的过程,而任何具有健康感官的人(他们甚至可能没受过起码的教育)都可能成为欣赏者。这种大众的艺术欣赏活动当然是初级的,因而也可以说是感官的。

那么艺术品应该具有怎样的特性,才能更容易使"大众艺术欣赏者"敞开他们"欣赏活动的大门"呢?

我们认为,第一是纹饰。

从仰韶文化的"彩陶龙纹瓶",到秦代的"四神瓦当";从唐代的"狩猎纹铜镜",到万历五彩的"松鼠葡萄罐",纹饰之于艺术品,似乎与生俱来。

人们在劳动中产生愿望和企盼,人们在劳动中同样产生热情和喜悦。这两种劳动中产生的情感很自然地以相应的纹饰凝聚在劳动产品上,而这些承载着共同理想、记录着共同生活、有着悦目线条的产品,理所当然地引起劳动伙伴的关注。这便是文字与教育产生之前的艺术品与艺术欣赏——它是由纹饰引起的。后来绘画产生了,造型艺术发展了,但依然离不开纹饰,而且它的装饰作用变得无处不在。文人爱在自己的玉佩上饰以

"羲之爱鹅",官员则在自己的带钩上饰以"太平呈瑞",将军的宝剑上有纹饰,木匠的墨斗上也有纹饰。从花轿到棺椁,从砖瓦梁椽到簪环笏挂,无不雕描錾刻以各种纹饰。人们喜爱纹饰,欣赏纹饰。这似乎是人的天性,它最容易聚焦于感官,也最容易通过感官这道门而触动情感。

第二,当属造型。

造型与艺术的关系,是水与土的关系。自从人类开始了有意识的劳动生活,开始制造工具和器皿,便有了造型。无需太多的审美分析,只看一下裴李岗文化、磁山文化、仰韶文化留存下来的那些人头塑像,告诉人们这是5000至7000年前我们祖先的作品,告诉人们这些表情和善、沉静、滑稽、天真的人像可能是原始社会的先民在陶器制作之余,漫不经心地用泥团捏制的,资质再鲁钝的欣赏者恐怕也会油然生出几分感动和肃然。造型不同于纹饰,它是立体的。人的感官对造型的要求首先是稳定、洗练、流畅,在此基础上还要讲究华美和精巧。可以说感官对造型的要求要比对纹饰更挑剔,因为造型直接作用于人脑的平衡机制,与人的许多生理机能有关。明代家具做工远不如清代家具复杂,大多没有大面积的雕琢和繁琐的镶嵌,但学术界却普遍承认明代家具是我国家具艺术的高峰。其重要原因就在于其造型更符合人的感官要求。明式家具造型大方朴实,结构单纯简练,突出木材的质感,实用而美观,让人一见而感到舒适和宁静。而清代有些家具作品小则过小,大则过大,用料比例失调,一些部位弯曲延伸过分夸张,加之满身凿琢,让人感到或沉重或轻浮,奢靡而俗气。有人用生活化的语言形容对清代家具的感受,说它"看了闹心"。这形象地道出了造型对人的感官引起的不适。

第三是光泽。

光泽(包括色泽)是物质品质的外化,也是时间赋予艺术品的特殊印记。我们观察一件百年前的玉雕工艺品,就会发现它所焕发的光泽是今

盘
道

祭蓝描金小罐,很漂亮,金已脱净,但蓝色很正。乾隆瓷。

古董圈
一个京城玩主的收藏笔记

竹笔筒，年份还行，工不细。

盘
道

一只窑变赏瓶，断了脖子，只剩肚子。个儿不小，腹径35cm，如果按比例加上脖子，怎么也得有60cm。从底看有清前期的意思，釉子反出来的颜色也漂亮。买不起完整东西，抱着残器看色儿，也是种享受。

天同样质地的玉所没有的。如果我们把它放在手中，同样会有一种新玉所没有的温润之感。玉是石头的一种，应该说今天的玉和百年前的玉作为石头，以共同在地下形成的年代而论，其区别是可以忽略不计的。而为什么它们出土之后，百年光阴就会使人的感官产生如此巨大的差异呢？我们说，是欣赏活动造成的。

要知道，欣赏不仅用眼用耳，还包括用手。手的触觉是重要的感觉。古代艺术品在百年中经几代欣赏者在手中把玩，欣赏者从不停的触摸中得到欣赏的快乐，而艺术品同时被肌肤磨擦浸润，生出一种通体包裹着的、任何急就的方法都无法生成的特殊光泽。这种光泽是稍微懂行一点的古代艺术品鉴赏者和收藏者所追求的。它对人的眼睛和手造成的感官愉悦，是任何一件新出世的艺术品所无法企及的。类似的光泽，在古代艺术品中还可以看到很多，如古木器表层的"包浆"、古铜器上的"黑漆骨"，古瓷器、古牙器、古竹器也都会有这种经长年擦拭、把玩所形成的光泽。除此之外，还有古代艺术品（如瓷器）在工匠精湛技艺下制作出的某些中间色及这些颜色所焕发出的奇异光泽，也会给欣赏者的感官带来一种无法言喻的快感。如古瓷器中的霁红、霁蓝、茶叶末，如鹦鹉绿、鳝鱼黄、象牙白、茄皮紫等等，这些"古典"光泽，也是在新出世的同类产品上所无法见到的。可以说光泽所传达的艺术情感，对感官所产生的穿透性是最强的，它们给欣赏者所带来的是一种空灵幻化的感受，在它们面前，任何语言和文字的解释都不会胜过欣赏者感官对艺术美的理解。

古董摆置的情调

我常跟朋友说：在家里，古董的摆放陈列，要讲点情调，要有点意境。

这其实并非难事。因为每件古董都具有天然的装饰功能，有一两件古董往居室里一摆，任你再高级的现代工艺品都会黯然失色，这种"先天"的优势无与伦比，但却并不能替代"营造"的效果，"自然主义"地乱摆乱放，和经过构思的独运匠心，情调和意境就大不一样。

凡古董收藏者，都自觉不自觉地偏爱地道的"中国味"。其实如果脱出这种俗框，讲一点情调的"反差"，只要处理得当，就会有意想不到的欣赏效果。一次在朋友家看到一只从宜家家居买的"白茬木"小圆桌上摆着一只硕大的祭红天球瓶，百年前的瓷器，"君临"带有异国情调的崭新家具之上，红白映衬，古今中外情愫相糅，那种感觉，实在让人有莫名之喜。又一次，在一位搞外文翻译的老先生家看到，一只满是精装外文书籍的书柜里，孤零零放着拳头大小的一只清前期的仿哥窑笔洗，"金丝铁线"，翠色晶莹，它"依偎"在一排外文书的烫金书脊旁，娇小而深沉，益显抢眼。我还曾见过：一只硬木炕桌上放着一台电视机，一只清末老花瓶中插着一束盛开的百合，一只雕花紫檀镜框中镶着一幅自摄的异国黑白风景照……这种时代、空间、风格迥异的搭配，焕发出的温馨意境，让人感动陶醉。

另外，艺术欣赏的主观性往往会带来意境营造的个性化。一位这方面很有心得的朋友曾让我看他的三件东西，颇有陈列特色。客厅的一面很宽阔的墙上，独有一只二十世纪二三十年代德国出品的荣汉斯五音挂钟。朋友说，每当夜深，家人睡去，他静坐沙发，听它打出悠扬的音律，凝视那面空旷的白墙，就仿佛置身于时空隧道之中，想着那钟摆一左一右"摆渡"过的近一个世纪光阴，心胸顿觉无限开阔。在他的书桌上有一块汉代玉璧，缚在一只纤巧的老红木架上。他说，之所以把它摆在这里，是因为每当写东西难以下笔时，看着那玉璧上经纬分明的"卧蚕纹"，就像有一种心理暗示，能让他静下心来，很快理出头绪。在他卧室里，挂着一幅画，虽是民国的无名作品，但画得很出神：墨荷三枝，一朵待放。画中题字："香远益清。"朋友说，之所以把它挂在床前，是那画面让他每天早上醒来，就有一种脱掉尘俗的清新，有几分对生命的珍惜，于是带来一天的振奋心情。

古董陈列营造的情调和意境，使人由怡情娱性进而到感悟人生，这位朋友应该说达到了"玩"的高境界。

充要条件：要有个老师

玩古董，一个重要条件、或者说"充要条件"，要有个老师。

这老师，不一定有多大权威，不一定有多高明，只要是比你起步早，不拒绝你和他一块玩，就行。

不少人玩古董，都是"千里独行侠"，爱一个人走动，串店串摊儿，独往独来。就算几个人扎堆一起玩，也是各买各的，不商量，不听劝（劝人别买，有乘机夺美之嫌）。而老师不同，他能帮你看货，能帮你估价砍价，东西买到手，还能给你讲解一番。

我就有个入门的老师。几十年来，不管正面的还是反面的，他给过我很多帮助。他嘴爱啰吧，好为人师，古董知识对我毫无保留。不管是道听途说，还是连蒙带唬，知识算得上渊博。人品不错，对人奸，对我不奸。有不少次，见着好东西，他先劝我买，如果我嫌贵或不喜欢，他再买。就凭"先人后己"这一点，就够个"师傅味儿"。他买车很早，一连多少年，他一到周六周日，必拉我去逛，有段时间，每逢周五，总带我去天津沈阳道，这种对朋友的耐心法儿，我一直感念。

我受他影响最深的，是他玩得很杂，只要是旧货，不论是否够得上古董，他都沾都懂。那是他自小趴信托商店练出来的功夫。他杂我也就杂，从一开始玩，我就瓷杂书画都感兴趣。他因为杂，各项都玩得不深，故此我也受他影响，浅尝辄止，不求甚解。

他有个特点，爱讲故事。这种故事不是古玩行里常有的为推销自己的东西而编的故事，而是圈子里的掌故。这些掌故里，有很多眼前熟人的经验教训，还有圈子里的规矩套路。对过从较密的人什么脾性什么毛病也常提醒两句。

他爱顺情说好话，我每买一件东西，只要买对了，他都会把这件东西大大夸赞一番，如果买瞎了，他就说，干吗不先让我看看，然后加一句口头禅："咱的钱又不是大风刮来的。"

他幽默而胆小，得让人处且让人，一见有人要"叫茬呗儿"就缩头，这也是老北京买卖人的通病，他经常自嘲："我这人胆小，讲和气生财，一边是挨打，一边是挣钱，你选哪边。"

他作为老师，对我的影响仅限于入门的初期，耳提面命的时间很短，接着就成了朋友关系。经常一起走动，从他那里得益的地方，多数是看他买的东西。他选东西很细，到了店里，我就是眼一搭，一看没上眼的东西就走，他总说别着急，得细看。一些有意思的东西，都是他从没人注意的旮旯里发现的，有时连店老板都忘了还有这件东西，被遗忘的东西往往卖主心气不高，所以经常能捡点漏儿。

他后来成了职业古董商，我注意他选的东西，有一点谁也比不了：不管年份怎样，卖相都很好，很俏很美，谁见了都想抓。

老师不一定都比徒弟高明，他开始对木器就不感兴趣。80年代的一个冬天，我在后海200元买了一只火盆架子改的榆木小鼓桌，冒着寒风骑车把它背回来，他很不以为然，说你要它干吗？柴木东西有什么意思？没过几年，他却跟我商量，让我把那小鼓桌匀给他，愣说当年这是他让我买的。对木器，尤其是硬木，他有很长一段时间看不好，总是让我给看。如今，他买别的东西，也常征求我的意见，不少东西我不让买，他也就不买了。

他是个瞎话篓子,跟有病似的,嘴里说了实话就不舒服。同一件事,跟你说是一个样,跟他说是另一个样,被当场揭穿也满不在乎。时间长了,朋友们都知道他说瞎话多半是为了侃着玩,没有坑人的心,也就见怪不怪了。

他买的东西,多少钱永远是个迷,永远把"进价"说得让你没法开口跟他砍价。但他并不黑,只要觉得挣了钱,就走货。

也许是从小养成的习惯,日用品他也喜欢用旧货,从头到脚,非常时尚,大都是旧洋货。我有时挤兑他:你除了老婆,没有一手货。

有个老师,有个能商量事的人,关键时刻给你递个话,买卖东西可以毫无顾忌地征求他的意思,他也能直言不讳地说你买得对不对,卖得亏不亏。我觉得这就够了。至于请个太高级的专家当老师,并不一定有好处,时间玩长了,他如果总端着老师的架子"指导"你,你说你是听还是不听?

老古董商一席谈

张老,是我们对一位老人既调侃又尊敬的称谓,他是个老资格的古董商,这说话已经去世有小10年了。他的作派举止,和今天这代古董商大有不同,没有当下行里弥漫着的浮躁气,倒像个学者。说像学者,并不是那种酸文假醋地"抖范儿",而是于不经意间流露出的深厚学养,那股儒雅,装是装不出来的。

据他说,他算得上古董商世家了。

他爱跟我聊,聊的其他事我记不太清了,但有一次聊到当今古玩行与老世年间的对比,我却至今难忘,听着让人既追慕,又遗憾。慕先人之德行,憾今人之不堪。

他讲到守信,说老年间的古玩行,从业者都自律,信用,是必守的。一件东西,首先自己得弄明白年份、出处,跟客人讲解,也跟卖糖炒栗子一样,童叟无欺。男客女客,年轻的年老的,穷的富的,行家棒槌,说词都一样。自己弄不明白的东西,也得跟客人说这东西自己看不好,看不好的东西价钱就得低下来,不能理直气壮地充"大个儿",也绝不蒙着卖。卖出去的东西,不能说"实行三包",反正只要理由正当,什么时候都管退。

他又讲到行里的团结。过去的古玩行,说行帮义气也好,说同舟共济也罢，反正团结得不错，讲究有钱一起挣。客人想要的东西，我没有，知道谁有就无私介绍；听到什么信息，比如哪个玩家偏好什么，都友善地通气；有好东西，一个人拿不动，就几个人合着拿，挣多挣少平均分，没有怪话；有的店总不开张，家里窄憋了，过年过节都去走走，临出门留下点年货钱点缀点缀；对新入行的，也不欺生，拿货时都让着，他眼不够使时，都提个醒。

他也说到说瞎话讲故事。老年间古玩行做买卖，除了上货进价之类信息不能说以外，能说的话都是实话。当然一件东西两面说也是常事，但都经得起推敲，说完得负责任，万一客人找上门来，不推不躲，心不虚。如果人家说得有理，你就低头服气，解决的办法也是商量着来，买卖双方基本不红脸。

张老说到古董商的心态，我印象深刻。他说，玩古董，是文化范畴的事情，是雅事。卖古董为挣钱不假，但老年间心气都很平和，一条街上都是君子之交，如果你当一回小人，明儿你的买卖就甭做了。大家都稳得住神，几个月不开张，"箪瓢屡空，晏如也"。那时跟买主之间都像朋友似地过往，接触的当然大都是文化人，不少古董商也是文化人出身，常有买主卖主的雅集，席间吟诗作对的也不少，有些古董商，学问不输于那些读书人。

之所以对张老的那次聊天印象深刻，是因为他讲的，和今天比，反差太大了。

古董也有"气质"

人常说某人气质如何如何，文雅、潇洒、风流等等，这些构成人的性格特质。

有人说，古董也有"气质"，这话虽然有点"玄"，但细品，也不无道理。

首先古董有品位的高下。一只琴桌和一只餐桌，就不在一个档位上。书拨（古人苦读时，因恐手汗污书，以一玉银铜竹制簪形器物拨挑翻页）和簪子也有雅俗之分。笔架和筷架，虽造型都是中间有凹槽，架的也都是"竹棍"，但一种棍是稻粱鱼肉送入嘴中的输入工具，一种棍是锦绣文思焕于纸上的输出工具，当然也有径庭之别。

现在古董市场上文房用品普遍比厨房用品贵，如果这能说古董也有"气质"，那这"气质"的高下之别，其实是说它们所包含的文化艺术元素各有不等所致。

一只康熙五彩瓷器和一只光绪五彩瓷器往一块一摆，品质优劣立现。一是色彩明亮，古拙质朴，胎质细腻，过手沉稳，盛气袭人；一是胎质疏松，手头轻浮，色彩淡薄，虽有雕琢之心，却无凝神之力。如果以"气质"比，一是大家的含蓄持重，藏珠玑而光华难掩；一是小家子的外浅内空，弱态衰形，又不是一个档次。

盘道

老扇子

再有，同样是摆在条案上的物件：一间房里是榆木条案上摆着"柳树黄莺"掸瓶，玻璃罩子里是水仙盆栽着五色琉璃花；另一间房里是紫檀条案上一对百鸟朝凤的赏瓶，中间一只镶玉插屏。这虽然是"公子哥"对"穷小子"，如果硬说有"气质"的差别，也能分出个雅俗来。当然房间的主人究竟是什么气质，是不是暴发户讲排场、故作风雅，那得单说，这里只说物不说人。

如果非要把古董人格化，愣说它们也有"气质"的差别，说深点，那只是人的气质的外化，是人的气质在物上的附丽。

比如东西的雅俗，和制作者的气质有关，即艺术家的艺术水平和题材取向大有差别；再比如物品使用者，他的气质也给物品染上主人的"气味"，比如砚台、扇子之类流传有序的名人爱物，让人看着就是气度不凡（精神作用当然也有）。

如果你愿意以虚幻的体悟去品评古董的"气质"，那可以肯定，从它们身上是能感知到气质的存在的。皇家的东西，就有股压人的气场，让你有种敬畏感。普通百姓"娘娘嫁"的什物，你看着就有股猥琐气，如同看到旧日前朝引车卖浆者流的影子（这里我们不是在贬损"卑贱者"，是讨论古董）。再从质量上说，高级东西的精美华丽，艺术含量的充盈丰满，把历史文化的元素浓缩在器物的周身上下、方寸之间，让收藏者每当观赏时都禁不住一声长叹，叹息中有景仰、钦服和感动。这种感觉不是和见到伟人而为他的过人气质所折服有相似之处吗？

别人我不敢说，反正我个人觉得——古董是有"气质"的。

盘道

鉴定的"虚无主义"

一档古董鉴定的电视节目中,一位木器专家捧着一只铜香炉,讲述了炉底和炉口的"起线"与木器的"起线"有类似之处,接着对香炉断代:"说它是明末的也行,说它是清中期的也行。"而在对一只瓷瓶断代时他说:"往高里说是清末、民国,往低里说是五六十年代的东西。"

年代评断有如此大的跨度,看起来不太专业,但细想却能理解,因为除了官窑"本年份"瓷器和宣德炉等一小部分有典型特征的"开门"古董以及流传有序的法书名画之外,大量的东西都不可能有太精确的年代鉴定。差着几十年上百年,都很正常。年代越远的东西,误差率越高。唯其如此,专家在看东西时都爱说活话,一方面他自己心里不一定有底,另一方面虽然自己有底,但怕别人有不同意见,所以宁可说得跨度大一点,对方认同感或许会强一点,不至于给人留下话把儿。

但话又说回来,作为专家,你那么宽泛地鉴定,还叫鉴定吗?我曾讲过,如今有人常爱说"这东西不新",意思是这不是"新出锅"的器物。如此浅表的鉴定,于普通玩家还说得过去,可你是专家,你从明末一杆子能支到清中期,这和"这东西不新"有什么区别呢?

所以,专家鉴定的随意性,就带来鉴定活动的虚无性。尤其一些低端木器、铜器和杂项,就更是专家说什么是什么,只要他有几句解释,能自圆其说，就算是定评了。

　　说了半天，话题再回到当下的电视节目上。为了收视率，目前古董鉴定类节目已经不约而同地归入了财经栏目，因为要鉴定，除真假和断代外，还必须给个价码，这样就能与"财经"名正言顺挂上钩，观众也爱看，参与者得到满足，"故事"听着更有兴趣。

　　顺带再说句老话题——鉴定节目的给价。现在与十多年前中央台"鉴宝"节目比，专家给价要严谨一些了，不是动辄六位数七位数（当然"宝物"的档次当时要高得多），但即便如此，仍然让人觉得虚无，仍然有很大的随意性。一只柴木雕花的小木箱，给出15000元，我想问专家：这东西给你你要吗？一只山水画片儿的铜墨盒，给出5000元，再问专家：给你你收吗？

　　所以说，今天的电视节目，与十多年前比，媚俗的程度更甚，凡古董，必谈钱，以钱拉着观众，以钱突显专家的智慧和专业性。总之是把古董收藏从文化范畴夺过去，彻彻底底划归了市场圈儿。

安定是金

当下人们都知道的一句俗话:"盛世买古董,乱世买黄金。"其实说得更确切些,这是收藏圈子里的老话,不玩古董的人谁能理解"盛世买古董"是怎么回事,我"盛世买房子"不是更牢靠吗?

但想想古董和世道的关系,实在是千真万确:世道一乱,古董立刻就一钱不值,想拿官窑换窝头都没人换给你。但一到太平年间,一块指头大的玉件换辆奔驰车,也没人觉得新鲜。

最典型的故事,1945年日本投降,东北大乱。琉璃厂的古董商到长春淘货,在一家小古董店的墙旮旯看到了展子虔的《游春图》,这是中国存世最早的古画,竟以10两银子成交(那时虽有银元,但仍有银子流通),而带回一片承平景象的北平,立刻就有人愿出800两黄金求售。这故事传了整整70年,细节有各种版本,但"歌词大意"不变。长春离北京最多一千公里,一乱一治,就有那么大的差价。

再有举世闻名的西周青铜器毛公鼎,在抗战后的乱局中失踪,找到时却发现竟被特务用来当香炉烧纸。试想如果这时候有人拿几瓶法国威士忌,说不定就能把这旷世珍宝当废铜给换出来。但今天它老人家雄踞在台北"故宫博物院",您再想动它试试,别说烧纸,就是摸一摸,您也得先戴上白手套。

离我们最近的大乱是"文化大革命",毁了多少文物古董就不用说了,高喊"破四旧"的大小疯子们拿东西不当东西,谁敢说把"四旧"捡回家藏着供着,那就无异于找死。我一位同事还记得在颐和园东宫门前的空场上,脚底下踩的都是攘到地上的古画,一下雨,被碾得稀烂。硬木家具,点火烧不着,被五马分尸,拆得东一块西一块。一位朋友到现在还留着一块捡来的紫檀桌腿做的刨子。

让我记忆最深的是,20世纪90年代,潘家园市场已经在土坡上形成,一位先生铺在地上的手绢上摆着两只断成数截的翠镯子,他迥异于来京摆摊儿的外地农民和北京土著喝街的混混,是位气质不俗的人。那对镯子是绝对的冰种,莹莹碧绿。这位先生把断开的几截在手绢上拼对成圆形,摊儿上再无他物。我看着特别,就问:"这镯子怎么摔成这样?"那先生说:"哪是摔的,是砸的。"我问:"谁砸的?""我啊。"他说。看出我觉得蹊跷,他又补了一句:"'文革'抄家,抄出一堆东西,让我跪着,自己拿锤子砸。这是我上辈留下的镯子,没想到砸碎了拼一拼还不缺,我留着它心里堵得慌,也不是什么好东西了,您想要,就看着给。"那对破镯子记不清他要多少钱了,反正很便宜,不超过10块钱。但那时我对手饰不感兴趣,又见砸得乱七八糟,就没接。现在想想,就那种成色,裁几个戒指面,或用金子接裹复原,出一对"金镶玉",那得多壮眼啊!

乱,会让宝贝变成垃圾,让能识宝的眼睛变得浑浊。

玩收藏的人看着自己苦心收来的东西,享受着观瞻摩挲它们时的心灵熨贴,无不祈愿着社会的和谐与世界的安宁。

那才是玩收藏的根本心态。

盘道

鉴赏，得承认有直觉

前些年，在北京的古董市场上，经常能见到一个小孩儿，不知道他的真名，都叫他小蹦儿。那时看样子他连十八岁都不到，沉默寡言，神情木讷，黑黝黝的一张小瘦脸儿。

就是这么个小孩儿，知道他的人都不敢小看他——他看瓷器占着一绝。

瓷器，清代以下的，只要是大路货，谁都能看，尤其"嘉道"以后的瓷器，因存世量大，只要玩过几年的，一般看不差。但明代以前的瓷器，因为市场不多见，尤其是青花瓷，各代都仿，不留神就走眼。而这小蹦儿就有这本事，明瓷一看一个准儿。拿件东西让他看，他也不多说话，抓过来一看马上就递回去，如果东西对，他有个特征，就是瞪着你，如果不对，就崩出俩字儿："不对。"然后掉头就走。于是他的眼就成了标准，圈子里一说"小蹦儿看过"就管用。

有件真事，我没亲眼见到，但我有个贴身要好的朋友却是当事人之一。就是这个朋友，在摊儿上看到一把破执壶，青花的，又缺盖儿，又没把儿。这朋友拿起来脑子打了个闪，觉得像宣德的东西，但不敢肯定，人家要价15000元（十几年前15000元是个不高不低"咯吱"人的价），他砍了一口价人家没松口，就递了回去。这时小蹦儿钻出来了，从我朋友的胳膊底下把壶抄过来，跟旁边一个大个儿说："交钱。"这下我朋友傻了。原来小蹦儿老远就看见那把壶了，自己没钱，悄悄去叫人，被叫的也是个油条，一看小蹦儿找他，知道货对了，一点没犹豫就掏钱。

这把壶听说最后大个儿换了两套远郊的房子（当时的房子还没有今天那么贵，但"永宣"瓷的价钱已经上来了），又听说小蹦儿从中没得多少钱。

于是我相信对文物鉴定，确实有个直觉问题。小蹦儿那么小的年纪，归里包堆能玩多少年，能看多少东西，但为什么他就能把过目的信息生成那么固化的感觉，他是怎么归纳的？恐怕你问不出来，他也说不出来，这就是直觉。

前几年你还能在潘家园看到小蹦儿摆摊儿，跟前是几件破瓷器。但细看，哪件都不简单，都是有头有脸的高瓷，可惜都破得太厉害，价钱也实在不低。

在古董鉴赏能力上，我相信宿命，有的人一玩就会，有的人玩一辈子也不会。没办法，这就是天分。

得了强迫症

古董如人，它在哪儿待着最舒坦，最受待见，最安全，这问题如果让大家讨论，那会各说各的理，莫衷一是。

当然最集中的意见是国家收藏，在博物馆待着最好，就仿佛待在五星级酒店，哪还会不舒坦？也仿佛锁在银行的金库里，哪还会不安全？

但要让我们这些玩收藏的草民说说，会有三个字：那未必。

道理很简单，物以稀为贵，博物馆的东西太多了，拿出一样都很宝贵，除了那些一等一的旷世珍品之外，那些二等以下的东西，时间长了就不那么受重视，不那么被照顾，存放不一定精心，保养不一定及时。进一步讲，人都爱犯这毛病：博物馆的东西是国家的，不是个人的，所以从事文博工作的人就不太容易和收藏品建立感情——想建立感情也建立不过来呀，东西太多了，爱谁不爱谁呢？

而小门小户的我们则不同。不要说找到一件博物馆级的东西会怎么对待，就是到手一件明代民窑瓷器，那就会爱如娇妻，尊若先贤，赏玩怕摔了，擦拭怕碰了，不知该怎么好了。

这种对文博单位的臧否并非我胡琢磨，而是听到的见到的，对比的验证的，远非孤例。

比如前些年采访朱家溍先生，在他故宫的办公室里，我看到除了几件地板黄的现代家具之外，还有一对紫檀大柜，和一只红木雕花大茶几。这至少都是清中、前期的东西，明明都是文物，怎么竟成了办公家具了呢？当然家具本来就是用的，用也用不坏，但这至少说明：一是故宫没拿它们当好东西，二是故宫的文物贮藏条件有限，把本应放在库房里的东西放到了办公室，可见东西多得都淤了。

再比如颐和园，走到玉兰堂、乐寿堂，从窗户双手拢眼往里看，里面的摆设就不说了，单看那些家具，按北京老话讲叫"干不呲咧"，没一点水灵气，本来都是紫檀、红木的"开门"老东西，可乍一看，就像"柴木篓子"。前些年在颐和园后山的澹宁堂有一个园藏明清家具展，可以近距离地参观一批名贵得不能再名贵的家具，但看过后让我实在心疼。除了几件家具的瓷板桌面有点亮光，其他的，也是"干不呲咧"，不客气地说，还没我家的几件家具看着肉透可心。

为什么这些家具那么难看？就是因为缺少保养，没有按时上油打蜡，没有每天拿软布摩挲摩挲。有人说博物馆的东西都这样，没那么多人力去见天伺候它们。可是不然，你看台北"故宫博物院"的老家具，件件看着整齐精神，就像昨天刚打的蜡，光可鉴人。也难怪能这样，就因为台北"故宫博物院"的家具少，不少展品都是一些达官贵人死后捐献的。少，就伺候得过来，就受宠。但想想也不尽然，曾在日本奈良的正仓院看过中国唐代文物（其中还有家具），那可不是近代从中国抢去的，是一千多年前遣唐使和日本留学生们从中国带过去的，一件件都历久弥新，"一汪水"似的闪着光，原来我还以为是供展览用的仿品，再一打听，都是真品！那闪烁的不是刚"出锅"的物件的贼光，而是千年润化的宝光啊！你上网搜搜，无论北京故宫还是台北"故宫博物院"，有几件正仓院那种文物？看得我差点流泪。想问：人家咋就能把咱们老祖宗的东西供得那么舒坦？反倒是自家的东西，却不当回事，搁得憋憋屈屈、拧拧巴巴呢？

我有个国家级博物馆的朋友说，他刚参加工作时，一批老家具也是被当办公用品，上面暖壶印一串串的。不用想就知道，那是老硬木家具上的漆片遇水后泛起的白印，一旦泛出来，永远也去不掉。他说："我在馆30多年，很多文物变化很大，特别是颜色，没有了一丝皇家的宝气。"这话不免带着情绪，有些夸张，但馆藏文物的"待遇"不咋样，应该是不争的事实。我问他："有人说藏宝于民比在博物馆安全，待遇好，你怎么看？"他断然三个字："绝对的！"接着补了一句："被帝国主义列强掠夺走的东西也属幸运。"他举例说到账目不清的、存丢了的、弄残了的，甚至前些年还有被掉包的。说着说着又生起气来，说："你看电视里博物馆从业人员对待文物小心翼翼的样子，那都是假的！有的人那素质，就像潘家园、高碑店出来的，还有的博物馆跟工厂似的，不少子女是接父母班就业的，让这些人护着中国的文物，谁能放心？还有那些搞考古的，就更不把文物当回事。"这哥们儿的话越说越离谱，但心情却是真诚的，那就是对目前博物馆文物的收藏现状不满意。

我不愿说大家都明白的大道理，什么职业道德教育缺失之类，咱就讲几句"小话儿"，这些东西几百年上千年传下来不容易，咱能不能别光认钱不认血脉、不敬畏祖宗留下的文化基因，这些东西如果过你的手损坏了，或在你这辈子因为不留心不在意而种下"病"了，有内伤了，得"癌症"了，你就不怕遭天谴、损阳寿吗？

有人会说，你这是咸吃萝卜淡操心，这里有你什么事啊？可我就偏忍不住要那么想，想得成了强迫症了，有什么办法？

——这都是玩收藏惹的"病"。

感性与理性

这个话题乍听有点哲学味,其实如果说透了,就是再通俗不过的、人们经常挂在嘴上的人性问题。

人性中有一大领域,就是对玩的偏好,就是娱乐。凡是人,大概没有不贪玩不爱娱乐的。不知道别人怎么理解,反正我是持这种观点:收藏,从其本质讲,也是一种玩,一种娱乐。

一个"玩"字,还有多少理性可言?所以我的观点,收藏基本上是一种感性行为。比如看到一件康熙官窑,首先决定你是否想收藏的要件,是你是否喜欢,喜欢,就是感性的;其次你是否有买的冲动,冲动,也是感性的;第三买到手后,你在手里把玩观赏,得到的享受,又是感性的。

还要说的是,收藏和"爱"是紧密联系的,对藏品的热爱构成了收藏行为的大部分动力。而爱,是不折不扣的感性事物。经常听到圈子里传某人为收一件东西而拼得一贫如洗,如张伯驹当年典房求画的掌故,在外人听着是故事,在圈里人听,是再正常不过的事,那都是因为爱。没什么道理可讲,说不清因为什么,就是喜欢,就是痴迷,就是会不顾一切——这是收藏界每天都在发生的事。甚至有人为一件东西坐了病甚至发了疯,"范进中举""扬子江翻船",大家听过,也就笑谈一回,并不足为奇。

而由此,是不是就可以说:收藏"等于"感性?也不尽然,说严谨点,应该是"约等于"。因为在收藏过程中,会有很多需要理性的地方,比如对东西的鉴定,这个环节是比买任何商品都冒险的事情,鉴定错误要导致整个收藏行动的失败,而导致鉴定失败的因素又太复杂,包括太多的不确定性,尤其是对新手。这就要求收藏者在出现收藏冲动时,要把握住自己,理性对待,稳住神,好好看好好感觉,不能瞬间出手。对于鉴定的理性,还要多说几句,那就是对于新手,你就是再稳得住神,也是上当居多,因为你没有经验。圈子里常说"不用看,一眼活",意思是这东西对不对一眼就能认出来,就像熟朋友,隔多少年在多密的人丛中一眼就能认出来一样。而新手就没有这"一眼活"的功夫。这种区别,就包括了理性因素:老手对东西过手多了,也包括吃亏多了,由具体到抽象,反反复复,逐渐升华,形成经验。而取得经验的过程,按老话讲,就是从感性到理性的过程。这掺不得假,有经验就是有经验,没有就是没有,所以有人说新手"稳住神"的"标准动作"就是干脆不买,这话虽有道理,也失偏颇,不买,还玩什么,谁都是在买的过程中才能获取经验,所以要我说,新手的理性不是不买,而是多逛少买,买完了要用心研究,悉心体会,心得攒多了,就上升到经验,就相对更理性了。

在古董中,收藏品类的不同,需要理性的成分区别很大。比如瓷器、青铜器、玉器、家具等能摸得着抓得住的东西,也就是一眼看上去好玩的东西,收藏的理性比重就小些,而诸如善本、法帖、拓片、经卷,尤其如甲骨、竹简、木牍等只能眼寓,无法把玩的东西,其玩法就更趋理性,因为这类东西玩的是学养,普通人对这些东西别说鉴定,就是字都认不全,读通读懂就更难,玩心自然就被吓退了,而此道中人却能在这些破纸片破竹片的研究中找到乐趣找到惊喜,这玩的就是学问和理性。

关于收藏,话又回到人性上。人性中还有一种成分与理性有关,那就是占有欲。收藏是占有欲最生动的表现:只要看中了,就想要,就想据为

古董圈
一个京城玩主的收藏笔记

粉彩花卉瓶,绿里儿,清中前期瓷器。

盘道 ▸

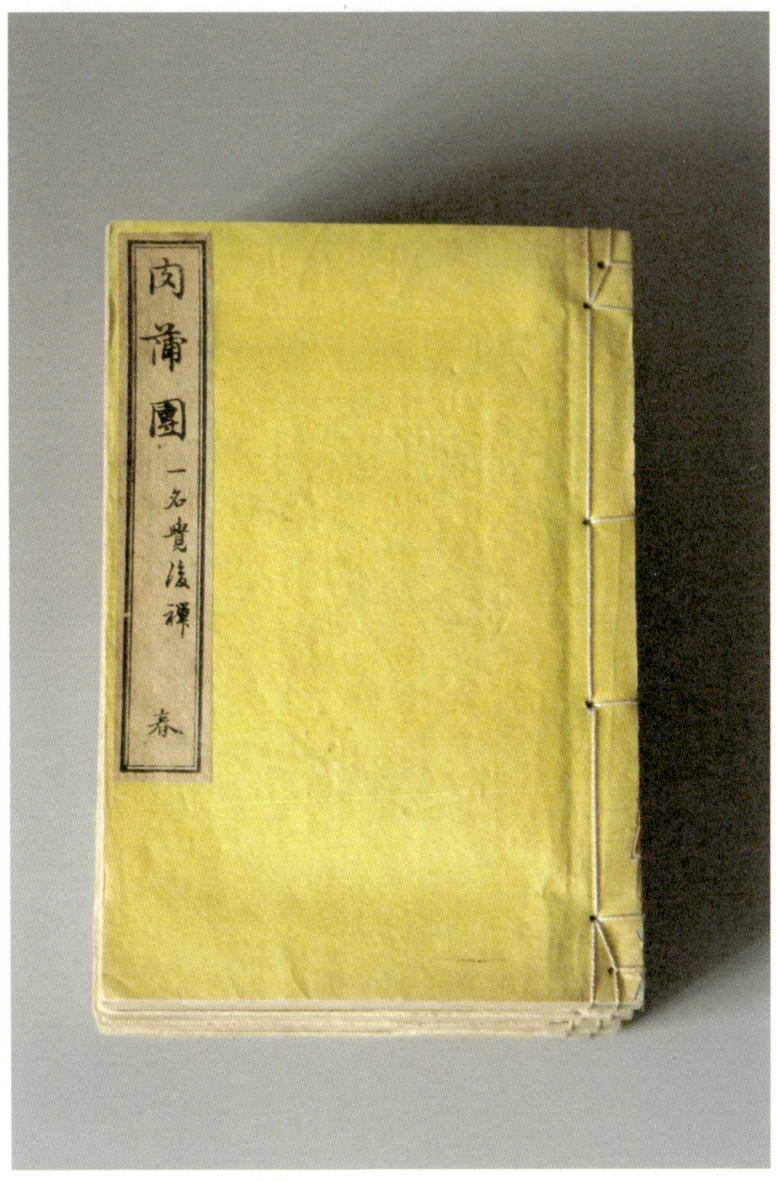

在日本买到的《肉蒲团》,全本,带楠木书板。在日本的故纸堆里淘货,只要你有耐心,时有惊喜出现,而且比国内便宜。

己有，而且不想与人共享——按说这是一种纯粹的感性现象，它与理性又有何干呢？

这里要说的与理性相关的占有欲，是收藏的另一面，即它的投资属性。投资性的占有，是通过占有藏品进而达到占有财富的目的，这种现代的有策划、有运作、有暴炒的财富占有，没有感情，没有温度，只有冷冰冰的赚钱的理性，一切围绕钱来思维，与"原生态"的收藏正好悖反。不能说这有多邪恶，但与只想着玩的收藏者却应属两个"物种"。最原始的收藏活动，尤其如中国这种延绵几千年的小农经济社会，几乎没有形成上规模的市场，它只是"小众"的高端玩法。当然也有藏品的物物交换、友情价让，或不得已的典当救急，但从整体上讲，它仍属于与情感相连的、与钱的关系较远的文化活动。后来出现了古董店，但那也不是典型的现代意义上的市场，与凶恶的以赚钱谋利为主轴的商业理性相比，还多着几分温情与暖意。这种古董圈里的"小农经济"状态直到20世纪80年代还维持着。最近20多年，国际上古董投资的理念和做法以极猛的势头和中国市场接轨，使原始的感性的收藏习性被颠覆，出现了一批理性收藏者。这些收藏者包括个人和机构，共同的特点是以高价收入高端藏品，不玩只藏，目的只为在下一轮卖出赚钱。这和国际上如日本20世纪泡沫经济时期一些大公司收藏世界名画，以期待价而沽的思维是一种路数。这些收藏者对藏品不讲感情，只讲行情。他们有专业的鉴定团队，不仅鉴定真伪，也评估商业价值和市场前景，那需要的是股票操盘手式的严谨与理性。就像近些年中国一些顶级拍卖公司，对一些拍卖过的大价位藏品设置专人跟踪藏家，像房地产中介一样，定期向藏家通报行情，怂恿说服藏家再次把该藏品投入拍卖。这就造成一些藏品隔几年就被拍卖一次，以至一些正直的专家为藏品（诸如数百年的书画名迹）如此频繁地晒出，在众手摩接中造成损耗而担心。不用说，这类精品绝品在每次拍卖中都会以更惊人的价位被下一家收购，以等待再下一轮的沽出。

　　这种对藏品的市场操作，其间的各个环节都是严密的，冰冷的，理性的，其"创世纪"的价位所创造的轰动效应，恰如天体的黑洞，旋转裹挟着那些带着赚钱的"理性"而来，想一夜暴富的投资"小虾米"们像股市里的小散户一样，最终不是买错了股票，就是踏错了行情。赔钱，成了"理性"的代价。

藏之道——以藏养藏

玩收藏，不用说要收入藏品。几十年下来，不断地收，不断地藏，钱不断地花。富翁除外，普通人怎么负担得起？所以得想辙。

以藏养藏，就是"辙"。这不是什么奇思妙想，而是玩收藏的必由之路。原因有二：

首先是钱不够用。几十年下来，花个几十万几百万的，大有人在。作为工薪阶层，这不可谓不是负担，加上家里的报怨，日常生活的拮据，随时都让你快乐并痛苦着。怎么办，只能是买了卖，卖了买。这其实就像开车进了匝道必上环路一样，再自然不过。玩古董，就是再高雅的人，也没有不卖东西的。当然这和古董商做职业生意完全为逐利不同，而是为了腾出钱来进新的藏品。

其次是汰粗留精。东西越买越多，玩过几年你就会看到，家里满坑满谷，尤其玩家具和瓷器的，会把你逼得无容身之地。前些年我夫人在我进了一只一米二的大圆桌加6只鼓凳后，就歇斯底里地大叫："你是要我还是要桌子！"东西收多了，自然眼就越来越毒，觉得以前买的东西摆不上台面——搞收藏会有两面性，有的东西会跟你相厮相守一生，而对大多数东西会喜新厌旧，昨天买了今天就后悔。所以没什么舍不得，隔段时间处理一批，腾腾地方，回点钱，以利再战，是这圈子里常干的事。玩古董，有个特点，只要你不买瞎活（假货），过一段时间再卖，一般不会亏本，而且往往会赚点，所以买的过程就成了玩的过程，玩了，学习了，练眼力了，然后卖了，接着再买，循环往复。

  当然也有割爱的时候，本来很喜欢的东西，舍不得出，但又看到了更喜欢的东西，价高拿不动，只好出两件不想处理的东西，舍去旧爱，迎来新欢。这时卖东西就顾不得赚钱不赚钱了，为了赶时间（机会不等人），凑钱是要务，有时亏点也认了——焉知后得的东西赚不回来呢？

  买了卖，卖了买，在这买卖之间，收藏的水平提高了，藏品档次提高了，越会玩的收藏者，东西越少，东西越精。你一屋子东西顶不上他一件。古往今来，不少收藏家就只因一件藏品而见诸史册，那才是收藏的高境界。

专家的"法眼"有边

随着艺术品市场这些年不断升温,人们对鉴定专家的工作也越来越关注,喜爱收藏的人都希望将自己的藏品"收名定价"于专家的"法眼"之下。

社会之所以对专家有很高的认同度,当然是因为专家对艺术品有常人所不及的鉴别力,但也应看到,专家其实也有其自身的局限性。

首先,所谓专家,是指某一领域的专门家,其所学并不能涵盖所有艺术门类,超出所学领域,就不一定是专家。木器专家对铜器就不一定内行。

其次,专家多是研究某个特定时代艺术品的专家,超出他所熟悉的时代,也不一定能算专家。明清字画专家,对宋元作品,就未必擅长。

还有,专家往往是某个档位的艺术品的专家,对低档位艺术品熟悉的专家对高档位艺术品,就更有局限性,熟悉民窑瓷器,对官窑瓷器(如明代官窑),就难有把握。

因此,专家之"专",是在自己研究的领域,超出范围,就算不得专家。认知事物的规律是:专,只能"窄";博,势必"浅";什么都精通的专家,是没有的。

但有些专家,不仅参与擅长领域的艺术品鉴定,"超范围"的鉴定他

盘
道 ▶

木雕老翁,头大,是清代戏出的人物比例。看上去够老。

古董圈
一个京城玩主的收藏笔记

↑ 一对铁狮子,乍看还以为是大漆的。狮子虽是空膛,但很敦实压手,也很老。憨态可掬。
↓ 我最早买的那只炉。发色正,年份也不错,拿它当参照物,对刚起步的我来说很重要。

们也做。如果这种鉴定活动是私人之间的事，也就罢了，但有些专家往往在公众场合或市场运作中，做"综合性"鉴定工作，而且没有听说哪位专家对某件艺术品说自己"不懂"或"看不好"，照例都会拿出鉴定意见。

古代艺术品的鉴定，具有相当难度。现在除了铜器可通过金相结构分析判断年代外，其他门类的鉴定，基本靠视觉、触觉和嗅觉（如木器），与历代传统鉴定方法没有太大区别。如瓷器，专家只能从器型、发色、用料、款识、图案、重量等方面进行判断，几乎没有什么现代化手段。因此经验在鉴定中起着主导作用。

由于鉴定方法基本靠"原始"的经验，只能定性分析，缺乏定量检测，其"或然率"就必然存在。同时，社会在变化，仅凭过去的经验，也有局限性。有的"文博派"专家在鉴定民间艺术品时失误，就因他们工作和研究中接触的艺术品都是真品，对假货缺乏"免疫力"，可以乱真的高级仿品让他们"迷眼"，并不奇怪。

再有，目前专家队伍没有统一的资质认证标准，不少"专家"并没有专门从事相关领域研究的背景和经历，缺乏应有的文化理论素养，仅凭"圈内"的承认，即被冠以"专家"徽号，进入社会性很强的艺术品拍卖等行业从事鉴定工作。

应当说，从事艺术品鉴定的专家，多为道德高尚，学养深厚，眼力独到的学者，但同时也不可否认，个别专家，在鉴定活动中，为利益驱动说违心话，为维护面子"指鹿为马"的事情，也有发生。

总之，专家不是符号，是具有专业知识和技能又带有局限性的具体人，因此听专家鉴定意见时，应抱着既重视，又不盲从的态度。相应的，专家也应该实事求是地对待过手的每一件艺术品，敢于说实话，敢于说"不懂"。唯其如此，才能保证鉴定的信誉。

红墙金瓦倍关情
[访故宫博物院文物专家朱家溍]

秋日临窗。字台前坐的便是仰慕已久的朱家溍先生。我和仰东先生坐在对面两只红木圈椅上,看86岁的朱先生,身心健朗,不见龙钟之态;院中拍照,台阶上下,步履轻捷。对我的问题,他字句斟酌,出语成篇,绝无絮赘。

书香门第说"书香"

朱先生对书是否果有其"香",论述精彩:宋元刊本、明代精刻名抄"书香"自不待言,康、雍、乾三朝武英殿修书处的木板书、铜活字和聚珍版,以及苏州诗局、扬州诗局、楝亭家刻本等,都是刻印精良,墨香四溢。但书若生香,还需条件,要:"几案精严、皮置清雅",唯如此,才会和着庭院中四时的花气,闻到真正怡人的书的幽香。

关于"书香"的雅谈,初听虽是闲趣,但细想,却也只有眼前这位"曾经沧海"的朱先生才谈得出,因为那是来自他切身的体味,来自他几代"阀阅"、诗书相继的家世的熏染。

盘道

朱家溍先生在他办公室外,我为他拍照。其时已是86岁高龄,精神矍铄。足登运动鞋,上下台阶脚步轻捷,明显是"武生"的"范儿"。他不许我叫他朱老。很后悔没跟他合个影。

朱家溍祖上，累世为官，近代最显赫的是高祖凤标。这位道光进士，官历道、咸、同三朝，几乎做遍了六部的尚书，后因"老成端谨，学问优长"，同治皇帝"命充上书房总师傅"。其曾祖、祖父也都是同、光朝的大员。父文钧（翼庵），早年毕业于英国牛津大学，先在民国政府任职，后被聘为故宫博物院专门委员，是近代著名的古籍、碑帖和字画鉴定家。百年"书香文脉"延至朱家溍，使他身上积淀了深厚的中国古文化底蕴，天然承传了绝恶俗、趋清雅的高致。家学与自砺很早就使他学识卓于同侪。从考古到音律，从官史研究到园林建筑，人们很难测度眼前这位朱先生胸中所学，何处是底，何处为涯。

"御题"是假的

"您认为一个文博工作者应该具备怎样的素质？"我问。

朱先生毫不犹豫地说："还是那句老话，首先要多读书。"说着话，朱先生随手翻开一本唐末、五代画家刁光胤的花卉写生册，指着一幅《蜂蝶戏猫图》上的题字说："这里写的是'乾道元年仲春御题'。乾道，是宋孝宗的年号。所题'白泽形容玉兔毛，纷纷鼠辈命难逃'，故事出于南宋文学家刘克庄的诗句，但乾道元年为公元1165年，而刘克庄生于1187年，孝宗怎么能用22年后才出生的刘克庄作品中的典故呢？仅此一处即可断定，御题不真。但是如果你不多读书，没有读过刘后村（克庄）的诗文，你就无法作出正确的判断。"

朱先生是国内首屈一指的文物鉴定通才。就在我们的采访开始之前，故宫博物院书画部的一位先生特来传达英国苏格兰博物馆的邀请，希望先生去帮助鉴定一批中国文物。颇有经济头脑的英国人知道，只要请到朱家浯，就无须再分别请各门类的鉴定专家。1992年国家文物局为了确认全国各省市县呈报的一级文物，专门成立专家组赴各地鉴定文物。这个组中有陶瓷专家、青铜器专家、玉器专家，而此三类之外的文物鉴定则统由朱家溍负责。其学识威望由此得窥一斑。

"您是怎么成为文物鉴定的多面手的？"我问。

朱先生说，打基础是得益于家庭。家中当时收藏的金石书画，铜、瓷、玉、木等器物对我影响很深，年龄很小我就开始接触它们。年纪再大一点，真正学到东西，还是在故宫。

朱家溍从12岁就由父母领着逛故宫，及至青年，因父兄当时都在故宫任职，时有参观赠券，父亲便会指教他"某件真，某件假，某件真而不精，某件假却笔墨不错，某件题跋真而本幅假，某件本幅真而某人的题跋却假"等等。

朱家溍十分感念故宫博物院老院长马衡对他的培养。他说："马衡院长对青年人不主张研究领域过窄，他不论什么课题都交给我，我也愿意各种门类都接触，从不拒绝新工作。所以引路人很重要，如果他当初只限定我研究某一类，我的路也就不会走成现在这样。"

变成无产者

举凡文物界，恐怕没有不知道朱氏向国家数次捐献文物的事情。执收藏界报刊牛耳的《收藏家》杂志，从发刊第2期开始，一直到第29期，连载了朱氏所藏文物的目录，从中所见文物质量之高，数量之大，门类之广，堪称建国后文物捐献义举之最。

"家中的藏品，是几代人心爱之物，付出的金钱、精力和心血无以计数，到头来要全部捐出，是出于一种什么考虑？"我问。

朱先生可能已经被人问过无数次这个问题，所以回答简单而实在："家藏的706种罕见碑帖，新中国成立前马衡院长曾向当时国民政府行政院请款10万银元商请收购，父亲当时未允，而是承诺身后把这批碑帖捐给故宫，所以第一批东西是承父亲遗愿捐出的。后来'文化大革命'中三次抄家，等东西发还时，对事物的认识有了新变化：今天的社会背景和经济背景与上个世纪有了很大的不同，这些东西已经没有必要再由私人收藏，个人拥有反而会变成包袱。"朱先生说完轻松地诙谐一句："全捐了，就变成无产者了。"

我问："据有人估算，您家捐给国家的东西至少值10亿人民币。"

朱先生爽朗一笑说："我们从来没算过。"

我又问："收藏而能蔚成大观，您认为最重要的是靠什么？"

朱先生说："我认为首先是机缘。你有财力，也有鉴别力，但要是没东西，也无济于事。我父亲的时代就是最好的机缘，那是民国初到二十几年，当时前清的王公将相纷纷败落，不少府中以典当为生，下人们也乘乱往外偷拿，所以买什么都左右逢源，东西源源不断。"朱先生忽发感慨："凡物有聚有散，有散有聚，聚是一乐，散而能得其所，也是一乐，这些都是机缘。"

杨派武生只一家

就在采访朱先生的三天前，辅仁大学校庆，校友中的京剧迷上演全本《回荆州》，朱先生演的赵云依然风采不减当年。对朱家溍的戏，当年张伯驹曾有赞誉："现在演《长坂坡》，赵云没有够上杨派的，只有你这一份。"其实朱家溍并不止武生演得好，老生同为上乘，其他行当反串，也见功力，而且京昆俱佳。正是俗话说的"文武昆乱不挡"。他大部分是和专业演员配戏，如杨宝森、梅葆玖、言慧珠、朱桂芳、范宝亭、宋丹菊等著名演员都曾和他同台演出。朱先生不无得意地说："我从来不清唱，要演，就扮上，唱整出。"

朱先生不唯戏演得好，而且戏曲研究颇多卓见。谈到京剧的现状，我问："能不能说京剧艺术今天正在走向衰落？"

朱先生断然说："不是'能不能说'，实际就是在走向衰落。"说话间，朱先生显得有些激动："国家现在对京剧和昆剧的方针是'抢救、保存、整理、发展'，这非常正确，但实际上却往往得不到执行。一种文艺形式自古至今都是从无到有，从有到盛，由盛转衰，最后消失。像唐代的乐舞，当时很兴盛，但后来就消失了；元曲和明传奇有那么广泛的群众基础，而现在留下的只是白纸黑字的戏文，究竟怎么演，谁也不知道。现在的京剧和昆剧的剧目是几百年积累下来的，前些年由于种种原因，有些剧目被禁演，淘汰了一大批，加上'文化大革命'的扫荡，能演的剧目就更少了。表演艺术是附带在人身上的，人都有生老病死，带走了就失传了。我们的时代和元曲时代不同，我们不仅可以留下白纸黑字，还可以拍电影拍电视，可以录音。而现在文化部门总是热衷于搞'振兴'，搞大赛，编新戏，花钱不少，但老观众不爱看，新观众也不爱看，演几场就完。编新戏是这个剧种繁荣时代的事情，像梅兰芳当年曾一年编了九出新戏，那时你拦都拦不住。但现在是衰落时代，应该把抢救、保存放在第一位。像日本的歌舞伎，是古老的剧种，国家管起来了，并不考虑它的票房价值，它的传统剧目不演便罢，一演准满坐。所以我主张，对现在还健在的老艺人，给以充足的资金和条件，让他们专心排传统戏，然后录下来，加以保存。现在像戏曲学院退休的老教师如王金璐、何金海、闫世善、李金红、王世续等，他们每个人肚子里少说都有二百出戏，先保存下来，将来能振兴当然更好，不能振兴，至少也是一笔遗产。"

立言堆锦　学者襟怀
[访文物专家王世襄]

初春京城，一个风沙甫定的下午。

日坛公园东北隅一座公寓里，又是我和仰东一起拜谒了仰慕已久的著名文物专家王世襄先生。八六老人，神清气朗，笑语谦和，谈锋极健。

寒喧落座看茶。话题一开，老人便谈起近年媒体、世人对自己的种种评价和误会。

"我不是玩儿家"

说到"误会"，我忽然想起在预约采访的电话中，老人第一句话是"欢迎你来。"第二句便是"有人说我是玩儿家，我是，也不是。"

老人早年毕业于燕京大学，旋又考入燕大研究院读研究生。年轻时代读书的同时，他喜欢各种民间玩物，并致力于民俗文化的研究。虽自称那时自己"玩得天昏地黑，业荒于嬉"，但却打下坚实的国学基础，并有一口流利地道的英语，成为建国前故宫博物院首屈一指的懂业务的"外交"人才。

王世襄先生,也是我拍的照片。那时他刚买了新房,但屋里看着已没什么亮眼的东西,更不显豪华。也许和经历有关,比起朱先生,他性格更绵软,更慈祥,说话也更接地气。我曾想写一篇谈他和朱先生友谊的文章,两位先生也都同意,因为他们两家是世交,能说的话很多。只怪我手懒,觉得"还来得及",不想时间一拖,就"来不及了"。

我问老人："有的文章说'玩儿家'是您给自己下的评语？"

老人断然否认。他笑道："'玩儿家'的说法最早出自一位老朋友的后辈。他采访我，写了文章在台湾发表。文章我不喜欢，多有哗众取宠之处。由这篇文章就对我有了'北京玩儿家''中国第一玩儿家'的称谓，我实在不敢当。'玩儿家'很对现在人的胃口，好像有一种吸引力。弄到后来，一些记者采访我，一张嘴就是：'请谈谈您是怎么玩儿的？'"老人虽然微笑，却是一脸的无奈。

我明白了，老人之所以不喜欢这一"谑称"，是因为它被用滥用俗了。它被强加在了一位并非只会玩儿的人身上，而且玩儿，只是他生活的一个侧面，他的事业成就远不止此——这一称谓之于他，首先太偏颇，其次太轻佻。

细读他的著作，翔实的求证，严谨的立论，让人感到，如果一定要给他一个评价的话，他首先应该是一位对中国工艺美术史多领域多门类立言沉稳、建树卓越的学者。

我问："以您的年纪，总结一生，您认为所做有益的事情都有哪些？"

老人说："我一生做的最有意义的事情是日本投降后为人民收回几千件国宝，现在都藏在故宫博物院。不过说起来话长，今后可以找时间详谈。至于文物研究，首先是《髹饰录解说》的编写。"《髹饰录》是我国现存唯一的古代漆工专著。但全书文字简略晦涩，且类比失当，所以极难解读。过去此书唯一抄本远在日本，后经曾任北洋政府代总理的著名学者朱启钤先生刊刻印行。他知道王世襄有这方面的志趣，遂将此书交给他诠释解说。老人编写此书前后三十年，除写作本身的艰难，又迭遭政治坎坷。但初衷不改，善始善终，1983年终于出版，篇幅为原书的20倍。该书成为文物工作者、美术院校师生的重要参考书，成为漆器制造企业的主要教材，亦深受海外学人的重视，被广泛引述。1998年修订再版，加入了专家对此书提的意见和几十幅彩图。

像这样以多年心血浇灌的著作，老人尚有多种。光靠玩儿是玩儿不出来的。

"我不是收藏家"

环视老人的客厅，除一张新制的花梨木大画案外，如果从收藏的角度上讲，几乎已一无长物。想到他于近年将79件珍贵的明清家具归入上海市博物馆收藏。我问："这么多年，作为收藏家，您是怎么认识研究与收藏的关系的？"

老人似乎又有"误会"要解释，马上接住话茬："实事求是地说，我够不上收藏家。要说收藏家，只有像张伯驹先生那样学识渊博、资财雄厚和藏品精绝才够格。我收的主要是家具，1945年日本投降后我从四川回到北京，就开始注意这一领域的研究，当时家具很便宜，买回家是为搜集实物资料。研究并不一定非要很贵重的东西，往往观察结构只需残件标本就能解决问题。所以这么多年，我所收集的东西没有花太多钱。我一直也不收瓷器和绘画，那都很贵，我买不起，而且已经有很多人研究了，与其去走别人走过的路，倒不如去做一些少有人关注的工作。因此我收的大都是人舍我取、未必珍贵，却饶有趣味、值得研究的小东西。"

"是兴趣还是责任感"

我问老人："您这么多年从事著述，究竟是出于一种研究的兴趣，还是出于一份责任感？"

老人很坦率:"既是兴趣,也是责任感。"当老人还在上大学的时候,他的一位朋友、辅仁大学的教授艾克(德国人)就已经开始研究中国的明式家具。当时他就有这样的想法,作为一个中国人,比外国人的研究条件要好,人家既然开了头,我们至少应该做得更深入一些。这种想法一直到抗战时在四川加入中国营造学社,在梁思成先生的指导和影响下,从古代建筑的"大木作""小木作"开始,最终落实到古代家具的研究上。当时他就立志:"我一定要写一本比艾克的研究更全面的书。"老人又说到《髹饰录解说》:"我之所以能克服那么多困难去完成这部书,除了对朱桂老(朱启钤字桂辛)学问人品的尊敬以外,更因为这部书重要的学术价值。"老人说,中国古代一贯重士轻工,虽典籍众多,但有关考工、工艺方面的书却很少,像《髹饰录》这种专门阐述制作技法的书就更少。这是因为文人不屑去写工匠的事,实际他们缺乏实践也写不出来;而工匠因文化所限,有实践经验却没有写书的水平。这就使我们许多先进的制造工艺无法传世。老人有些激动:"作为一个中国知识分子,既然认识到这个问题,就理应尽力为填补这些空白做点事情。"

《珍赏》与《研究》

我曾在东京的内山书店和香港荷李活道的古董家具店里多次见到老人所著《明式家具珍赏》。在国内也看到做老家具生意的朋友手中时时不离此书。而就我所知,老人多年对明式家具研究的心得主要收入1989年于香港三联书店出版的《明式家具研究》。他的"明中期以后家具生产中心在苏州"的断言、对明式传统家具"无束腰"与"有束腰"的分类、对明式家具装饰的全面阐释、把雕刻花纹作为家具断代的依据,以及对明式家具名词术语的汇编索引解释等等重要研究成果无不凝聚其中，为什么此书反不如《珍赏》流传更广，竟至圈内"人手一册"呢？

我问老人这两种书到底是什么关系。老人又是无奈地一笑，说："从出版的时间上讲，《珍赏》在前（1985年香港三联出版），《研究》在后。但最初我根本就没打算出什么《珍赏》，我所写的就只有一本《研究》。但香港的出版商在商量出版《研究》时，力主先出一本以图谱为主的书，认为这种书好销。于是就先出了《珍赏》。果然他们'慧眼独具'，这本书不仅在海外和港台，连农民的家里都有。目前光我知道，海外已出了英法德等多种译本。我因在版权法不健全的时代被欺瞒侵权，因此不知道这本书到现在究竟印了多少。近年国内流行家具热，利之所在，人争趋之，他们拿着这本书当了做买卖和制做假古董的工具书。因此一提王世襄的家具研究，都知道有本《珍赏》，而注意《研究》的人就相对较少。其实更多的内容都在《研究》里，《珍赏》按国外的说法，多少属于那种'咖啡桌上的书'，是从功利出发派生的副产品，而认真研究的人还是重视《研究》。"

"研物"与"玩物"

对王世襄，画家黄苗子先生说他"玩物成家"；书法家启功先生说他"研物立志"。两说我倾向后者。中国文人治学，自古概分两类：一类如司马迁、司马光，广涉史料，熔以史心史智史胆，铸成巨制，现当代如王国维、陈寅恪等继承此脉；另一类如郦道元、李时珍，则重实地勘研，以实物说话，立言立论，讲求实证，穷毕生于一志，王世襄就基本属于这一类的代表。

老人的著作，插图多是一大特色，而图中的实物绝非信手拈来，其背后下的苦功常人往往难料。如早年对家具的访求，逢年过节他都出门，骑辆车，近在九城，远到郊县，他说"打鼓"收破烂的都跑不过他，他的车一次能驮两把椅子或一只小型桌案，受的累不少。找到有价值的东西他高兴异常，忘了疲劳。遇到人家不卖或他买不起的时候，就拍照或是描绘。碰上不理解他的人还得说好话，陪笑脸。谈起《髹饰录解说》编写之难，老人感慨良多："原文中工艺和材料的名称术语与现在古玩行和收藏家所说的往往不同。想要入手，只有先细读原文，脑子里形成概念，然后四处去找实物。在对某件实物的观察中，觉得它与原文有相似或吻合之处，便拿来反复研究比对。书中的术语，也要根据上下文尝试理解，再去向经验丰富的木匠老师傅请教印证，最后进行确认。如此反复，一点一滴地推进。"

老人当时有一部有关鸽子的专著即将出版，在桌上我看到了这部书的校样，也引出了新的话题。老人青年时代曾痴迷养鸽，他兴致勃勃地谈起这部书的写作："我早就想写一部有关中国观赏鸽的书，但早年北京有的那些鸽子品种已经很难见到，没有实物图就说不清楚。巧得很，我无意中从著名书画鉴定专家徐邦达先生的著作里知道故宫有一部清代画家蒋廷锡所绘鸽谱。到故宫一看，原来这里所藏鸽谱共有四部，工笔彩绘鸽子180幅，很多品种是我以前所熟悉的，正合此书之用，我赶紧找人拍成照片。这样，有明代张万钟的《鸽经》，有本世纪初于非闇的《都门豢鸽记》，加上我自己的养鸽经验，再结合这些鸽谱进行比照说明，就可以把中国400年的鸽文化贯穿起来，写出一部前所未有的观赏鸽专著。"

老人最后一句话很有份量："我搞研究，就是要把力气用尽，把功夫下绝，不来一点偷工减料。这样做了，我才觉得有意义，才觉得过瘾，即使有错误，完成得不好也无愧我心。"

盘道 ▶

聚散苦匆匆

自打开始玩收藏,就不断听人问:将来手里这些东西该怎么办。今天的年轻人,喜欢这些历史"破烂"的不多,一提古董,首先问的就是能值多少钱。打量让他们能喜欢它们,珍重它们,收留它们,基本上是要失望的。所以一旦将来我们这代人都没了,如果不在死前把东西有个托付,等人一咽气,儿女们就开始算计怎么把东西变现分成。懂门的多卖两个,不懂门的仨瓜俩枣就攮出去了,省得留着碍事还影响旧宅装修,那快当劲儿都能想象——出不了几个月。

东西就这么散了。

和这"散"相比,再想想自己这"聚"的过程,个中甘辛,实在是不足为外人道也。

曾经采访王世襄先生,他谈到积攒多年的那批家具的归宿,虽看得出其难以割舍,心有戚戚,但有一点他心里是宽慰的,那就是这批家具没有被"攮"了,没有被人零揪,而是论堆"撮"给了懂得珍重它们的人,并最终完整地在上海博物馆辟出专馆常年展出。老人笑着说:"这批家具我少说少卖三成,可有一样,它们都没散,还能在一块堆儿,我就知足了。"而老人收藏的那批香炉,后来就没家具幸运,在"专场拍卖会"上,被张三李四王五你一个我一个分别买走,各奔东西了。想想,什么时候它们再能"原班人马"集体相聚，那怕只能是梦里的事了。

说着说着，来了悲悯情怀，有种"十里长亭，生离死别，此行一去，何日聚首"的味道。但理性想想，事情并不像感情上的煎熬那么可怕。凡事怕换位思考，怕辩证分析。曹雪芹说得好："千里搭长棚，没有不散的筵席"，事物的本质性状，散是绝对的，聚是相对的。为什么说相聚是一种缘分，就是说聚是种偶然性，是短暂的，可遇不可期的。收藏品的常态都是以个体形式存在。如康熙青花五彩"十二花神杯"那样的成套官窑器物，那样的大阵势，现在连故宫也只有几只，凑不成完整一套了。当然这是极品的例子，不足为训，但凡聚在一起的东西早晚得散，这却是规律。

另一个角度再想，你搞收藏，东西从哪儿来的？还不是淘来的，为什么那么多人淘那么多年都淘不尽？那不就是无数聚散往复流动于市场的结果吗。

这个聚散，其实并不完全是在人死时才发生，而是在收藏的过程中随时都会发生。人常说的"以藏养藏"，那就是出与入不断流动的过程。有时是一件换几件，有时几件换一件。不停地淘来换去，汰粗留精。

这个过程有时也是种痛苦的体验。卖的东西并不一定是你已经不愿意要的，而是为了换你更喜欢的东西而不得不出手，当人家要把东西带走时你的那种依依不舍，差不多就像带走了自己的孩子。

我有一次为了凑笔钱而想出手一批东西，其中有四只屏背椅，可买主是个另类，只想要其中的两只，明明是四只一堂，可这小子像中了邪似的偏不要另外两只。我说"四只也这价，两只也这价，你爱要不要"。他竟出了四只的价还是要了那两只。当时我心中的纠结可说是百味杂陈，为这四只清末的椅子将在我手中离散而懊恼。最后的结局是，连我自己都惊叹自己的"壮举"，当买主把那两只椅子抬到楼下要装车时，我竟追出来，出尔反尔，告诉他这椅子我不卖了。并且多退给他500块钱"车费"。至今我也忘不了把那两只椅子搬回家时的释然感觉。

现在玩了这么多年,东西的聚散已是常有的事,说不上麻木,实在是那颗心已经磨出茧子了。但有一个原则我是始终抱定的,那就是出东西时,成对儿的决不拆帮,成堂的决不失群,在我手里,"夫妻"不能让它们"离"了,"一家子"不能让它们"破"了。其他的,我也就管不了那么多了。

聚散这事再往大处想想,咱玩的是古董,说漂亮点玩的是历史,历史长河,前看不着边后看不着沿,你这二三十年的"收藏史"算得了什么呢?那短得就是一瞬。

在历史面前,欧阳修那阕词对收藏者来说真的很贴心:"聚散苦匆匆,此恨无穷。今年花胜去年红。可惜明年花更好,知与谁同?"

收藏的起点

京明，我的一个朋友，是玩收藏认识的，人聪明而不失厚道，"文化大革命"中是那种干部子弟中的"顽主"，打架调皮，一个典型的被家长惯坏了的孩子。

他收藏的特点是杂，他专门有套房子放东西，家具、瓷器、玉器、石头和其他杂项，什么都有，而且路份都不低。他还一个特点，就是只进不出，基本不卖东西。当然这需要雄厚的财力支持，他基本不缺钱。

自从有了智能手机，他也有了微信，时不时晒几件刚进的物件。

有一天，他忽然晒出一篇小文，看着挺有意思，说的是他的收藏启蒙故事，竟然追溯到了儿时。从这篇小文中，我得出一点启示，那就是，玩收藏，除了收集东西靠缘份，收藏爱好那第一步的迈出，也有缘份。家庭的影响，朋友的引导，读书的领悟，都有关系，但这些都是"软环境"，而真正的起点，几乎无一例外都是靠某件实实在在的东西的拥有。说玄点，恐怕只要是玩收藏的人，差不多都会记得自己拥有的第一件或最初几件东西，再小，再土，再不值钱，都会记得它们。如我，就是从小时候父亲给我的一只四方山水片儿的铜墨盒开始，感受着老物件莫名其妙的魅力。等到我几十年后再接触这类老物件时，就觉得它们都似曾相识，都有股"墨盒"的气息。这不是故弄玄虚，京明的这篇小文，就印证了我的这种判断。我把京明的"大作"引在这里,估计会引起收藏朋友的某些共鸣。

一件清代苏作茶几

京明

20世纪60年代的一个假期,我与同楼的小伙伴去北海游完泳,回家的路上,经过地安门后门桥,那儿有一家古董店(此店现在还在),店外放着几件老家具,并用粉笔写着价钱。我喜欢其中那只茶几,它5块钱。

当时我并不知道它是古董,而是因为它是双层,适合我斗蛐蛐。那时家里的家具都是父母单位配置的,没有专属我的家具可用,所以我从心里喜欢它。当然,那时我虽小,却有买它的资本——5块钱。5块钱当时能买好多东西,记得牛肉7毛一斤,中华烟6毛一盒。

当时的人很负责,看我们都是小孩,问钱是哪来的,家长同意吗?最后还是卖给我了。七八个孩子轮流抬着往家走,中途我还给每人买了根3分钱的红果冰棍,大家很高兴。

回家父母问明茶几的来历,说了我几句不该乱花钱之类的话。从此,茶几下层放蛐蛐罐,上层斗蛐蛐,我高兴坏了。

小孩对东西的喜爱来得快去得也快,深秋蛐蛐都死了,茶几就没用了,放在房间一角,再也没人理会它的存在。

它静静地在我家待了几十年,现在再看,那是件苏作家具精品,瘿木面,如意足,木质做工精良,也许受这茶几的启发,从20世纪90年代开始,我开始收藏古典家具,并发展到喜爱各种古董。岁月流年,改变了容貌,改变了性格,我却一直识古不穷,乐此不疲。要告诉朋友们的是,古董收藏,聚难散易,待到百年时,有它们却没了我,当然,几十年前5块钱买的那只茶几还会一直存于世间。呵呵……

须说明,这是在微信上随手写的感言,并不留意章法,但唯其"原生态",才有意思。无心者看故事,而我却由此想到了这个话题:玩多少年收藏,溯其源头,也许都需要一个最初的触媒。

至少,于我,是那墨盒;于京明,是那茶几。

盘道 ▶

先天不足的收藏

从小我就喜欢玩手表，喜欢观察大人们都戴什么表。很早就认识了一些四类表如雪铁纳、山度士、摩纹等，因为当时那种表戴的人多；同时还认识了一些苏联表。瑞士和苏联手表有着截然不同的外形风格，一眼就能认出。年龄再大一点，认识了牌子稍好的表。父亲曾由一只叫不出名字的表换成一块梅花，于是认识了梅花和英纳格。那时小伙伴们聊父母的级别和军衔，也聊父母的手表。清楚地记得，有的小伙伴的父亲有手表，母亲却没有表。早就听说过欧米茄，但到了十多岁还没见过。记得"文化大革命"中的一天，一位同学带我去他家，那是个性格内向的孩子，从不在外边显摆。但在他家，我却看到了欧米茄，而且还不是一块，一共四块。钢套、小三针、银盘、带日历、原装皮带，它们在各自的长条盒子里躺着，盒盖上打着一个凹陷的"Ω"字母。我当时的惊喜至今难忘，像看到了圣物。16岁在301医院住院，一位有着"洋范儿"的主任来给我检查，我就像被一束强光刺了眼睛，在这位主任的腕上，带着一块金表，也是块欧米茄。那是我第一次看到金表，也是我"文化大革命"结束前，或者说直到80年代初，唯一一次见到金表。少年时也听说过劳力士，却一直到80年代中期，才第一次看到一块表盘顶着皇冠、表蒙子日历处鼓出小放大镜、原装钢链，并且链扣上也压着皇冠的劳力士，感到它散射出的富贵气逼人。这都是往事了。

为什么说到手表，是因为我喜欢收藏老的工业品：如手表、相机、留声机、收音机以及各种洋杂项。遇上有意思的，我就拿。这类老东西的韵味和带给人的愉悦，并不亚于纯国产的古董家具、瓷器和字画。

让我对这些老的工业品深深产生触动的，是我第一次到日本，那是20世纪90年代。

我意外发现日本旧货市场上有不少金表，18K的、夹金的、镀金的、"金圈耳"的，品种繁多。从年代看，基本上都是20世纪30年代到50年代的产品。虽然不全是顶级的牌子，但如英纳格等流行的中档表却满眼都是，甚至一些品相不太好的金壳表论堆撮，可以一买一盘子。最初我以为都是些只能当配件的残品，但后来发现每只晃一晃都能走，只是长久不用缺归置而已，而价钱便宜得让人不敢相信。除这些低路份的金表之外，还常能在寄卖店里看到款式繁多的劳力士、欧米茄、浪琴等名牌二手金表，至于在真正的古董市场上，则能看到不少收藏级的腕表和怀表，比如二十世纪二三十年代产的"日月星"欧米茄，同样二三十年代产的陀飞轮，并且看到了百达翡丽、江诗丹顿和积家。这几种牌子到90年代初我才知道，这之前我只当劳力士是世界手表之冠。

吃惊之余我想，为什么在日本，有那么多好表，而在我们的青年时代在中国却难得见到呢？

我想到了中国的国情。中国的贫困已经百年，能与西方发达国家相比的民族工业几乎没有，中国社会没有成规模的资产阶级，中产阶级更谈不上。这是新中国成立前。新中国成立后，中国的老百姓仍长期生活在低水平的温饱线上，如手表等工业品根本形不成规模市场，以1958年中国生产出第一块上海牌手表为标志，这比杂牌手表盛产国日本的西铁城问世整整晚了40年。而最早的半钢上海牌手表每只售价60元，这是一个六口

盘道

留声机。构造简单,比起后来把发声器卧进机盖里的唱机要原始,声音的还原也不好,只是有个大喇叭摆着好看,显得有品位。前些年这种款式新仿了不少,不少人买去装点客厅。如果不是古董唱机,会觉东施效颦,很浮很俗。

之家一个月很富余的生活费。等到上海牌手表批量生产后，全钢手表卖120元一只，这是一个二级工3个月的工资。在这种生活水平下，买块手表几乎成了人们中远期的生活理想，更别说进口高级手表了。有资料显示，在计划经济年代，中国几乎没有进口过梅花以上档次的手表，并且几乎没有进口过金表。当时一块小英格钢套手表是148元，而当时白面的价格是每斤0.185元。

这些国情就造成了中国高档手表等奢侈品的匮乏。改革开放之前中国够得上收藏级的手表，差不多都是中国被洋人逼着开埠以后流进中国的，确切说都是新中国成立前入手的，其数量之少可想而知。

而如日本，却不一样，它从明治以来一直是开放的。奢侈品的进口，或本国人到国外购货，都既不受约束数量又大。"二战"虽然战败并挨了两颗原子弹，但本土的大部并没有伤筋动骨，相反它经历过战争的掠夺，战后随着经济的恢复和高速发展，中产阶级队伍迅速壮大，那些百年来积累的奢侈品也大都没有减量，有的只是自然损坏，如那成盘子的废手表，而真正的好东西，日本人手里还多着呢。

所以，在中国，收藏高档工业品，有种先天的不足。当然近些年收藏名牌手表、相机的人可以到国外去淘货，但淘这种货和在国外淘中国古董不同，花起钱来心里别扭，花少了人家不卖，花多了，真觉得不值。就如我很早就收藏老相机，那时总想入手一台德国老莱卡和一台瑞典老哈苏，但这类东西20年前中国有钱都买不着。近几年到国外看到很多好相机，在罗马一家古董店里有不少台各年代的莱卡，外国人也不傻，好东西也死贵。今天能买得起了，但让你花两三千欧元去买当年成批生产的东西，心里总有种说不出的醋劲儿和怒气："凭着你有货就宰人，老子不玩行不行！"

盘道

警察女孩，冰雪聪明

一位当警察的女孩随丈夫来我家做客，讲起因工作需要，请专家来给同事们上文物鉴定课。她说，讲了半天，听不出鉴定文物有什么理论和操作手段，两小时只在讲故事，间或说几句器物的特征，虚无缥缈，让人不得要领。

女孩冰雪聪明，话说到了点子上。

说绝对一点，鉴定古董，确实没有太多理论，凭的就是经验积累起来的感觉。你让他给你讲个诀窍，不要说他没有，有也是感觉层面的，用语言很难表达清楚。

我不怕得罪行里的专家，该说实话就说实话：这一行的门槛其实很低。要不怎么各古董市场开店的，相当一部分人文化水平不高，大量的没受过系统教育，很少有正规大学毕业的。他们靠的是多年浸淫，靠的是水磨功夫。

在古董里，大概木器和瓷器的门槛最低，我说的是它们的新老相对容易辨识。当然辽宋金元时期的瓷器也难鉴别，那是因为它们存世量少，平时过手的机会也少，难度自然就大，这不光是普通玩家，就是顶级学者，也会走眼。而目前流通的清代、民国瓷器，不仅量大，品种也有限，所以玩上几年的人，能说几句行话并不是难事。

木器也如此。由于木器易朽，存世久远的实物极少，市场能见到的，最早也就是明代（年代再早的实物只有个别孤品），从款式到工艺，辨识并不很难。至于木器材质，就那几种木头，时间玩长了，想不会都不行。

恐怕古董里最难解析的，要属宋元以远的字画。所以我极钦佩已故书画鉴定大师杨仁恺先生，他简直就是一台古代名画的"验钞机"，一过他的手，真伪立判。而深究其如此神奇的原因，归齐也是经验的积累。那是穷一生之磨砺，炼出一双火眼金睛，才做到了"杀伐决断，算无遗策"。而他所著《国宝沉浮录》，融学识、眼力于一炉，但上升到鉴定理论，却阐述得不多。因为那不是理论能解决的问题。

目前进了庙堂——在大学和研究所的实验室能用现代检验方法"说事儿"的，怕是只有两项，一是宝石，一是青铜器。我所供职的学校，就设有我国最早的冶金史研究所。从"文化大革命"批《盐铁论》开始，他们就用金相分析方法测定金属文物的成分，结合历史文献形成对某类器物的断代。这恐怕是鉴定古董最准确最科学的手段了。但研究所的老师也说，这种测定，越久远的东西越准确，时间越近反倒越糊涂，想区分明代还是清代，仪器并不好使。同理，西方用"碳14"方法测定瓷器年代，也是越远越准。最要命的是，无论测定金属和瓷器，都要从器物上"抠"下一块标本，这是无论国家博物馆还是个人收藏者都不能容忍的。

而宝石，严格意义上说，并不属于古董，直到现在，每天都会有宝石问世，而古董级的印度"皇冠钻石"，也用不着普通人鉴定。

一次聚会，一位朋友拿出一块甲骨给我看，它用一只透明小盒装着，可以看到甲骨上的文字。从笔画雕刻的状况看，感觉不真，因为埋在地下上千年，字的笔划沟槽早就应该被土"咬"平，或变成"漫坡"，这块甲骨上的字过于锐利了。

盘道

木雕弥勒,很大,横宽 40cm。

古董圈
一个京城玩主的收藏笔记

铁马,从日本古董市场背回来的。马下面是红木卷板。

盘道

梵红将军罐。46cm 高，嘉道瓷器。我喜欢梵红瓷器，看着雅气，暖和舒服，罐上有描金的"寿"字。本应一对，但另一只估计已不在人世了。正好和那单只"喜"字罐配对儿，把它俩摆在条案的两边，一红一蓝，一喜一寿，两相呼应，取个吉利。

如果说甲骨也算古董的话,我觉得它应该是学问最深,最难鉴定的一种。不然不可能劳动"甲骨四堂"(王国维、罗振玉、郭沫若、董作宾)这等中国近代顶级学者去潜心研究。当然甲骨上的"文",已远远超出了文物范畴,对它的研究,也超出了古董鉴定的范畴。就不多说了。

总之是,古董鉴定不像DNA那么精准,目前没有太靠谱的科学仪器,只能靠经验,初级经验不难学,门槛不高,因此不要太迷信专家。

盘道

电视节目的偏颇

节目商业化

一位搞隋唐考古的老专家被请去鉴定一只铜镜,当他侃侃而谈隋唐铜器的艺术风格和传承特点时,话被急切打断,镜子主人只问:"它能值多少钱?"老人顿觉赧然而又愤然:一是他实在说不出这只镜子的价钱;二是看到人家其实并不需要他从艺术方面去鉴赏讲解,觉得尊严受到伤害,从此绝尘于此类活动。由此看,"艺术品鉴赏"和"艺术品投资"尽管有内在联系,但却是两个概念,两种行为。

而现在的电视节目往往把二者兼容,在鉴赏的同时标出价格,并且侧重点在后者,以惊人价格吸引观众,但对藏品的估价却又常持游戏态度,注有不少水份,而这种"注水"的价格,却对观众的投资行为起着极大的导向作用。投资是很严峻的事情,在期望回报的同时,要承担巨大风险。因此媒体任何投资导向,哪怕带有暗示性的导向,都应严肃郑重。比如股评,能想象用娱乐的方式把一只股票的走势示于观众吗?因此,是否应有截然分开的两类节目:一类专于鉴赏,讲藏品的艺术特色、艺术价值,绝口不提"钱"字;一类专于投资,以严谨的方式,把行情、投资前景、风险和辨识真伪的方法直截了当地分析给观众,不搞"寓教于乐"。

多年来的事实证明，收藏类节目的投资导向作用是巨大的，朋友们有一种不安的共识：这种导向对新"入门"者，尤其是中老年人，影响极大。一位朋友的父亲是位离休干部，因电视节目而迷上了收藏，拿出积蓄和养老金，按照节目中的介绍，比着葫芦找瓢，已在瓷器贩子中小有"名气"，经常有人找上门来兜售"清三代"的东西。前几年生病住院，竟无余钱交付押金。一位退休中学教师手拿一只800元买的水盂，兴高采烈，称捡了大"漏儿"，东西绝对"开门"，请大家"共赏"。收藏圈子里有"不相熟不做诤友"的习惯，在场的人传看之后，谁也不告诉他那水盂只值二三十元，是"刚起锅，还带热乎气儿"的东西。中老年人眼力悟性已稍嫌迟钝，思想又很固执，一旦买了较高价位的假货，心理调适能力又差，经不起损失的打击，是很让人担忧的事情。

专家符号化

在一档电视节目中，人们看到：主持人呼唤专家上前鉴定藏品，专家戴着白手套上场，在藏品前浏览片刻，又被主持人"请回"就座。接着便有了后边的专家讲评和给价。涉足艺术品收藏行业的人都有体验，鉴定是很细致的工作，需反复把验、过眼、过手，要在适合的光线下静心体察。就算是专家，很多艺术品也不可能浮光掠影一看，就能立刻给出准确、中肯的结论和估价。那么节目中的专家为什么能那么快就完成"任务"呢？显然，他们在台下已经做了充分的鉴定。事情想明白了，于是就有了一种让人很不舒服的感觉：原来专家上台走这一遭，只是充当节目中的"演员"。应当说，请专家参与的各类电视节目不少，被主持人"摆布"一下的情况也很多，但那些专家至少没有失去"自我"，仍是节目的中心，是

盘道 ▸

两只窑变笔洗,年份应该在清末。

各专业的权威阐释者。而收藏节目中,专家上场的功能却只是符号,已经被完全"道具化"了。退一步讲,节目中允许主持人把解说词背下来,各观众"方阵"也可以漫天"给"价,"持宝人"甚至可以用"替身",但专家却不能有半点掺假,如果主持人把专家"逼"得不得不说超出他知识范围的假话,或做超出他业务范围的假动作(违心估价就是假话,"上台走一遭"就是假动作),那不仅会伤害专家的尊严,更会伤害观众的尊严。

再有,现在节目中专家对藏品的给价较十几年前已经有了很大"改进",不再以专家个人的名义,而是以"专家组"的名义,这样听起来似乎更权威、更公正一些。但细想仍觉"导演"得不彻底:一台节目出现的不可能都是单一门类的藏品,有瓷器、铜器、木器等等。试想让"专家组"中的铜器和木器专家参与一件瓷器的估价,是否还有权威性呢?所以"专家组"也成了节目的符号,确切说是个"冒号",其作用只是引出后面的价格。

附带要说的是,电视节目的"造神"功能是很强的。有人风传,有些人其实够不上"专家",但在节目中一"走",立刻就被观众认定为"专家",今后"台下"的利益是长久的。我就认识一位电视节目中脱颖而出的"宝探",自从有了这个"徽号",来请他鉴定东西的人络绎不绝,他开的古董店,货"走"得也很好。

内容戏剧化

应该说,为了使节目新颖,编导精心编排,本无可厚非。但凡事应该有度,应讲究形式与主题的搭配得宜,不能只为追求收视率而搞"噱头"。艺术品鉴赏应该是一种持重、风雅的活动,应让观众享受到艺术的悠深气韵，和由此带来的安宁心境。但现在有些节目偏要讲求"穿透力""震撼力"，把本来是"高山流水"的"雅乐"弄成火热的"摇滚"，让人看了"闹心"。如一档节目中，主持人手持铜锤，巡视在"宝物"中间，表情莫测高深，口中念念有词；"持宝人"有大难临头之感，生怕自己的"宝物"遭到毁坏，打躬作揖，做哀求状。一不留神，锤起处，一件瓷器便被砸成碎片。接着，再巡视，再砸，再三，再四……看了让人心惊肉跳。一位女教师，在瓷器被毁的瞬间，一声惊呼，接着摇头叹息道："虽然是赝品，也很美，这是何必！"难怪这位教师有如此剧烈的反应，这些碎片和这种"施虐"的味道，很容易让人联想到暴力影片中打斗后一片狼藉的场景。这场面也让我想到曾在报国寺地摊儿看到的一幕：一位光膀子的摊主和买主为一件瓷器讨价还价，因买主出价过低，说着说着说"蹭"了，摊主怒声吆喝："我今儿就是把它砸了，也不卖给你！"最后把瓷器很"解气"地举过头顶，摔得粉碎。当时围观者中就有人高喊一句："嘿！有点天桥把式的劲儿嘿！"这档节目看过，惊恐之余，我要问：这种以"砸"为卖点的节目能长久吗？砸完瓷器你还砸什么？铜器你能砸吗？木器你能砸吗？

后记

以"码字"为业的人都有股"贱性",什么事都想往纸上码,不管真懂假懂。

大约是20世纪末,中央电视台有档节目叫"鉴宝",大红大紫。征集民间古董到节目上由专家鉴定真伪并估价,价估得"那是相当高"。这可比股评有冲击力,真有"棒槌"看完节目花大钱买"瞎活"上当的。我的"贱性"上来了,给《中国文物报》写了篇东西,题目叫《"鉴宝"的偏颇》。此文一发,激起舆论界对"鉴宝"节目的一波挞伐。由此我来了兴致,几年下来,长长短短,各报各刊发了总共几十篇杂感。于是有朋友说你出个集子吧,我算算,字数还差得远,再说写的也不是主流话题,净是古董圈子里边边沿沿的琐事,自觉难登堂奥。

近两年,本就糟糕的身体变得更糟,动不动就"卧槽",加之北京的雾霾肆虐,心肺功能不全的我,无奈之下"突围"到了海南,连续两年在三亚躲霾避寒。身体是舒服多了,可心情却觉压抑,颇有"青衫放逐"的寂寥。曾给朋友写过一首诗,有两句是"身已恹恹志已短,情也戚戚心也枯",但自省人不能让命捆着,总得摆脱出来,就想起那曾在脑子里缥缈的"集子",于是来了精神,开始整理旧稿,再码新篇。想想看,这本书的一半竟是在三亚完成的。

玩了这些年古董,自知此道之深,乱发言,指手画脚,难逃方家讥谤,所以不敢深刨专业门类,还是走过去的老路:犄角旮旯,鸡零狗碎,回忆这些年的经历,一路攒自己的心得。

在这里很感念李宏,没他渡我,这书出不来。

自然也想到了学儒兄、凤鸣兄、姬民兄、砚宏兄等,我们是多年在一起玩的伙伴,亦师亦友,同气相求。很怀念去年离世的永生兄,总觉得他还在我们左右。

丰丰帮我拍摄了各国古董店的照片,向她道劳乏。我是想让藏友把视野延展得更宽广些,多和世界"接轨"。

毋庸多说的是亲人的关爱,他们的存在,让我没有理由对生活懈怠,没有胆量辜负那涓涓抚慰和殷殷期冀。

志可以短,但心不能枯。